'라코리아'의 한인들

미 서부 한인 에스노버브에서 소수자 중 다수자로 살기

이 책은 2016년도 대한민국 교육부와 한국학중앙연구원(한국학진흥사업단)의
해외한인연구사업의 지원을 받아 수행된 연구임(AKS-2016-SRK-1230005)

'라코리아'의 한인들

미 서부 한인 에스노버브에서 소수자 중 다수자로 살기

정은주 지음

學古房

　재한화교를 대상으로 이주 연구를 시작한 후 언젠가부터 내 이주 연구는 해외에 계신 한인에 대한 연구와 맞닿아야겠다는 생각을 하고 있던 참이었다. 수많은 남녀노소 화교분들을 만나고 그들의 고향과 문화와 시민권의 어긋남, 복합적인 언어 변화와 정체성, 세대 간의 차이, 계급적인 이슈, 초국가적인 가족과 네트워킹에 대해 현장의 호흡으로 이해하고, 역사 자료와 출입국의 통계를 찾아 맞춰가면서 자꾸 고개 들었던 것은, 이주 논의의 비교론적 준거로서 재외한인의 이주가 궁금하다는 생각과 더불어, 한인에 대한 연구 축적에 기여하고 싶다는 알 수 없는 사명감 같은 열망이었다. 그러던 중, 2015년 12월 말 미국 캘리포니아 로스앤젤레스로 재이주한 한국 출신 화교들의 자취를 따라 LA에서 현지조사를 시작한 것이 그간의 생각을 풀어볼 절호의 기회가 되었다. 조사를 떠나기 전, 화교 조직 뿐 아니라 LA 한인의 조직 및 기관에 대한 공부를 하고, 모든 인맥을 동원하여 제보자가 될 만한 화교분들 뿐 아니라 1세, 1.5세, 2세 재미한인분들과의 만남을 마련했다. 그리하여, 대다수 타지역 출신 화교들과 방언이 달라 차이나타운이 아닌 코리아타운에 먼저 정착했던 한국 출신 화교들을 만나기 위해 코리아타운에서 시작한 현지조사는 이 연구를 위한 예비조사의 시작이 되었다. 코리아타운에서 시작된 화교들과의 만남은 몬터레이 파크, 산마리노 같은 남가주의 중국인 교외 거주지로, 코리아타운에서 시작된 한인들과의 만남도 라카냐다 플린트리지, 라크라센타, 플러턴, 부에나 파크 등의 한인 교외 거주지로 확장되었다.

2016년 1월 말까지 진행된 화교 연구와 한인 예비조사를 마칠 무렵엔 재미한인 연구를 본격적으로 진행해야겠다는 생각이 확고해졌다. 일곱 분의 인류학자 동료 선생님들과 연구팀을 이루어 한국학사업단의 2016년 해외한인 연구 지원을 받아 3년간의 현장 연구를 포함한 연구를 진행할 수 있게 되었다. 3년간의 연구 일정이 매우 타이트했지만, 한국학사업단의 지원이 없이는 매년 미국으로 날아가 한 달여 기간 동안 남가주 프리웨이를 수만 마일 달려 사람들을 만나며 삶의 이야기를 듣는 조사는 불가능했을 것이다. 연구팀의 연구자들은 '초국가주의', '다양성', '행위주체성'이라는, 현대 이주를 수사하지만 재미한인 연구에서 제대로 다뤄지지 않았던 공통 아젠다 하에 각기 독립적인 주제를 가지고 각자 미국 내의 다른 도시에서 연구를 진행했다. 독립적인 조사와 연구를 진행했지만, 연구팀은 정기적인 세미나와 학회를 열어 공통 주제에 대해 토론하고 조사 결과물을 다른 학자들과 토론하는 시간을 가졌다. 그 결과물이 8인의 공동 저서 두 권과 이 책을 포함한 8권의 재미한인 연구총서이다. 그 중 두 권의 공동 저서, 『태평양을 넘어서: 글로벌 시대 재미한인의 삶과 활동』과 『글로벌 시대 재미한인 연구: 이론적 리뷰와 새로운 방향의 모색』은 각각 2020년과 2021년에 출간하여 2021년, 2022년에 세종도서 학술 우수도서로 선정되었다. 전자는 LA, 뉴욕, 애리조나, 하와이 등지에서의 현장연구를 반영한 연구이고 후자는 연구팀에서 재미한인 연구를 진행하며 모색했던 패러다임과 이론적 담론의 축적이다.

이 책은 지역 역사서, 언론 담론, 센서스 자료와 미국 전역, 캘리포니아, LA 카운티, 라카냐다 플린트리지의 각종 공문서와 통계, 그리고 참여관찰과 심층면담을 중심으로 한 인류학적 현장연구에 기반하고 있다. 현지조사는 로스앤젤레스에서 약 13마일 떨어진 교외의 소도시 라카냐다 플린트리지를 중심으로 진행했는데, 거시적인 맥락에서 라카냐다를 이해하기 위해 오렌지 카운티의 한인 거주지와 코리아타운도 자주 방문했다. 마찬가지로 라카냐다 거주자인 한인분들이 주로 목소리를 내주셨지만, 남가주 한인사회에 대한 각계의 의견을 듣기 위해 코리아타운과 오렌지 카운티 내 도시에서 거주하거나 활동하는 NGO, 언론계, 교육계, 종교계, 정계, 산업계 한인분들의 의견도 찾아다녔다. 이 연구는 그 무엇보다 이분들, 솔직한 목소리를 내주시고 의견을 내고 한인사회와 차세대 코리안 아메리칸의 미래를 걱정하며 연구에 참여해주신 분들이 아니었다면 가능하지 않았다. 현지조사는 외로운 싸움이기도 하지만 늘 진정으로 겸손하고 감사하게 만드는 과정이다. 초면의 나에게 삶을 내어 보여주고, 고민과 비전을 나누고, 잘 알았던 사람처럼 다른 면담자(연구참여자)를 소개시켜 주었던 많은 분들이 계셨다. 이주가 만드는 집단과 삶의 분기, 탄생, 사라짐에 대한 학문적 소명만큼이나 혹은 더 크게 그분들의 호의에 보답하려는 마음이 연구를 밀고 끌어주었다. 수없이 많은 감사한 분들을 다 언급할 수 없지만 그분들의 시간과 마음에 큰 감사를 드리며, 특히 이제는 오랜 친구 같은 혜자 씨와 낸시 씨의 순수한 배려와 몸에 배인 봉사정신에 특별한 감사를 표한다.

연구비 지원 하에 공식 연구기간이 시작된 2016년 여름부터 종료된 2019년 여름까지 한국과 미국 양쪽에서 포럼과 학회를 구성하고 매년 태평양을 건너며 학계 및 현지인들과 소통할 수 있었던 것은, 초국가 시대를 논하고 있으면서도 코비드19로 인해 초국가성이 부정되었던 때를 생각하면 참 귀한 여정으로 여겨진다. 코비드19 시국을 거치며 보충조사도 지연되고 두 권의 공저 편집으로 내 저서가 미뤄진 것을 기다려주신 한국학사업단에 다시 한 번 감사드린다. 그 사이 코로나가 만든 변화 속에 라카냐다의 두 지역 신문 아웃룩과 밸리선은 통폐합되었고 집값은 조사 당시보다 더 치솟았다. 이 책의 현장 연구는 2019년까지의 현재를 반영하고 있으며 모든 오류는 저자에게 책임이 있다.

2023년 여름의 끝에서
정은주

VII
나가며

부록
연구참여자 명단

참고문헌

I
들어가며

"과거 오랫동안 미국의 거주지 분리는 공원이나 도로 등을 경계로 한 도시 내부의 인종적 분리였다. 최근 들어 이러한 도시 내의 분리는 감소하였으며, 도시 중심지 바깥에서 생성되는 새로운 계통의 분리, 즉 교외 지역들 간의 분리로 대체되고 있다. 이제 미국의 여러 대도시 지역에서 소수민족 집단은 교외 인구의 다수를 형성한다. 이를 두고 교외가 점점 포용적인 장소가 되어간다고 믿는 이들도 있겠다. 현실은, 소수민족 거주 비율이 높아지는 교외지역에서 대량의 백인 인구 유출이 진행되고 있으며 그 어느 때보다 더 (인종적) 분리가 진행되고 있다는 것이다"(Enjeti 2016)[1]

2016년 퍼시픽 스탠다드Pacific Standard 지에 실린 위의 글은 유색인종과 이민자들, 특히 아시아인들이 몰리는 교외suburb 도시에서 백인

---

[1] https://psmag.com/news/ghosts-of-white-people-past-witnessing-white-flight-from-an-asian-ethnoburb, 검색일: 2017.1.20. 인용글은 글의 일부를 발췌, 번역한 것.

인구가 빠져나가는 백인공동화 현상을 다루고 있다. 과거 유색인종 이주자의 거주지가 대체로 도심의 척박한 환경에 정해지는 구조 속에서 도시 내부에 인종 및 민족ethnic group 별 거주지 분리가 이루어졌었다면, 이제는 교외 도시들 간에 인종적, 민족적 거주지 분리가 이루어지고 있고, 그 현상의 근저에는 과거의 혼령이 되살아나듯 잠재하다 드러나는 인종주의가 도사리고 있다는 것이다. 캘리포니아의 쿠퍼티노Cupertino 등 아시아인이 밀집한 교외 도시들에서 백인이 빠져나가는 것에 대해 백인 주민들은 "아시아인이 초래하는 학업에 대한 과도한 경쟁, 목적 없는 성공을 향한 질주" 때문이라고 하지만, 아시아인이 많아지는 교외 도시를 나와 똑같이 경쟁적인 교육환경을 가진 옆 동네로 이사하는 모습을 목도하며 그와 같이 표면적으로 진보적인 양하는 발언의 뒤편에는 아시아인과 이웃하며 살아야 하는 것에 대한 인종적 스트레스가 있지 않은가 라고 저자는 묻고 있다.

여기서 저자는 지리학자 웨이 리Wei Li가 중국계의 교외 집중 거주지를 관찰하며 제시한 용어, 에스노버브ethnoburb(Li 1998)[2]를 종래 도심의 유색인종 거주지를 대체하는 교외의 인종주의적 지형으로 논하고 있다. 그런데, 모든 에스노버브에서 위의 글에서 지적한 백인공동화 현상이 수반되는 것은 아니다. 또한 교외에 이민자를 비롯한 특정 민족 출신인들이 모여 살게 되는 양상은 이전 도심의 집거지ethnic enclave 형성 시와는 다른 정치·경제적 맥락 속에 이루어지고 있으며,

---

2) 교외의 종족별ethnic group 집중거주지를 의미하는 에스노버브는 '교외민족지' 혹은 '교외종족집거지' 등으로 번역된다. 그러나 '민족', '집거' 등의 용어가 드러낼 수 있는 배타적이거나 고립적인 이미지를 강조하지 않기 위해서 이 글에서는 원어의 음차어 '에스노버브'를 사용하고자 한다. 에스노버브에 대해서는 III 장에서 상세히 논의한다.

과거와 같이 배타적이고 분명한 민족성을 드러내기보다 그와 전혀 다른 장소성을 형성해간다는 점에서 에스노버브를 과거 도심에 형성된 엔클레이브에서 장소만 옮겨 대체한 인종주의적 지형으로 해석하는 것도 무리가 있다. 그럼에도 위 글은 백인 중산층의 공간적 상징으로 여겨졌던 교외에의 거주가 이미 비백인 이주자들에게도 자연스러운 주거 선택지가 되었음을 잘 보여준다. 나아가 특정 종족집단種族 ethnic group[3])의 성원이 특정 교외 도시에 집중되는 새로운 종족 집중 거주의 형태가 선점자의 심적 불편을 야기할 정도로 드러나고 있음을 말해준다.

한인들 역시, 이민 세대나 계급적 위치, 언어 및 문화의 숙달 정도와 관계없이 많은 수가 현재 대체로 도심에 위치한 코리아타운을 벗어나 교외로 지칭되는 도심 바깥 지역에 흩어져 거주하고 있다. 이 책의 현장 연구지이자 미국 내 한인 인구가 가장 많은 남가주Southern California의 경우[4)], 이미 1970년대부터 로스앤젤레스 코리아타운LA Koreatown이 크게 성장하는 와중에도 교외로의 이주 움직임이 포착되었다. 1990년 대로 접어들면, 부유한 지역으로 밀려드는 한인들로 인해 그들이 이주한 지역이 변모하고 있다는 기사를 엘에이 타임즈(Milican *LA Times* Feb. 2, 1992)에서 다룰 정도로 한인의 교외 거주는 점증하며 눈에 띄

---

3) 이 글에서는 이민자와 그 후손의 종족성ethnicity을 국내 담론에서 익숙한 '민족'이라는 용어로도 표현하겠지만, 2세 이상의 미국인을 민족의 딱지로 범주화하는 것은 문제가 있을 수 있으므로 '종족'이라는 번역어와 혼용하여 표기하고자 한다. 교외에 한인이 많이 거주하는 지역에는 이민자 1세만 거주하는 것이 아니고 주류사회와 동화된 코리안 아메리칸 2세 이상도 거주하는데, 이와 같이 일반적으로 강한 민족성을 드러내지 않는 이들을 포함하여 언급할 경우, 민족이라는 용어보다 종족이라 칭할 것이다.

4) 미국 내 한인의 거주 분포에 대해서는 IV장 1절을 참조.

는 현상이 되었다. 한인 및 전체 소수민족 집단의 교외 거주는 캘리포니아가 선도한 20세기 미국 사회 전반의 교외화 움직임suburbanization of the United States의 일환이라 볼 수 있다. 그런데, 남가주 한인의 교외 분산은 미국 이민자 전체의 교외 거주가 대거 주목되기 시작한 시기－1990년대 초－보다 앞서 시작되었고, 그것을 추동한 것은, 과거 도심의 코리아타운으로 한인을 모이게 한 것이 민족연대였던 것만큼이나 혹은 그보다 더 경제적인 이유에서였다는 점과 관련이 있다. 1990년대 후반부터 가속화된 재개발과 젠트리피케이션gentrification으로 인해 지금은 도심의 코리아타운을 매력적인 거주지로 보는 한인들이 조금씩 늘고 있지만, 이전의 코리아타운은 라틴계와 아프리카계 미국인이 이웃하게 되면서 일찍부터 한인에게 살기 좋은 곳으로 인식되지 못한 탓이다. '아메리칸 드림'을 시각화하는 드넓은 땅에 세운 내 집과 좋은 학교 시스템이 있다는 매력 외에도 이민 초기 교외로 한인이 이주해간 요인을 '도시(LA) 남쪽 지역에 흑인이 많아졌기 때문'이라고 한 은밀한 지적도 있었다(Lee K. 1969: 65). 한인이 많은 곳에 굳이 살 필요가 없다고 말하는 1980년대 말, 90년대 초의 인터뷰(Abelmann and Lie 1995: 105)와 달리, 한인들의 교외 분산은 1990년대 말 무렵부터 교외에 민족별로 다시 집거하는 양상, 즉 한인들이 모여 사는 교외의 동네가 가시화되는 새로운 양상으로 드러난다. 이는 이민자의 교외 분산을 백인 주류 사회·문화에의 동화의 증거이거나 동화되기를 목적으로 하여 이루어진 것으로만 해석할 수 없게 하는 근거이기도 하다.

본 연구는 일찍이 도심의 민족집거지를 벗어나 교외에 거주지를 형성한 한인의 미국 이민사 맥락 속에서 미 주류 중산층을 공간적으로 상징화한다고 여겨져 온 교외 거주지 내, 한인사회의 역학에 주목한다. 이론적으로는 장소적 특성이 이주자 집단의 성격에 어떤 영향을 미치며 또한 특정 이주자들이 해당 장소의 의미를 어떻게 형성해가며 상호작용하는지에 주목하는 시각에서 출발한다. 즉, 근본적으로 장소의 성격은 로컬에서 완료되는 것이 아니고 다른 차원의 장소들과 연관되고 있다는 공간관에 입각하여 이주민과 관련된 다른 지역들, 도시, 국가 간 관계성을 염두에 두고 관찰하고 분석했다. 그리하여 본 연구에서 주목하는 일단의 한인 이주자들과 연관되는 장소들은 한국, 캘리포니아. 로스앤젤레스 메트로폴리탄 지역, 엘에이 다운타운과 한인타운, 남가주의 여타 한인 집중지역으로서, 각 장소의 발전과 역학이 이들의 삶의 조건을 형성하고 있음에 주목한다.

재미한인 연구에 있어 한인의 미국 내 거주지에 초점을 둔 것은, 본국과의 관계 뿐 아니라 삶과 일상이 구성되는 정착지와의 관계 속에서 다른 이주자들과 마찬가지로 한인들이 복합적 정체성을 내재화함을 파악하기 위해서이다. 오랫동안 그리고 현재에도 종종 이주에 대한 사고 회로에서 이민자를 바라보는 방식은 대중의 시선에서뿐만 아니라 학문적 담론에서도 '민족'의 틀에서 크게 벗어나지 못하는 경향이 있다. 복합적 정체성과 상황에 처하게 되는 재외한인들이 한국에서는 오랫동안 피를 나눈 '동포'라는 명칭으로 불리어왔고, 재미한인의 경우, 정착국 미국에서도 끊임없이 그 기원지가 우선적으로 상기되는 민족/종족 우선의 범주화로 인해, 이민자들이 하나 이상의 장소와 연관되어 있으며 떠나온 장소 이상으로 그들 삶의 터전인 장소에 깊이 개입하고 있다는 점을 종종 놓치게 된다. 이 연구는 현대의 이주민으로서 불가피하게 초국가적trans-national, 초지역적trans-local 장 속에 삶이 구성되는 재미한인을 연구하기 위한 패러다임으로서 공간과 장소에 대한 관심을 환기하면서, 거주지 특성에 대한 연구가 어떻게 재미한인 삶의 다층적 면면과 한인들의 실천을 이해하는 통로가 될 수 있는가를 검토하는 시도이다. 이는 '방법론적 민족주의'methodological nationalism를 비판한 초국가주의 연구자들(i.e. Glick-Schiller, Basch, and Blanc-Szanton 1994)의 주장에 동의하며 그 한계를 넘어서고자 하는 시도이다. 방법론적 민족주의는 국경을 넘나드는 인구의 이동을 연구함에 있어 집단 간의 차이를 민족 역사의 담론에 기반하여 문화에 대한 동질적인 관념을 노정하게 되기에, 같은 종족집단 내부의 차이를 인식하지 못하고 국가 간의 접촉에서 비롯되는 것 이상의 복합성을 파악할 수 없게 한다,

　　이주는 근본적으로 장소와 연관되며, 옮겨가서 정착하거나 다시 출발한 곳과 정착한 곳을 오가는 다양한 여정이 담긴 공간 스펙트럼을 포함하게 된다. 이러한 이주와 공간의 관계 속에서, 이주자들은 단순히 낯선 공간에 적응하고 동화되거나 차별받는 수동의 존재가 아니라 하나 이상의 장소와 사회적, 정치적, 경제적, 문화적 경험과 관계를 조직해가는 행위자라는 점을 마주하게 된다. 이주자의 행위주체성agency과 관련하여, 많은 연구들에서 이주자들이 누릴 가능성으로 국가 경계를 가로질러 다른 문화와 사회 시스템을 자유롭게 오가는 상태를 묘사하기도 했지만(Sutton 1987; Georges 1990; Rouse 1991; Grimes 1998; Levitt 1998; Vertovec 1999), 캐슬과 밀러(Castles and Miller 2003)처럼 이주자들이 실제로 초국가주의적 삶을 사는지에 대해 회의를 표하는 학자들도 있다. 마이클 스미스(Smith M, 2001)도 이주민들이 이동과 경계넘기를 통해 공동체와 공간 만들기를 하는 유동성과 혼종성을 드러낸다 하여도, 여전히 특정의 시간적, 공간적 환경과 정치적 상황 속에서 계층화되고 인종화, 젠더화된다는 점을 간과하지 말 것을 환기하였다. 현실의 글로벌화globalization는 균등하지 않고 공평하지 않은 차별화의 과정이므로, 이주민들이 아무런 제약 없이 초국가적 실천을 행할 수

있다고 가정하기보다, 글로벌화의 각기 다른 차원을 경험하는 다양한 로컬리티에서 동일하지 않은 역할을 하는 것을 파악할 수 있어야 할 것이다. 세계의 불균등한 발전에 따라 집단 간 사회적 차이가 존재하고 이주자가 주체적 실천을 할 수 있는 범위는 그에 따라 달라질 수 있지만, 현대의 이주에서 장소들은 이주자들의 경험과 행위에 의해 연결되며 관계적 공간으로 재구성되고 있다는 점은 분명히 관찰된다. 공간에 주목하는 이주 연구는 이와 같이 이주자의 행위와 네트워크에 주목하게 함으로써 이주자에 대한 일원화된 희생자론이나 수동적 주변인관에서 탈피할 수 있다는 점에서 본 연구의 이론적 출발점으로 삼았다.

재미한인의 거주지 중에서도 이 연구는 한인 거주 비율이 높은 '교외'를 논의의 중심에 두고 있다. 교외는 종종 아메리칸 드림의 상징이자 미국 주류 중산층의 삶의 방식을 기표하는 장으로 비춰져 왔기에 '신입자'인 이민자 혹은 소수민족의 거주지로서의 교외는 설명이 필요한 대상이었다. 이주자들의 교외 거주가 증가하면서, 교외에 부여된 장소의 성격이 어떻게 변화해가는가, 장소성의 변화에 개입되는 집단의 지형은 어떻게 구분되는가 등 장소의 성격을 구성하는 집단들 간의 관계에 대한 질문도 제기된 바 있다. 예컨대 인류학자 브레텔과 닙스(Brettell and Nibbs 2010)는 '초기교외지first suburb'[5]에서의 인종적, 계급적 충돌에 대해 분석한 바 있다. 텍사스의 소도시 파머스 브랜치

---

5) 초기교외지란 2차대전 후 처음으로 발달하기 시작한, 대도시 도심에 가까운 지역을 개념화한 용어이다(Pluents and Warren 2006). 교외의 전형적인 특징을 가지고 있지만 중심 도시와의 연관성이 다소 크고, 새로운 교외지와 비교할 때 낡은 주택이 많으며, 소수자, 노인, 저임금 인구가 전국 평균보다 빠른 비율로 성장하는 특성을 가진 도심 바깥의 도시들을 지칭한다.

Farmer's Branch와 같은 전형적인 초기교외지에 라티노 이주민과 노동자층 거주자가 증가하자, 지역에는 세를 얻기 위해서는 영어 능력을 증명해야 한다는 반이민적 법률이 지정된다. 저자들은 이에 대해, 교외가 상징하는 백인 중산층 미국인의 정체성이 위협받는다는 불안감이 이민자와 노동자의 증가에 의해 증폭되는 과정에서 생성된 반응으로 보았다. 교외는 넓은 땅에 한 가족이 소유하고 있는 집이라는 상징을 통해 중산층의 라이프 스타일을 구매할 능력과 지역공동체에의 책임을 표현하면서(Clark 2004: 63) 미국인됨과 아메리칸 드림을 기표화하고 있다고 동의되어왔다. 브레텔과 닙스는 파머스 브랜치의 사례를 통해 교외의 삶에서 중산층의 정체성은 단순히 집의 소유나 수입이 아니라 그러한 경제적 지위와 연계된 가치, 미학, 취향 및 경향에 관한 것, 즉 삶에 대한 문화적 가정과 준거 등이 관련되어 있으며(ibid.: 13), 그에 기초하여 이민자 및 노동 계층과 차별화하고자 하는 기존 거주자들의 담론이 등장한다고 보았다. 이와 같이 문화를 인종화, 계급화하는 양상은, 아시안 아메리칸의 게토를 엔클레이브라 칭하며 계급적 불평등을 인정하지 않으려 했던 데 대해 장윤미가 계급의 문화화(Chang 2012)라 명명한 것과 같은 맥락에서 미국 사회 내 문화-계급-인종성 간의 긴밀한 연관 속에 이민자에게 차별의 도구가 되고 있음을 읽을 수 있다. 중산층 정체성에 대한 불안감이 이주자의 교외 거주에 투사되는 현상은 캐나다 벤쿠버의 엘리트 교외 지역에 이주한 중국인과 오랜 거주자들 간의 갈등 속에서 경제적 동화는 거부하지 않지만 문화적 동화는 거부하는 양상에 대한 연구들(Ray, Halseth, and Johnson 1997; Ley 2008)에서도 드러난다.

1. 미국 내 한인 거주지에 대한 연구

미국 내 한인의 거주지에 대한 연구는 소수를 제외하고는 한인 인구가 많은 두 도시, LA와 뉴욕에 집중되어 있다. 특히 한인 인구가 많고 한국적 삶의 복사본이 재생된다고 회자되어 온 LA 한인 거주지에 대해 주목할 만한 연구들이 축적되었다. LA는 미국에서 가장 먼저 탈중심화된 산업도시로 알려진 곳이자, "서로 녹아들지 않거나 오로지 차이를 지닌 상태로만 녹아들 수 있는 사람들이 많은 지역"(Rand 1967:102)이라는 묘사에서 드러나듯, 인종적·계급적 분리가 다른 어떤 지역보다도 거주 패턴을 통해 잘 드러나는 도시이기도 하다[6]. 낸시 에이블만과 존 리(Abelmann and Lie 1995)는 에스닉 엔클레이브의 형성을 백인 배타성의 결과로 보며, 그것이 종족 연대에서 탄생했다고 논하는 것은 백인의 영역에 다른 소수집단의 진입을 막았던 인종주의적 관습들을 감추는 담론일 뿐이라고 말한다. 또한 에스닉 엔클레이브의 형성을 통해 인종적 라인을 따라 거주지 분리 또는 격리가 이루어짐으로써 LA에서는 멕시칸과 아시안이 많아도 지역 내 백인의 아성(Whiteness)이 손상되지 않았다(ibid.: 89)고 주장한다. 1960년대 중반 이민법 개정이 이루어지고, 취업, 교육, 거주에서의 격리를 뒷받침하는 법적 근거들이 무너지면서[7] 한인들은 상당히 일찍부터 도심에서 빠져나오기 시

---

6) 이는 3년여에 걸친 현지조사 기간 내내 LA와 그 근교에서 만났던 외지 출신 거주자들의 말과도 일치한다. 특히 다른 글로벌 거대도시 – 런던, 시카고, 뉴욕 – 에서 온 이들은 "LA는 다양하지만 그 다양성이 블록화되어 있다"고 입을 모았다.

7) 1964년 시민권법Civil Rights Act, 1965년 투표권Voting Rights Act 및 이민 The Hart-Cellar Act 개정에 이어 1968년 공평주거권The Open Housing Act가 제정되면서 거주지 차별이 불법화되었다.

작했고, 1970년대 코리아타운이 폭발적으로 성장한 이후에도 코리아 타운을 벗어나 도심 밖으로 이주하는 교외화는 계속되었다. 데이비드 김의 1975년 저술에서 이미 "미국에서 태어났거나 경제적 지위가 나아진 사람들은 도시 바깥쪽과 교외에 살고 있다"(Kim 1975: 50)고 보고 되었고, 1979년 LA Times의 보도에서는 2세 한인이나 오래 전에 이민 온 한인들이 비싼 거주 지역으로 이사하고 있었으며 중개업자들의 말에 따르면 벨에어 Bel Air, 비버리힐즈Beverly Hills 등의 부유한 지역에 집을 산 한인 가족들이 여럿 있었다(Sherman, *LA Times*, Feb. 24, 1979)고 거론하기도 했다. 유의영(Yu 1982: 30)도 LA 카운티 내 한인 인구들이 점차 도심에서 벗어나고 있다고 서술한다.

에이블만과 리(Ablemann and Lie ibid.)는 1970년대부터 90년대에 이르기까지 미국 전체와 캘리포니아의 경제적 배경, 특히 글로벌 경제의 움직임에 의한 투자와 노동의 지형에 주목하면서 1990년대 LA의 거주지 분리를 설명한다. 이들의 LA 한인 거주지에 대한 분석은 초국가주의 도시연구 전통의 '이중도시dual city'(Castells 1989: 224-228; Sassen 1991: 317-319) 논의에 기반하고 있다. 즉 저자들은 90년대 LA 경제가 국제금융 및 반도체 산업과 같은 고기술 산업, 의류 생산과 같은 저기술 산업, 그리고 엔터테인먼트, 관광 등의 서비스 부문이 섞인 상태로 진전됨으로써, 글로벌 경제와 연관된 전문직 및 그들에게 서비스를 제공하는 육체노동자들이 도시 내에 함께 존재하게 된 배경을 논한다. 에이블만과 리는 이 시기의 주거 분리가 종족성보다는 경제학에 기반하고 있으며, 민족별 거주지 지형을 분별하는 에스닉 지도를 그리는 데 있어 계급적 요인이 무엇보다 중요해져서, 수많은 외부인 출입제한 거주지gated neighborhood들이 생겨나는 한편 기존의 에스닉 엔클레이브는 다종족화되고 빈민화되었다고 분석했다. 한인들의 거주지가 LA

각지로 분산되면서 사우스 베이South Bay의 부유한 지역에 사는 한인의 숫자가 1980년과 1990년 사이에 두 배가 되었고(Millican ibid.), LA 코리아타운의 실거주자는 주로 라티노가 된 상황은 이러한 분석을 증명하고 있다. 저자들은 한인 이민자들에게 코리아타운은 그들이 어디로 이동을 하든 고향이라는 상징성을 지니지만 거주지로서는 선호되지 않는다고 서술한다.

LA 코리아타운의 성격에 대해서는 박계영과 제시카 킴(Park and Kim 2008)의 연구에서도 심도 있게 논의되었는데, 이들의 분석 역시 초국가적 자본의 흐름에 주목함으로써 코리아타운이라는 공간이 로컬, 지역, 국가적, 초국적 힘들과의 접점에서 구성되는 방식을 추적하였다. 코리아타운은 1970-80년대에 한인 마켓, 쇼핑센터, 신문사, 잡지, 라디오, 텔레비전 방송사 등이 생기며 발전하였고 더불어 한인 조직 및 무역조직, 직종별 조직 등이 생김으로써 한인들이 공동체 의식을 가지고 결속할 수 있는 체제가 갖추어졌다. 코리아타운이 한인 거주지의 중심으로 남아있지는 못하지만, 저자들은 흩어져 사는 남가주 한인들을 이어주는 연계지ethnic nexus의 역할을 하며 새로이 남가주 한인의 정치적, 사회문화적 활동의 메카가 되고 있다고 설명한다. 뉴욕 차이나타운이 1980년대 화교 투자로 인해 이중도시의 경제를 생성하게 된 것(Lin 1998)과 마찬가지로 박계영과 제시카 킴의 연구는 한국 자본 유입의 결과로 재편된 LA 코리아타운의 경제적·초국적·문화적 지형에 주목했다. LA 코리아타운에 한국 자본이 쏟아져 들어오면서 한편으로는 클럽, 스파, 고급 쇼핑센터, 룸살롱, 마사지소 등을 통해 부유한 이민자들이 다시 유입되고 있고, 다른 한편으로는 재개발이 초래한 젠트리피케이션으로 인해 이전의 거주자와 소상인들이 퇴출되고 있는 모습이다. 1990년대 중반에 출판된 에이블만과 리의 연구에서 묘사된 코리아타운은 이민자들이 도착해서 떠나고 싶어 하는 장소였지만, 박계영과 제시카 킴의 연구에 비춰진 코리아타운은 윌셔Wilshire 상업지구의 발전과 더불어 향락산업 등 불법적 행태를 포함한 한국의 현대성을 선택적으로 전유한 소비 공간이 발달함으로써 구매력이 있는 중산층도 유인하고 있다. 이러한 코리아타운 장소성의 변화를 구동시키는 힘은 상기 연구에서 드러나듯 LA 혹은 미국 내의 작동에 한정되지 않는다. 에드워드 박(Park E. 2012)이 지적한 것처럼 남한의 경제가 주춤하고 부동산 가격이 치솟으면서 돈의 흐름이 서울에서 LA로 급증한 점, 혹은 2008년 말 한국이 비자 면제 프로그램에 포함되며 한국에서 관광객 및 단기방문자가 증가한 점 등의 초국적 작동들은 1992년 폭동 이후에도 지속적인 성장을 이루어 온 코리아타운을 "종족의 섬"이 아니라 "초국적 버블"로 변모시켰다고 고찰한다.

이 외, 사회학자 유의영의 연구는 LA 한인의 인구 분포와 구성(Yu 1982), LA 코리아타운의 성격에 대한 연구(Yu 1985), 한인 공동체의 흐름(Yu 1983)을 보고하며 도심에서 점차 벗어나는 한인 인구에 대해 주목하였고, 1990년에는 코리아 타임즈 칼럼을 통해(Yu *Korea Times* 1990) 코리아타운에 남아있는 한인은 대체로 가난하거나 나이 든 사람이라고 보고하였다. 유와 마이어스의 2007년의 비교 연구(Yu and Myers 2007)는 유의영의 연구와 더불어 LA 한인들에 대한 귀중한 자료를 축적하고 있지만, 도심을 벗어나는 한인의 움직임을 백인 거주지인 교외로 진입하는 공간적 동화로 결론짓고 있어, 이는 보다 심도 있는 분석을 통해 보완되어야 할 것이라 생각한다.

뉴욕의 경우, 거주지에 초점을 맞춘 연구는 다소 최근에 등장했다. 민병갑·주동완(2010)의 연구에서는 플러싱Flushing 지역의 한인타운이 수행하고 있는 에스닉 엔클레이브로서의 기능 및 이들 공간에서 일어나고 있는 경관의 변화를 다루었다. 그 외 민병갑의 뉴욕 한인에 대한 지속적인 연구 가운데 한인의 성장과 거주지 정착을 다룬 연구(Min 2012a), 뉴욕–뉴저지의 코리안 엔클레이브의 인구 성장과 인종 구성을 다룬 연구(Min 2012b)가 있으며 주동완(2011)은 뉴욕 플러싱 한인타운 단체 및 한인 활동을 디지털화하기 위한 기초연구를 제시한 바 있다. 거주지를 직접적으로 다룬 것은 아니지만, 권상철의 한인 상권 분포에 대한 연구(Kwon 1990)에서도 거주지에 대한 분석이 드러나는데, 권상철은 뉴욕 브롱크스Bronx 지역 한인 상권의 분포를 분석하며 1990년 이전부터 도심의 한인타운 밖에서 간헐적으로 형성되는 한인 커뮤니티가 흑인, 히스패닉 등 비주류 소수자 집단의 거주지 내에 형성되었음을 보고하였다.

LA와 뉴욕 이외 지역의 한인 거주지에 대한 연구로는 1990년대 이후 가장 빠르게 한인사회가 성장하는 지역으로 꼽히는 애틀랜타 Atlanta와 인근지역에 대한 연구가 있다. 매트로 애틀랜타Metro Atlanta 한인사회의 공간적 분포를 개관한 이승철·이의한(2011)은 애틀랜타 한인사회가 성장해온 역사를 개관하며, 한인업체록을 기초로 하여 한인 업체의 입지 동향을 분석한다. 한인업체록을 분석 대상으로 함으로써 한인을 대상으로 하지 않는 한인 업체가 누락되었을 단점을 저자들도 인정하고 있지만, 한인 대상 업체들의 분포를 살핌으로써 한인 거주지와의 상관성을 지닌 분포도를 추적했다는 점에서 의미가 있다고 보인다. 저자들은 한인사회의 규모가 커지기 시작한 1970년대 이민 초기에는 도매업이 주가 되다 보니 교통이 편리한 도라빌Doraville에 업체가 집중되었다가, 2000년대 접어들어 그 지역에 히스패닉과 흑인이 대거 이주하면서 한인들이 이탈하였고, 상대적으로 교육 여건이 우수하고 교통이 편리한 지역으로의 이주가 크게 증가하였으며 한인 업체들도 그와 함께 애틀랜타 북동쪽 외곽으로 급속히 확산되었다고 보고한다(ibid.: 255).

2. 한인 에스노버브에 대한 민족지적 연구ethnographic research

재미한인의 공간에 대한 연구는 이상의 연구들에서 드러나듯 코리아타운에 대한 연구가 주를 이루고 있다. 교외로 이주해가는 한인의 움직임에 대해서는 오래 전부터 주목해왔지만(i.e. 이승철·이의한 2011; Min 2012b; Yu 1982), 정작 교외에서의 한인들의 삶에 대한 분석이나 지역에 따라 서로 다른 삶의 조건을 형성할 특정 교외의 성격, 그 안에서 한인들의 활동과 관계에 대한 분석은 찾기 힘들다. 이제 다수 재미한인의 삶의 근거지는 다수 미국인의 거주지가 그러하듯 '교외'라 통칭되는 대도시 밖의 도시에 기반하고 있음을 볼 때, 한인의 거주 비율이 높은 교외 지역, 즉 한인 상가 형성을 수반한 한인 집중 거주지역인 한인 에스노버브는 재미한인의 삶을 고찰할 공간으로서 주목할 필요가 있다. 한인 인구 비율이 높고 한인의 종족적 필요를 충족할 상업 시설이 형성되었지만, 한인이 다수자가 아닌 장소에서 재미한인의 삶을 고찰하는 것은, 한인사회를 단일한 공동체로 상정하는 시각에서 탈피하여 한인 내부에서의 관계와 활동 뿐 아니라 타인종 및 타민족 집단과의 일상적 관계를 살피고 그 대응의 차이가 다시 한인 내 다양성의 형성과 어떻게 관련되는가를 볼 수 있게 한다는 점에서 현 시대 다양화되는 재미한인의 모습을 연구하는데 필요한 접근법이라 보인다.

구체적으로 이 책은 LA 근교의 소도시 라카냐다 플린트리지La

Cañada Flintridge[8](이후 라카냐다)의 한인사회 연구에 기초하고 있다[9]. LA 북동부에 위치한 전형적인 부유한 백인 동네인 라카냐다에는 30여 년 전부터 한인의 거주가 증가하며 한인 생활에 필요한 상업시설들도 꾸준히 증가해왔다. 2010년 센서스 기준 약 2만의 전체 인구 중 69%를 차지하는 백인 인구 다음으로 아시안이 25.8%를 점하고 있고(US Census Bureau 2010) 그 중에서도 한인이 가장 큰 비중을 차지하고 있다[10]. 오렌지 카운티Orange County의 플러턴Fullerton 등 몇몇 도시들과 비교할 때 라카냐다는 한인 인구가 가장 많다고 손꼽히는 교외 도시는 아니지만, 옆동네인 라크라센타La Crescenta와 연결되어 한인 인구 밀집이 두드러지는 곳 중 하나이다. 라카냐다는 "한국이나 다름없는" 캘리포니아의 한인타운이 아니라, 오히려 한인이 다수가 아니면서 밀집된 분포를 보이는 지역이라는 특성을 지니고 있어, 미 주류사회와의 소통 및 모국 민족집단의 영향을 함께 볼 수 있다는 점에서 연구지로 선정하였다.

　본 연구는 인류학적 민족지 연구 방법에 기반하고 있다. 현장 연구

---

8) 지역인들은 도시명을 종종 "라카냐다"라고 줄여서 부르는데, 이 글에서도 '라카냐다'와 '플린트리지'를 구분하는 역사적 서술을 제외하고는 전체 이름 대신 라카냐다라고 줄여서 표기한다.

9) 제목의 '라코리아'는 라카냐다 플린트리지 내 한인이 많다고 하여 붙여진 별명이다.

10) 미 연방 센서스는 10년 단위로 이루어지는데다 구체적인 민족ethnicity 구분에 따른 인구 조사 자료를 제공하지는 않으므로 그를 통해 한인 인구의 정확한 추이를 파악하기는 어렵다. 다만 같은 연방기관US Census Bureau의 조사 자료 이지만 민족별 분포를 보여주는 아메리칸 커뮤니티 서베이American Community Survey, ACS에 따르면, 2010년 라카냐다의 한인 인구는 14.1%로 지역 내 아시아 인구(센서스 자료와 약간의 차이를 보이는 26.1%) 중 가장 큰 비중을 차지한다.

는 2015-2016년 겨울의 예비조사를 포함하여, 2016-2017년 겨울, 2017-2018년 겨울까지 3년간 각각 한 달여씩 현지조사를 진행했고, 2018년 11월 UCLA에서 열린 포럼(Chung 2018)[11] 참석 시 보충조사를 진행했다. 이후에는 라뽀rapport를 형성한 연구참여자들과 유선, 이메일, SNS를 통해서 혹은 한국에 방문한 이들과의 만남을 통해서 조사 내용을 보완하거나 업데이트했다. 라카냐다의 공립 초등학교와 고등학교의 학부모회, 교회, 교구 모임, 봉사 모임, 학교 행사, 지역 선거 캠페인 등에 대한 참여관찰과 더불어 센서스 및 지역 통계, 지역 역사서 및 지역 신문 아웃룩Outlook과 밸리선Valley Sun의 3년여에 걸친 한인 관련 기사를 분석했다. 심층면담과 포커스 그룹focus group study 면담은 라카냐다 주민과 학교 관계자, 지역 공무원 외에도, 코리아타운 및 오렌지 카운티의 한인 거주지 주민들과 신문사 및 NGO 활동가들, 전직 정치인과 목사 등을 대상으로 하여 다른 교외 지역 및 남가주 전체 한인사회와의 비교 시각을 갖추고자 했으며, 여러 차원의 장소들과의 관계와 거시적인 맥락에서 라카냐다의 장소성을 파악하고자 했다. 미국 거주기간이 1년부터 3세대에 이르는 1세, 1.5세, 2세[12]의 한

---

11) "Korean American Socio-Political Organizing in the Age of Trump" at UCLA Asian American Center, 2018.11.9.

12) 이주 연구에서는 이민자부터 세대 개념에 포함시켜서 미국에서 처음 출생한 이민자의 자녀를 2세라고 지칭하지만, 이는 일반인들의 언어와 차이가 있다. 재미한인 뿐 아니라 재미중국인들과의 면담 과정에서 2세 한인과 중국계 미국인들 중 많은 이들이 미국인으로서 첫 세대라는 의미로, 나는 "first generation이다, 부모님 때 미국에 와서 나는 가족 중 여기서 태어난 첫 번째 미국인이다"라 표현했다. 여기서는 학계의 관행에 따른 분석적 개념으로서, 성인이 된 후 미국에 이민한 이들은 1세, 대학 진학 이전에 이주한 이들은 1.5세, 미국에서 출생한 첫 세대는 2세라 지칭한다.

인 중 20대부터 60대까지 약 100여 명의 성인들을 대상으로 심층면담을 진행했으며 면담 언어는 영어와 한국어를 면담 대상에 따라 선택하거나 병행하였다. 연구결과를 서술함에 있어서 피면담자는 모두 기호 처리하며[13], 각 피면담자(연구참여자)의 위치에서 면담 내용을 이해하기 위한 수준에서 연령대와 성별, 직업, 이민 세대와 가족 관계 등을 밝힌다(부록 연구참여자 명단 참조).

책의 구성은 다음과 같다. II장, [트랜스 이주 시대 장소의 재구성과 이주·이민을 바라보는 관점의 전환]에서는 먼저 왜 공간과 장소에 주목하는지, 이주 연구에 있어서 공간 담론의 유용성을 점검하며 현대 이주를 이해하는 데 초국가주의 도시연구 전통에서 본격화된 공간 개념들이 어떤 의미를 지니는지 간략히 소개한 후, 이주자를 행위자로 바라보는 응당한 시각이 어떻게 공간 담론을 통해 제시될 수 있는지를 검토한다. 이어 III장, [미국 이민자 공간의 변화와 교외 거주지 형성의 역학]은 미국 내 이민자 및 소수민족 집단의 교외 거주를 이해하기 위한 논의이다. 먼저, 종래의 이주 연구에서 공간과 장소를 다루었던 방식, 전통적 이민자 거주지에 대한 동화론에 기반한 설명이 교외라는 장소 상징에 개입된 사회경제적 역학을 보지 못하여 설득력을 잃었음을 비판적으로 검토하고, 미국 교외의 발전과 관련된 담론과 함께 등장한 미국 내 이주민 거주지에 대한 연구들을 소개한다. 그 가운데, 특히 아시아인의 교외 집중 거주를 분석하는 데 유의미한 개념으로서, 전 장에서 논의한 공간관에 기반하여 후기 자본주의 역동성 속

---

13) 인류학적 민족지 서술에서 종종 있을 수 있는 일로서, 학교 교장이나 NGO의 리더, 지역 공무원처럼 기호 처리가 무의미한 경우에는 피면담자의 허락 하에 지위나 이름을 밝힌다.

에서 이민자 거주지를 설명하는 '에스노버브'에 대해 소개한다. IV장, [로스앤젤레스 메트로폴리탄 지역 한인의 거주지 구성과 변화]에서는 미국 내 한인 인구가 가장 큰 엘에이 메트로 지역의 한인 거주지의 변화를 이민사의 맥락에서 정리하며, 도심 코리아타운의 형성과 변화, 교외 분산의 양상에 대해 분석한다. V장과 VI장은 그러한 한인 인구 최다 지역 내 한인 에스노버브의 사례로서 라카냐다 플린트리지 한인 사회에 대한 분석이다. V장에서는 라카냐다의 위치, 역사, 인구, 경제적 상황을 소개하며 어떤 요인에서 한인의 거주 비율이 커졌으며, 한인 인구가 접촉하며 형성하고 변화해갈 장소의 성격은 어떠한지를 살펴본다. VI장은 전형적인 백인 중산층 거주지인 라카냐다에 한인이 집중되며 형성되는 장소의 성격은 어떻게 이들의 일상을 다시 구성해가는지, 교류하는 사람의 폭과 관계의 양상, 정체성에 미치는 영향은 어떠한지를, 즉 거주지가 형성하는 재미한인 삶의 맥락들을 분석한다. 다양한 입장의 한인 및 여타 거주자들에 대한 민족지적 현장 연구를 통해 다소 동질적인 계급 상황에 놓인 동족인 한인 사회를 동질적으로만 바라볼 수 없는 현실을 분석하고자 했다. 전 장에 걸쳐, 연구 과정 중에 출판한 논문(정은주 2017, 2019a, 2019b, 2022) 내용의 일부를 수정 보완한 글이 포함되었다.

II
트랜스 이주trans-migration 시대 장소의 재구성과 이주·이민을 바라보는 관점의 전환

1. 이주 연구와 공간 담론

　이주는 근본적으로 어딘가에서 떠나 다른 어딘가로 향하는 지리적, 공간적 차원과 개념을 동반한다. 자연히 이주 연구는 농촌과 도시, 도심과 근린, 부유한 지역과 빈곤한 지역, 글로벌 북부와 남부 등의 장소들을 다루어왔고, 수많은 공간 범주 속에서 논의되어 왔다. 그런데, 공간 개념을 수반하면서도 이주 논의에서, 그리고 이주 뿐 아니라 여러 다양한 사회문화적 현상의 논의에서 장소와 공간은 한동안 인간 행위 및 사회구조와 독립된 물리적 배경으로, 인간 행위와 문화가 담기는 틀container로만 다루어진 경향이 있었다. 이러한 장소관에 기반한 논의들에서 세계는 독특한 속성을 지닌 다양한 장소들의 집합체로 가정된 채, 각각의 장소는 하나의 닫힌 공간으로 그 독특성이 기술되었다 (Cresswell 2004: 51).

그런데, 전지구적 자본주의의 진전과 그에 따른 도시의 재편 등 1980년대 중반 이후 급격히 진행된 구조적, 사회문화적 변동들은 기존의 장소 및 공간에 대한 인식에 균열을 가져왔다. 신자유주의 글로벌화의 파장이 현대의 일상에 지배적인 영향을 미치면서, 사회과학 전반에서 신이동성의 변동이 가져오는 생활공간의 변화(Sheller and Urry 2006; McCann and Ward 2011)에 주목하며 다양한 공간 메타포들을 사용하기 시작했고, 장소들이 뚜렷한 경계 속에 고유의 정체성을 갖는다는 기존의 관점 대신, 특정 장소는 다른 장소나 지역과의 관계 속에서 유동적으로 변화하는 것으로 이해하는 시각들이 등장했다. '인문·사회과학의 공간적 전환'이 이루어졌다고 평가될 만치 지리학 뿐 아니라 사회과학 전반의 포스트모더니즘, 포스트구조주의, 포스트식민주의, 페미니즘 등의 관점에서 공간에 대한 담론이 쏟아진 1990년대 이후 장소와 공간은 물리적으로 이미 주어져서 인간 행위와 별도로 존재하는 것이 아니라 인간 주체가 장소에 대해 갖는 태도, 가치, 감정, 행위와 연관되는 것으로, 또한 사회적으로 구성되며 변동하는 것으로 바라보는 시각들이 등장했다(Cresswell ibid.: 51-52). 즉, 이 새로운 공간 담론에서는 특정 장소가 지니는 독특성에 관심을 두는 한편, 이미 주어진 객관적 실체로서 장소의 성격을 찾아내기보다 그것이 생성되고 변형되는 사회적 과정에 초점을 두고, 장소를 자본주의, 후기 식민주의, 가부장제 등의 다양한 구조적 틀 속에서 관계적이고 과정적으로 파악하고자 한다[1].

---

1) 이러한 접근은 일찍이 프랑스의 사회이론가 르페브르(Lefebvre 1974[1991])가 자본주의는 끊임없이 공간을 생산, 파괴, 재생산한다고 주장하며 사회관계를 공간 관계의 형태로 파악하고자 했던 시각과 상통한다. 르페브르는 이미 주어진 사회공간에 대한 기호 해독이 아니라 공간 내 혹은 공간을 둘러싼 실천과 다양한 사회공간들 간의 연관관계를 파악할 것을 촉구한 바 있다.

이 새로운 공감 담론들 속에서 장소는 상술한 바와 같이 인간의 실천과 별도로 이미 어떤 특정의 성격을 띄고 존재하는 것이 아니라, 다른 장소 또는 지역들과의 관계 속에서 그 특성이 생성되고 있는 것으로 이해된다. 이 때 이주는 그를 유발하는 구조적 움직임들과 이주자가 동반하는 상이한 문화로 인해 정착지 및 그와 연관되는 다양한 차원의 장소들을 변화시키는 큰 동인이 된다. 우리의 생활공간이 물리적 거리를 넘어 네트워크를 형성하며 장소와 공간이 관계적으로 이해되는 세계에서는 이주가 유발하는 자본과 노동, 정보, 문화의 초국가적·초지역적 이동은 예외가 아니라 핵심적인 요인으로 자리하기 때문이다. 한인 거주자가 늘어나면서 교외에 한국식당과 슈퍼마켓의 한글 간판이 늘어나 동네의 풍광을 바꾸고, 한국식 학원, 목욕탕, 노래방 등이 들어서며 일상의 레퍼토리를 늘리는 것은 이주자로 인해 장소의 성격이 변화하는 일상적 사례 중 하나이다. 그럼에도 불구하고, 공간 담론의 획기적인 변화가 이루어진 후에도 이주 연구에서 한동안 장소성의 중요성이 인식되지 못했고, 공간 논의가 활발한 도시 연구에서도 이주자들이 가져오는 변화에 크게 주목하지 못했다. 이주와 공간 담론이 상호간의 영향에 주목하기 시작한 것은 도시연구에서 장소성에 영향을 주는 글로벌 경제의 작동에 주목하기 시작한 1990년대 초반에 이르러서이다. 특히 전 지구적 자본의 움직임과 더불어 이주자들이 기원지와 목적지를 연결하는 초국가적 장transnational social field(Glick-Schiller, Basch, and Blanc-Szanton 1994)을 구성하고 있음에 주목한 초국가주의 접근을 통해 이주연구가 도시연구와 연계되면서부터 이주를 설명하는데 장소성이 고려되고 주목되기 시작했다. 그리하여 공간 범주에 주목하는 이주 연구는 단순히 공간적 인구 이동이 아니라 특정 장소에서 이동성과 정주성이 상호 교차하며 드러나는 현상과 이주로 인해 지역과 장소가 변화하는 방식과 양상, 그리고 그러한 장소의 변화가 인간관계의 변화로 이어지는 일련의 과정에 주목하게 된다. 또한 이러한 시각에서는 장소들이 갖는 관계와 유동성은 특정 공간 내부의 행위자들 뿐 아니라 외부 행위자들과의 관계에서도 영향을 받으며 형성된다. 따라서 이러한 공간관 속에서, 이주하여 새로운 정착지를 일상생활의 의미 있는 지점으로 만들어가는 이주자들은, 특히 출신지의 정체성과 연망을 완전히 버리지 않은 채 정착지에의 적응 노력을 통해 여러 장소에 동시적으로 귀속되는 특징을 보이는 현대의 이주자들은 새로운 공간 담론 속에서 장소들을 연결하고 새로운 장소의 성격을 만들어가는 중요한 행위자로 재조명될 것이 기대된다.

　이같이 초국가주의 접근에 기반하여 장소와 이주를 둘러싼 인간집단의 상호작용을 논하는 것은, 문화와 집단정체성을 탐구하는 데 있어서 경계 지워진 단위에 대한 연구나 영토에 기반한 공동체론을 비판하는(e.g. Hannerz 1996) 좀 더 일반적인 움직임을 반영하고 있기도 하다. 대표적으로 인류학에서는 일찍이 문화의 경계를 물상화하는 것을 경계하며, 문화가 뚜렷한 지리적 경계를 갖는다거나 국가를 단위로 집단의 성격(국민성)이 형성된다는 식의 논의에 대해 다각적인 성찰과 비판을 해왔다. 문화는 분명하게 독립적으로 경계 지워진 영토가 아닌 구멍이 숭숭 뚫린 다공질의 경계들 간의 접합과 소통 속에서 형성·재형성되는 과정 속에 있다는 점이 성찰되었고, 그를 형성하고 변화시키는 주요한 꼭지로서 인간의 실천에 대해 인류학자들은 1980년대부터 주목해왔다(Ortner 1984, 2006). 공간 논의가 부상된 1990년대 이후, 인류학에서도 인간행위 및 문화를 장소성에 주목하며 재조명하려는 방법론적·인식론적 노력(e.g. Gupta and Ferguson 1997; Low and Lawrence-Zúñiga 2011)이 경주되었는데, 장소를 관계적, 유동적으로 사유하는 방식은 그 공간 속에 살며 공간의 성격을 형성·변화시키는 인간 주체의 행위와 관계 형성에 더 주목하게 하고, 문화를 뚜렷한 경계를 가진 무시간적 장소에 뿌리내린 동질적인 것으로 보지 않으려는 인류학적 사고와도 맞닿아 있다.

2. 현대 이주를 이해하기 위한 공간 개념

전술한 바와 같이, 이주를 설명하는 데 있어 현장과 그 장소성의 중요성이 다루어지기 시작한 것은 도시 연구에서 장소성에 영향을 주는 글로벌 경제의 작동에 주목한 것과 맞물리며, 그 근저에는 장소의 특성과 경관은 내구적인 고유성을 지닌 것이 아니라 사회적으로 구성, 변화된다는 인식이 자리한다. 또한 글로벌화와 국제이주가 복합적으로 진전됨을 마주하며 이주 공간은 이주 주체들의 삶의 경험들이 엮어내는 지점이기도 하다는 점이 환기되었다. 특히 현대의 국제이주는 일방향에 그치지 않고 기원지와 정착지 간 쌍방향 이동이 활발히 전개될 뿐 아니라 하나의 이주지를 거쳐 또 다른 이주지로 옮겨가며 여러 소속을 형성하는 순환이주의 성격을 띠게 됨에 따라, 이주민들의 삶의 터전이 되는 현장에서 글로벌과 로컬 등 다차원적 공간의 맥락이 교차하는 가운데 장소의 성격이 중층적, 복합적으로 구성됨에 주목하는 논의들이 등장하고 있다. 글로벌화의 진전과 더불어 발전한 다음의 두 공간 개념을 살펴보며 재미한인 연구를 비롯한 이주 연구에서 장소성의 탐구가 기여하는 바에 대해 논의하고자 한다.

1) 로컬리티locality

로컬리티 개념은 인간의 행위와 경험에 의해 구성되는 특정 장소의 구체성에 관심을 두되 다른 장소와의 관계 및 역학 속에서 그 특성을 규명하고자 한다. 그런 점에서 '로컬리티'는 이주로 인해 얽히는 두 개 이상의 지리적 장소들의 사회적 변화를 다양한 측면에서 고찰하는데 유용한 공간 개념이다. 로컬리티 연구는 1980년대 영국이 당면한 글로벌화 과정에서 각 지역에 나타나는 변화 양상 및 공간적 차이의 특성과 원인, 지역이 어떻게 재정립되는지를 살펴보기 위해 등장했다(구동회 2010). 즉, 글로벌화의 영향이 각 로컬에 미치는 차이를 탐구하고자 고안된 개념인 로컬리티는 그 태생부터 로컬이 그 경계 바깥의 어떤 것들과 연결되어 있음을 전제하고 있다.

그런데 이론적 지향과 달리, 실제 당시의 로컬리티 연구들은 로컬 고유의 정체성에 편협한 초점이 주어지거나 경험적 데이터 수집에 몰두하고 사례 연구에 머무르는 경향, 또한 기술에 의존하는 경향이 강했다(김용철·안영진 2014: 423). 이러한 비판과 마주하며 로컬리티는 로컬 내부 행위자들의 영향internal agency effect과 로컬 밖의 외생적 변수 간 이론적 개념화 작업을 해내야(Cooke 1990)하는 방법론적 난제를 노정하고 있다. 이와 같은 연구 경향성은 로컬리티를 외부의 변화에 수동적으로 반응하는 것으로 바라보는 정태적인 개념화 오류를 반복하며 경제적 재편과 그것의 국지적 효과를 분석하는데 머무르는 우를 범한다(Newby 1986; Duncan and Savage 1989)고 지적되었다. 1990년대 지자제 부활 및 지구화 현상에 따른 지방화 시대의 도래라는 외적 요건과 맞물려 등장한 국내의 로컬리티 연구 또한 궁극적으로 지역의 고유성 및 정체성을 밝히는데 집중하느라 자료 수집 및 사례 연구에 머무는 한계를 피하지 못했다. 또한 다수의 연구가 로컬의 타자성, 소수성, 주변성을 강조하며 로컬을 국가나 자본에 대한 저항의 공간으로 간주하는 경향이 있음이 지적되고 있다(김용철·안영진 2014: 427).

이 같은 연구 경향성은 데이비드 하비를 비롯한 도시연구가들이 글로벌과 로컬을 이분법적 대칭관계 속에 설정한 맥락과 다르지 않다. 하비(Harvey 1989, 2006)는 장소와 공간을 구분하며, 공간은 글로벌의 힘이 작동하는 보편적이고 이동성 높은 자본의 영역인 반면, 장소는 특수적이고 공간적 이동이 제한된 노동의 영역으로 파악했다. 그런데 글로벌화와 지구적 연결성이 글로벌에서 로컬로의 일방향적 힘의 흐름이라고만 볼 수 없는 다양한 현상들을 우리는 목도하고 있다. 모든 도시와 인간 행동이 사회적으로 새겨지는 장들은 글로벌한 힘의 일방적 주입에 의해서가 아니라 글로벌한 움직임과 로컬의 움직임이 얽히는 과정에 의해 재구조화되고 재배치되고 있다. 지역의 환경, 글로벌화에 대한 역사적 저항의 결과로 그에 개입되는 정도가 도시마다 다를 수밖에 없고, 따라서 모든 도시, 그리고 도시 뿐 아니라 맥락에 따라 마을, 동네, 대도시, 지역region 등의 로컬리티들은 글로벌 자본주의의 영향 하에 놓인다 하더라도 다 같은 장소가 되지는 않는 것이다. 이러한 점에서, 글로벌 네트워크 연결성이 증대되면서 모든 장소들이 낯설고 즉흥적인 성격을 가지면서 정체성과 장소애를 담보하지 못하는 무장소(Auge 1996)를 향해 획일적으로 변해가고 있다는 주장은 재고되어야 한다. 무장소성의 주장(장소상실, 비장소, 장소 없는 장소)은 세계의 장소들이 기능적으로 연계되면서 장소가 단순히 글로벌 자본의 물적 조건이나 세계체계의 결절점으로서의 역할을 수행하게 되었다는, 즉 자본의 글로벌화가 장소성의 상실로 이어진다는 입장이다. 이는 이주 등의 영향으로 공간이 재편되는 과정에서 글로벌화와 더불어 로컬화localization가 수반된다는 점을 간과한 관점이라 보인다. 오히려 글로벌과 로컬의 맥락이 교차하는 가운데 로컬의 장소성이 새롭게 강화되고, 글로벌화가 진행되면서 역설적으로 로컬에 대한 관심이 증가되고 그 위상이 재평가되고 있음을 주목할 필요가 있다.

매시(Massey 1994)를 비롯하여 공간의 사회구성론 이론가들은 로컬리티가 글로벌의 힘이 작동하는 공간과 동떨어져 정치·경제적 진공 상태 속에 존재하는 것이 아니라 다양한 층위의 공간들이 교차하며 발현되는 힘과 영향 속에 존재한다는 담론을 축적하고 있다. 매시(1994: 120)는 '글로벌 장소감Global sense of place' 개념을 통해 글로벌과 로컬의 이원적 정립을 거부하고, 로컬리티를 이해하기 위해서는 로컬이 그 경계 바깥과 연결되어 있음에 유념할 것을 촉구한다. 매시에 따르면, 같은 장소에 소속된 사람들은 공통의 지리적 기반을 공유하지만, 계급, 젠더, 인종, 시민권 등에서 다양한 위치를 점유하고 있고, 이를 로컬이라는 차원에서만 사고하는 것은 이들이 글로벌 자본주의에서 점유하는 위치를 보지 못하는 우를 범하게 된다. 로컬한 것으로 드러나는 것들 내부의 다양한 정치, 경제, 역사적 관계와 다양성들이 어떻게 특정 로컬에서 교차하고 있는지를 파악하는 것이 중요함을 주장한다. 박경환(2011: 59-60)이 글로벌과 로컬을 그 자체로 구체적 공간 규모를 지닌 대상이 아닌 일종의 담론으로, 따라서 고정된 실체를 지닌 공간이기보다는 분석의 틀로 이해해야 한다고 한 주장도 글로벌 – 로컬 이분법의 오류를 지양하려는 제안이라 보인다. 요컨대 로컬리티는 국가적, 전 지구적 수준의 영향력과 로컬 수준의 사회적 관계망 간의 상호작용이 생성해낸 구체적 결과물로서, 글로벌, 내셔널, 로컬 등 다중적 스케일의 맥락 속에서 특정 장소를 근간으로 다양한 행위자들에 의해 구성되는 사회적 구성물로 이해된다. 따라서, 로컬리티의 개념은 다양한 차원의 로컬이 상호작용하는 과정이 중첩되면서 장소의 특성은 끊임없이 재구성되는 과정에 있다는 것(Herod 2011: 228-230)을 주장하고 있다.

로컬리티를 이와 같이 이해하는 방식은, 네트워크의 형성과 인간집단의 활동이 국가 경계를 넘어 확장되는 거시적 구조적 동인에 주목하면서 동시에 그러한 연망과 실천의 결과가 드러나는 로컬에 주목하게 한다는 점에서 이주 연구에 유용하다. 로컬리티, 즉 이주자의 구체적 삶의 현장은 이주민들의 자기인식subjectivity을 형성하고 정착 사회 통합의 특수한 경로를 형성하고 있음에도 불구하고, 종래 디아스포라 및 국제 이주 연구에서 그 중요성이 간과되었었다. 이주 연구에 있어 로컬리티 개념에 근거하여 특정 장소에서 일련의 사회적 관계를 발전시키고 유지하는 양상에 대한 연구의 적실성은 이주자는 이동하면서도 특정 장소에 뿌리를 내려야 한다는 사실에 있다(Mitchell 1997; Gielis 2009). 이와 같이 특정의 장소들은 이주자의 사회적 관계가 전개되는 토대로서 이주자들이 만들어가는 로컬의 변화를 볼 수 있는 지점이 된다는 점에서, 공간에 대한 관심은 인간 실천, 특히 평범한 사람들에 의한 아래로부터의 변화를 이끌어내는 인간 실천에 대한 탐구를 가능하게 한다고 본다. 같은 종족 집단에 속하는 이주자라 하더라도 각기 다른 로컬에서 생활하는 이주자들은 노동시장으로의 통합 양상이 다르고 그 안에서 다른 역할을 한다는 점을 상기하면 로컬리티의 특성에 주목한 연구들이 더욱 절실하다.

2) 스케일scale[2]

지리적인 차원에서 세계는 장소, 근린지구, 도시, 광역지역, 국가, 세계 등의 공간적으로 계층화된 조직 원리에 의해 구성된 것으로 인식되어 왔고, 1980년대 이전까지 스케일은 그러한 세계의 공간 조직 원리를 이해하는 개념으로 수용되어 왔다(박경환 2011: 63). 각 스케일은 다른 스케일과 구분 가능하고 닫힌 체계라 여겨지며 동일 스케일의 공간에서는 유사한 종류의 경제적 사회적 문화적 과정이 나타난다고 간주되었었다. 그런데, 1980년대 지리학자 테일러(Taylor 1981)와 스미스(Smith, N. 1984)의 논의를 통해 스케일은 무엇보다 자본주의 체제 내 물적 토대를 가지며 사회적으로 생산되는 것으로 파악되었다. 1990년대에 이르러서는 스케일의 생산보다는 다양한 스케일이 상호 연관되는 방식 및 어떻게 변화하고 있는가에 대한 문제 제기(Herod 1994)가 이루어지며 스케일을 구성하는데 있어 인간행위를 염두에 두고 네트워크를 밝히는 논의가 진행되었다. 예컨대 콕스(Cox 1998)는 스케일이란 특정 행위자가 자신의 로컬 사회관계를 물리적으로 떨어진 다른 행위자들과 연결하는 과정에서 파생된 물질적 결과라 본다. 이같은 스케일 논의는 다양한 차원의 공간들 간 관계를 파악하는데 유용하며, 다양한 스케일의 공간들을 가로지르며 결국 한 장소와 마주하는 현상인 이주를 분석하는 데 유용하다.

도시 연구에서는 글로벌 자본의 파장과 그로 인한 공간적 재편을

---

2) 스케일은 지리적 층위 혹은 차원 등으로 번역될 수 있을 터이나, 개념적 혼란을 가중시키지 않기 위해 국내 지리학계에서도 스케일이라는 음차어를 그대로 사용하는 듯하다. 이 글에서도 불필요한 혼동을 피하고 학계의 관행에 따라 음차어를 그대로 사용하고자 한다.

논의해왔으나, 이주 및 이주민들로 인해 공간이 재구성되고 조정되는 양태, 이주자가 속한 세계도시의 구조화와 그것이 지역 경제에 미친 영향 등에 대해서는 여전히 연구가 많지 않은 실정이다. 그러나 이주는 지리적·사회적·문화적인 이동을 수반함과 동시에 결국 이주자의 삶이 진행되는 그 순간 하나의 장소에 발 딛게 한다는 점에서 다양한 차원과 규모의 장소성이 연결되고 경합하며 중첩되는 계기를 제공한다. 이 점에 주목하며 도시 연구의 관점과 이주를 연계한 연구에 대한 요구(Glick-Schiller and Çaglar 2011)가 등장하고 있다.

글릭 쉴러와 새글러 등 초국적 이주 연구에 지리학의 공간 담론을 활용하고자 한 학자들은 글로벌 도시 외에도 다양한 스케일의 도시와 장소에서 어떻게 다른 방식으로 이주에 의한 변화가 구성되고 드러나는지를 파악하기 위한 개념적 도구로서 스케일에 주목한다. 스케일은 전술한 바와 같이, 더 이상 하나의 정적인 공간, 혹은 고정된 제도적 관계의 집합으로 이해하기보다는 다양한 차원과 크기의 장소가 서로 관계를 맺고 상호작용할 때에만 존재하는 관계적이고 유동적인 개념으로 이해되며, 따라서 권력의 위계 속에 영토적 형태의 조직이 다이내믹하고 상대적이며 유동적으로 재배열되는 것을 파악할 때 유용하다는 주장들이 제기되고 있다(Glick Schiller and Çaglar ibid.: 72). 이주가 중층적인 스케일에 연루되어 있으므로, 그 자취들이 로컬의 성격을 형성하거나 역으로 로컬의 특성이 다른 스케일의 장소가 재구조화되는 데에 영향을 미치는 양상을 탐구함에 있어 스케일 개념이 사용될 수 있다.

스케일 개념에 기반한 연구 사례를 보자. 살리와 리치오(Salih and Riccio 2011)는 이탈리아 로마냐의 두 도시에서 스케일 조정과 재구조화가 이주자 통합에 어떻게 영향을 미치는지를 분석했다. 로마냐의 두 도시 중 경제적 위기 상황에 대해 위협을 느낀 리미니Rimini의 시민들은 그 불안감을 이주민 거리 상인들에게 투사하여 새로운 인종주의를 생성하고 그 영향으로 지역 정부는 점차 이주민 정책에서 물러나 그 책임과 주도권을 자발적 조직체에 맡긴다. 반면 이웃 지역인 라베나 Ravena의 경우는 중앙정부와 맺은 긴밀한 관계 하에 국가 산업이 지역에 투자되면서 지역의 여론은 이주민 정책에 상대적으로 호의적인 모습을 보인다는 점을 연구자들은 관찰하였다. 이러한 연구는 이주 정착지인 로컬의 특성과 장소가 이주민의 삶에 미치는 방식을 고찰하면서 그 장소성을 형성하는 보다 큰 스케일의 정치·경제적 작동이 어떤 방식으로 연관되고 있는지를 살핌으로써 다양한 스케일의 로컬리티와 이주의 관계를 잘 보여준다. 이와 같이 스케일 개념은 로컬리티에 따라 이주자의 통합과 초국가적 활동 방식 및 역학이 달라지는 점을 이해하는 데 비교론적으로 활용될 수 있겠고, 이주자가 정착 도시에 영향을 미치는 과정에서 연관되는 보다 넓은 범위의 공간규모조정 rescaling 과정에 주목함으로써 현대의 이주가 작동하는 방식을 포착하는 데에도 유용하다. 글로벌과 로컬이 어떻게 서로 교차하고 상호작용하는지를 파악할 도구로서, 그리고 그 과정에서 이주자의 역할과 경험을 이해할 비교론적 틀을 제공하는 개념으로서 스케일 접근은 이민자 정착의 다양한 맥락을 탐구할 문을 열고 있다고 보인다.

3. 이주민 행위주체성agency의 환기

고전적 이주 연구에서 이주자는 흔히 새로운 정착지에서 적응하고 동화되는 존재, 혹은 주변적이고 차별받는, 수동형 집단으로 묘사되어

왔다. 이주 공간을 논하는 종래의 고전 담론에서도 이주자의 거주지 선택은 주류사회의 권력에 의해 선택지가 제한된 것임에도 불구하고, 민족집거하며 주변화되는 양상이 주류사회의 문화와 가치를 받아들이지 않으려는 이주자의 태도를 공간적으로 가시화한 것이라 폄하되곤 했으며(Phillips 2006), 그 과정에서 이주자의 주체성과 장소 실천은 대체로 간과되어 왔다.

전술한 새로운 공간 담론은, 즉 관계적이고 눈앞의 현장에서 드러나는 것보다 훨씬 큰 규모로 다양한 공간적 스케일을 넘나들며 형성되는 장소성에 대한 논의는 복수의 로컬리티를 횡단하는 주체인 이주자들의 역할을 재고하게 한다. 도시연구에서 스케일 개념으로 접근하는 학자들 가운데에도 이민자를 이주노동력이라는 것 외 로컬리티 형성 과정에서 어떤 위치에 있으며 어떤 역할을 하고 있는지에 관심을 둔 연구는 많지 않았는데, 공간을 경험과 행위가 교차되는 관계적 공간, 달리 말해 이동하는 사람과 물건, 아이디어 등의 상호연결성에 의해 창조되는 관계적 공간으로 볼 때, 그 장소들을 연결시키고 새롭게 변형시키는 주체로서 이주자를 빼놓고 생각할 수 없다. 실제로 이주자들은 정착 사회에서의 새 삶을 위해 다양한 사회관계를 형성하며 문화적 실천을 통해 장소의 특성을 변화시키고 있고, 이들의 네트워크 일부는 로컬과 관련되고 또 다른 일부는 전 지역에 걸쳐있거나 국가의 경계를 넘기도 한다.

즉, 도시 스케일 분석과 초국가적 관점은 무엇보다 이주자들도 그들이 정착하는 도시의 모습을 형성하는 사회적 직조의 일부가 되고 있다는 인식을 환기시킨다. 그들이 맺는 이주지들 간, 그리고 이주지 내부에서의 유대, 그리고 그들의 행위와 실천이 변화하는 도시 정치의 일부를 구성하고 있고, 도시의 거버넌스 및 재현의 지형을 형성한다는 것을 일국 내의 분석에 머무르지 않고 차별적 위치를 점하는 로컬리티 간의 정치적, 문화적, 경제적 자본의 흐름을 통해 분석할 것을 주창한다. 이러한 시각과 접근 방법(e.g. Smith M. 2001; Leitner, Peck and Sheppard 2007)은 이주자를 도시 노동력의 한 요소, 소수민족 집단의 성원, 이질적 문화의 전달자 정도로만 언급했던 대부분의 도시 연구자들과 달리, 사회운동, 장소 만들기, 신자유주의 간의 관계를 추적하며 이주자들을 도시 내 흐름에 영향을 미치는 사회적, 정치적 행위자로 파악할 것을 촉구한다. 이러한 접근은 또한 종래 이주자의 정치활동이 본국에 개입하는 디아스포라의 장거리 민족주의나 정착지에서의 민족주의적 운동에만 주목되었던 데에서 벗어나 일상의 사회적 관계와 정체성의 인식 및 표현, 도시의 정치와 경제 흐름에 이주민들이 어떤 행위주체성을 발휘하는지에 주목할 수 있는 시각을 제공한다.

이주자의 행위자로서의 역할에 주목한 연구의 일례를 스미스(Smith, M. ibid.)의 저서이자 이론인 '초국가적 도시이론transnational urbanism'에서 볼 수 있다. 스미스가 공간과 이주의 관계를 바라보는 방식은 로컬과 글로벌을 이분법적으로 문화 대 경제의 이원대립으로 등치시키는 시각에 대한 비판에서부터 시작한다. 즉, 로컬은 공동체적 성격의 사회조직이 기반하고 있는 문화적 공간, 글로벌 자본주의는 이를 위협하는 핵심적 외부로 상정하고 자본이 전 지구적으로 시공을 재구성하고 이것이 지역의 사회적 움직임을 흐트려 놓는다거나(Harvey 1989), 문화적 의미와 경험의 공간인 로컬이 경제와 기술적 힘의 공간인 글로벌 차원에 의해 위협받는다(Castells 1989)고 하며 글로벌과 로컬을 지배와 저항이라는 이분법으로 갈라놓는 시각에 대한 비판이다. 이러한 도식은 로컬의 문화적 의미가 글로벌 재구조화와는 내재적으로 반대되는 정체성을 생성한다는 가정에 기반하므로 수정되어야 한다는 주장이다.

　문화 구성의 측면에서 이러한 비판은 로컬, 지역, 혹은 국가 공간이 분명한 경계를 가지고 내적으로 완전히 응집된 공동체라 가정할 때 그 경계들을 침투하는 다양한 사회적 행위자들과 그 실천 과정을 인식할 수 없다는 점을 지적한 인류학자 굽타와 퍼거슨(ibid.)의 논의와도 맞닿아있다. 스미스를 위시하여 로컬리티에 주목하는 접근에서는 로컬의 현장이 초국적 이주의 흐름과 사회문화적 소통을 통해 끊임없이 문화 생산을 재조정하며 초국화되어 가고 있음을 인지할 때, 신자유주의 글로벌 자본주의의 분석에서 종종 시공간에 갇힌 자들로 재현되는 계급적 하층의 이주자들의 행위주체성, 그들의 실천이 어떤 변화를 촉발하고 있는지를 탐구할 수 있다고 주장한다. 예컨대, 인류학자 쿰과 스톨러(Coombe and Stoller 1994)의 민족지에서 서아프리카 출신 거리 상인들이 뉴욕에서 인종적·종족적 연망black public sphere을 구축해가는 모습이나, 샌프란시스코 공항의 나이지리아인 택시 운전사들과 뉴욕의 멕시칸 꽃장수들이 활발하게 본원지 사람들과 상호의존관계를 형성하는 모습에 대한 연구들은(Smith, R 1996; Guarnizo 1998) 초국적 이주, 소통, 교류, 여행 등을 통해 어떻게 하층 이주자들에게서 새로운 형태의 주체성이 가능해질 수 있었는지를 보여주는 예이다. 의인화된 자본을 통해 글로벌 공간이 취하는 액션에 '반응'하는 '분리된 차원의 공간'으로 로컬을 인식하는 구도에서는 글로벌 경제의 재구조화 과정에 어떤 로컬의 행위자와 실천들이 개입하게 될지, 다국적 기업이 아닌 다른 초국가적 행위자들 – 예컨대, 이주자 연망, 종교운동, 인권운동가 등 – 의 실천이 조직적으로 구성될 여지는 없는지, 사람들이 로컬, 국가, 초국가적 장의 조건과 결과 사이에서 상호작용하게 됨에 따라 특정 지역에서 새로운 정치적 가능성이 생성될 가능성은 어떠한지 등의 질문이 들어설 여지가 없다.

또한 미시적 차원의 일상과 문화를, 구조적 차원의 힘이라 가정된 경제적 요구가 반영된 것이라는 사고에 대한 스미스의 비판은 문화에 대한 정치경제 분석을 외면하지 말아야 한다는 요구와 별개로 주목할 필요가 있다. 일상을 로컬의 현상과 연관시키는 것은 모더니티에 대한 저항의 지역적 공간을 일상 속에서 찾았던 앙리 르페브르나 미쉘 드 세르토(De Certeau 1984)의 논의에서도 엿보이는 만큼 일상이 로컬에 뿌리박혀 있다는 인식은 다소 쉽게 받아들여졌었던 듯하다. 그러나 스미스 및 초지역주의 학자들의 주장처럼 글로벌화에 의해 영향 받는 수많은 도시들[3]에서 사람들의 일상적인 경험은 로컬 대 글로벌로 쉽사리 경계 짓기 힘든 다양한 현상과 실천 그리고 교차하는 연망들에 의해 영향을 받는다. 따라서 일상이 로컬의 삶으로만 등치될 수 없으며, 일상 속에는 전 지구적 흐름과의 상호 연결, 국가의 정치, 로컬의 저항 및 딜레마, 정체성이 함께 존재하므로, 일상은 고정된 분석 차원이 아니라 논쟁들이 횡단하는 지점(Campbell 1996)이라는 시각이 보다 타당하다.

스미스나 리트너(Leitner et al. ibid.)같은 학자들이 글로벌 위계의 상명하달식 힘보다 연망화된 관계networked relations와 다수의 공간 연결성을 강조한 것은 이와 같이 로컬의 능동성과 의미 창출 작용을 환기한다는 점, 그를 통해 거시적, 미시적 정치경제의 작동이 교차하는 지

---

3) 스미스의 초국가적 도시이론에서 도시는 지리적이기보다는 문화적인 메타포이다. 다시 말해, 로컬리티는 도시 외에 타운, 마을, 촌 등의 단위가 될 수도 있으나 일상이 펼쳐지는 것은 도시의 사회경제적 기회나 정치구조, 문화적 실천들을 통하고 있다는 점에서, 즉 도시의 문화와 연관되어 있다는 점에서 스미스의 도시는 이해될 수 있겠다.

점으로서의 일상 속에서 '아래로부터의' 행위주체성을 관찰·분석할 창을 마련한다는 점에서 의미가 있다. 그러나 여전히 하비 등 글로벌 도시 이론가들이 지적한 바, 자본의 공간화가 불균등하고 불공평한 차별화의 과정이라는 점은 부정할 수 없다. 글로벌과 로컬의 상호작동을 주시하되, 글로벌화의 불균등 권력 현상을 파악할 수 있어야만 다양한 도시들에서 이주자들의 역할이 달라지고, 각기 다른 방식으로 도시에 통합되며 그들이 갖는 각기 다른 초국적 연결성에 대한 비교론적 분석틀을 발전시킬 수 있을 것이다.

이러한 관점과 시각들을 실제 연구에서 어떻게 적용할 수 있을 것인가? 다차원 공간들의 상호작동을 보고자 하는 학자들은 글로벌 경제의 결과로 지역의 일상과 문화가 반응하고 로컬이 변화하는 순서로 탐구할 것이 아니라, 일상의 미시적 차원에 대한 탐구와 로컬리티의 지형에 영향을 주는 정치경제를 함께 고려할 것을 제안한다. 이주민의 일상적 실천, 선택, 관계 맺기에 대해, 관련된 여러 지역에서의 인류학적 현장 연구와 같은 미시적 수준의 비교 연구가 필요할 것이고, 동시대 공간 간 연결성을 분석하는 정치·경제·법·역사·미디어 등 제 분야의 연구에 대한 치밀한 참조 혹은 협업이 요구된다. 특히 전술한 공간 개념을 통해 이주민의 실천과 삶을 분석하는 것은 종래 이주민들을 민족이라는 틀ethnic lens을 통해 종족공동체의 일원으로 한정할 때 초국가주의 접근으로도 볼 수 없었던, 이주자들이 지닌 다양한 위치에서의 행위주체성을 볼 수 있게 한다.

III

미국 이민자 공간의 변화와 교외 거주지 형성의 역학

이민자가 정착 사회의 어느 지역에 어떤 형태로 거주하는가는 단순히 이민자 개인의 사회경제적 능력과 선호도에 따라 이민의 지도가 그려지는 것 이상의 의미를 지닌다. 이민자 공간의 문제는 정착사회의 타자에 대한 인식을 드러내고, 글로벌 경제의 작동과 연동되며, 이민 정책과 지역의 정치력 안배에 영향을 미치기도 하고, 미국의 경우 근본적으로 인종주의와 연관된다. 미국의 대도시 주변 지역이 점차 비백인 이민자들의 장소가 되어가고 있고, 특히 캘리포니아 같은 지역의 교외에서 외국 출생 민족집단의 거주 집중에 의해 정치적 파워의 밸런스가 이동하는 것은 노골적 인종주의는 희미해졌어도 현대에 토착주의nativism 및 반이민 정서를 재생하는 이주자 영토정치의 양상을 불러내기도 한다.

이주 공간에 대한 연구가 어떻게 재미한인 삶의 다층적 면면과 한인들의 실천을 이해하는 통로가 될 수 있는가를 검토하기 위해 이 연구는 '교외'를 그 논의의 중심에 두고 있다. 교외는 종종 아메리칸 드림의 상징이자 미국 주류 중산층의 삶의 방식을 기표하는 장으로 비춰져 왔기에 '신입자'인 이민자와 그들의 거주지로서의 교외의 연결은 설명되어야 하는 대상이었다. 그런데 현대 이주자 공간의 양상은 기술적 진전과 글로벌화 등 다양한 사회경제적, 역사적 변화로 인해 19세기나 20세기 초와 전혀 다른 다양한 동력에 의해 추동될 수밖에 없다. 그럼에도 불구하고, 이민자의 거주지 변화, 특히 한인의 거주 양태와 관련된 저작들 중에는 여전히 20세기 초 미국 시카고 학파의 동화론에 의거, 이민자의 거주 분산을 백인 중산층으로 동화되는 과정이라 보는 공간동화론을 맥락 없이 되풀이하는 논의가 상당수이다. 실제로는 어떤 집단은 집거하면서도 종족경제가 아닌 현지 노동시장에 더 잘 통합되기도 하고, 문화적, 구조적 동화를 이루었어도 첫 정착 지역에서 멀리 흩어지지 않는 경우도 있으며, 국가 정책이나 특정 직업의 고용패턴 때문에 분산 거주 형태를 보여도 언어나 사회관계, 삶의 방식에서는 동화되지 않은 경우도 있는 등, 동화는 민족 집거와 분산을 다 설명하지 못한다. 더욱이 현대의 이민자들 중에는 도심의 민족집거지, 에스닉 엔클레이브를 거치지 않고 바로 교외에 정착하는 경우가 많아, 미국으로의 첫 이민자들이 교외에 많아지는 만큼 교외 거주자가 좀 더 사회문화적으로 미 주류사회의 규범에 동화되었다고 판단할 수 없는 경우가 많다. 이민자 개인과 집단이 여러 지역으로 흩어지는 것은 동화를 의미하고 집거하는 것은 주류의 성향과 구분되는 다원적 경향을 증명한다는 식의 논의는 유럽계와 일부 아시아계 등 19세기 이민자들에게는 적용될 수 있었지만, 현재의 이민자 거주지 변화를 동일한 시각으로 조망하는 것은 20세기와 21세기의 기술적, 사회경제적, 정치적 변화를 외면하는 것이다.

정착지 결정에는 개인과 집단의 특성에서 나오는 언어능력, 교육 정도, 경제적 지위, 사회적 네트워크의 강도, 도착 시기 등이 영향을 주는 한편, 노동시장, 이출지와 정착지의 국가 정책, 그리고 글로벌 경제의 흐름이 그러한 요소에 의한 결정을 가능케 하는 변화를 추동하므로 함께 고려해야 한다. 미국의 경우, 정착지 결정에 인종의 요소를 외면할 수 없어서, 동화의 정도와 관계없이 인종적 인식이 살 수 있거나 살기 편한 곳을 결정하는 데 종종 영향을 미침을 볼 수 있다. 한편, 관찰의 지리적 단위scale를 도시로 한정했을 때는 분산으로 논의되는 현상이 거대 도시와 그 주변 메트로폴리탄 지역으로 공간 스케일을 넓히면 다시 집중의 양상으로 드러난다는 점에서, 종족집단 거주지가 도시 밖으로 분산되는 것만으로 종족과 지역의 연결이 사라지고 있다고 단정할 수 없다. 미국은 여전히 인종적, 종족적으로 거주지가 구별되는 특징이 스케일을 달리하며 드러나고 있고, 이는 이주 시기가 백년이 넘는 유럽계 이주민들에게서도 관찰되었다(Foner 2000: 36-69). 이민자 및 그 후손의 분산과 교외화는 인종적으로 종족적으로 미국의 지역이 구획되고 있다는 개념 하에 국가 통합에 위협이 된다는 주장으로 나타나기도 한다. 교외 지역에 아시아계가 집중되는 도시가 등장하는 것은 지역의 정치력이 비백인에게 재배치될 가능성에 대한 경계, 또는 종래 백인의 성城으로 여겨졌던 교외 지역에 새로운 이민자 집단이 집중됨에 따라 주류 백인 문화의 규범이 흔들릴 가능성에 대한 염려로 표현되면서, 이민에 대한 강한 반응을 수반하기도 한다. 이 글에서는 토착주의적 인식을 가진 선주민이 비백인 이민자 교외 집중에 대해 보이는 반응이나 반이민 정서에 대해서는 다루지 않겠으나, 한인 거주지의 변화와 교외 집중이 이러한 역학 속에 놓이게 됨을 염두에 두며 변화의 거시적 맥락을 분석하고자 한다.

먼저, 장소 상징에 개입된 현재의 사회경제적 역학을 배제한 고전적

이민자 거주지에 대한 논의, 특히 동화론에 기반한 이민자 거주지 담론을 비판적으로 검토하며 교외 거주를 동화라고 선험적으로 해석하는 것의 오류를 짚어본다. 이어 미국 교외의 발전과 관련된 담론과 함께 등장한 교외의 민족집중 거주지에 대한 패러다임을 소개한다.

1. 이주 공간에 대한 고전적 모델 : 동화론

오랫동안 이민자에 대한 연구가 사회통합의 관점에서 그들의 적응 혹은 차별의 양상을 다루며 어떻게 동화되어가는가에 초점을 맞추었던 것처럼 이주 공간, 이주자 거주지에 대한 연구 역시 동화론과 연관되어 있었다. 이민자들은 이주 이후 점차 시간이 경과하고 사회경제적 지위가 나아지며 백인 주류 미국인의 규범을 따르게 되고Anglo-conformity 미국사회에 통합된다는 1920년대 시카고 사회학파에서 발전시킨 동화론은 이주 공간의 논의에서도 지배적이었다. 새로 도착한 대체로 가난한 이민자들은 정착지 중산층이 더 나은 환경을 찾아 교외로 옮겨가면서 남겨진 도시의 빈민지역에 모여 살며 게토나 엔클레이브를 형성한다는 것이 '점거와 천이' 모델Invasion and Succession Model(Park, Burgess, and Janowitz 1925)을 통해 설명되었다. 이러한 동화론적 이주 공간에 대한 설명은 이주자들이 처음 도착했을 때 해당 국가와 지역에 대한 정보가 없기에 일종의 인큐베이터 역할을 하는 이너시티inner city[1]의 인종적 · 민족적 집거지에 거주하게 되나, 정착국 주류사회의

---

1) '도심'은 중립적인 지리적 명칭으로 들릴 수 있지만, 미국의 경우, 도심에 저소득층의 주거지가 형성되며 빈민 현상을 수반했기 때문에 이를 드러내기 위한 용어로 '이너시티'라는 원어를 쓰기로 한다.

습성과 문화를 익히고 사회경제적 지위를 획득하게 되면서 주거 입지의 선택도 주류사회의 네트워크가 있는 곳으로 이동한다는 것이다. 이너시티에서 주류사회와 격리된 공간에 존재하다가 교외지역으로 옮겨가며 집단에 따라 또는 이주 시기에 따라 완전히 분산되거나 상대적으로 집중되는 양상이 나타나는데, 종족집단 내에서 가난하고 덜 교육받은 이들이 공간적으로 밀집된 다운타운 엔클레이브에 거주하는 반면, 전문직을 가진 부유한 이들은 업타운, 즉 대체로 교외의 다인종·다종족 지역에 거주한다는 설명도 제시되었다(Uptown vs. Downtown Model, Sowel 1981).

이상의 접근은 교외로의 거주 분산이 정착 사회에의 적응과 동화를 촉진하거나, 영어 능력과 사회경제적 지위를 확보하여 주류사회의 문화를 받아들인 이들이 주류사회의 거주지로 합류한다고 하며 거주 분산 및 교외로의 이주를 동화와 연관시키고 있다. 즉, 동족의 네트워크가 있는 엔클레이브를 인큐베이터 삼아 정착지 문화에 익숙해지고 사회경제적으로 상승 이동하면서 도심의 엔클레이브를 떠나 다른 지역으로 분산 거주하는 현상, 특히 교외에 거주하게 되는 것을 미 주류 중산층에의 경제적, 사회적, 문화적 동화의 증거로 보는 것이 공간동화론의 핵심이다. 마세이(Massey 1985)는 공간적 동화 모델을 상술하며 이민 소수자가 도심의 엔클레이브를 떠나 다수자가 거주하는 교외로 이동하는 것을 백인 중산층 규범에의 동화라 논의[2]했는데, 이와 같이 1980년대 이후까지 이어지며 동화는 20세기 이민 연구의 화두로 자리

---

2) 마세이는 이민자가 이주하는 교외가 반드시 백인의 거주지라 명시하지는 않았지만, 통계상 백인이 교외 도시의 대다수를 차지하고 있어서 알바와 로건(Alba and Logan 1991)은 교외 이주를 백인 중산층 동화의 근거로 평가했다.

했다. 그러나 마세이는 시카고 이민 공간을 연구한 20세기 말의 저작에서(Massey and Denton 1993, VI), 이탈리안 타운, 아이리쉬 타운 등의 장소에서 이탈리아인이나 아일랜드인이 다수자가 아니며, 시 전체 이탈리아인과 아일랜드인 중 다수가 그 장소에 살지도 않는다는 관찰을 통해, 시카고 학파의 논의가 이민자 게토의 신화를 영구화했던 것과 달리, 시카고 이민자들이 절대로 동질적인 엔클레이브를 형성하고 있지 않았다는 의견을 제시했다. 이러한 논의는 에스닉 엔클레이브가 소수민족의 연대라든가 인큐베이터로서의 기능적 의미보다는 정착지 사회의 배타성, 혹은 인종차별주의에 의해 구성되었다는 주장(i.e. Abelmann and Lie 1998)에 힘을 실어준다. 즉, 짐크로우Jim Crow법[3]과 같이 미국 사회의 인종차별적 분리주의를 옹호했던 규정이 법적으로 철폐되며 흑인과 여타 유색인이 집을 구하고 동네를 선택할 수 있게 된 변화가 이민자의 동화와 별개로 백인들과의 공존을 증가시킨 기초적인 배경이 된 것이다[4]. 1980년대를 지나면서 포르테스(Portes 1995)의 진전된 논의 – 분절화된 동화segmented assimilation[5] – 에 의해 동화의 개념은

---

3) 해당법은 뮤지컬의 바보 흑인 캐릭터 짐크로우의 이름을 따라 붙이며 흑인 경멸의 의미를 담고 있는 것으로, 남북전쟁 종료 이후 1965년 시민권법이 제정되기 전까지 식당·화장실·극장·버스 등 공공시설에서 흑인이 백인과 어울리지 못하게 분리시키며 차별하는 것을 허용한 규정이다.

4) 1968년 공정주거법의 시행 이후 적어도 법적으로는 유색인의 주택 구입과 렌탈에 인종주의적 지역 제한을 두는 것은 불가하게 되었다.

5) 포르테스는 고전적인 동화론에 대한 비판으로 '분절된 동화' 이론을 제시한다. 이에 따르면 계층화되고 불평등한 미국 사회에는 하나 이상의 동화의 루트, 사회 분절들이 존재한다. 이민자들은 미 중산층 뿐 아니라 도시 최하층에 맞추어 문화화되기도 하고, 경제적으로는 통합되면서 이민공동체의 문화와 가치를 고수하는 선택적 문화화의 경로를 걷기도 한다. 즉, 미국인이 되는 방식은 주류사회로의 진입이라는 한 가지 경로만 존재하는 것이 아니며,

백인 중산층에 준거를 둔 일방향의 적응이 아니라, 기원국을 따르거나 혹은 주류문화와 반대되는 방향으로 적응하는 등 그 양상이 집단의 조건과 상황에 따라 달리 나타나는 것으로 수정되기도 했다. 그러나 인종적 위계 하에 백인 중산층의 규범과 문화를 '주류'로서 이민자들이 앙망하고 학습한다고 가정한 전통적 동화의 개념은 이후로도 오랫동안 이주 논의에 드리워졌다.

교외 거주는 교외가 상징하는 미 중산층 생활방식에의 동화를 연상시키기 쉽지만, 교외에 거주하면서도 실제로 언어의 면에서나 사회문화적으로 동화가 이루어지지 않은 혹은 동화하고자 하지 않는 이민자들이 다수 존재한다. 그럼에도 불구하고, 교외에 거주하는 것을 선험적으로 동화의 증거라 보는 시각은 최근의 연구에까지도 여전히 남아 있다. 저우 유와 다우웰 마이어스(Yu and Myers 2007)는 로스앤젤레스(이후 LA) 거주 한인, 중국인, 멕시칸의 주거 변화 요인을 분석하면서, 한인의 경우 주택을 소유할 경제적 능력이 생겼을 때 백인거주지로 이주했고 대체로 고자산층, 연령이 낮고 고학력자이거나 이주 기간이 오랜 집단에서 백인 주류층 동네를 거주지로 선택했다는 점에 기초하여, 주택의 소유가 주류사회에 정착하는 중요한 지표이고 백인 거주지로의 이동은 공간적 동화를 시도하는 것이라 분석한다. 그러나 교외로의 이주나 주택의 소유가 경제적 상승을 반영하기는 하지만, 그것이 곧 사회문화적 동질화까지 포함한 미 주류사회와의 동화 움직임이라는 것을 증명하지는 못한다. 뉴욕의 한인타운을 트랜스 이주의 관점에서 분석하고자 한 신지연(2014)의 논문에서도 이민자들이 어느 정도

이런 맥락에서 결국 동화는 인종적, 계급적으로 불평등한 성취를 의미한다는 것이다.

재정적으로 안정되면 교외화하여 주류사회에 동화되는 양상을 띤다고 서술하며 그에 대한 구체적인 분석 없이 동화론을 반복하고 있다. 이역시 경제적 지위가 상승하여 안정적인 환경에서 주택을 소유할 수 있게 된 것을 다른 부가적 상황에 대한 분석 없이 동화와 직결시켰다는 점에서 오류의 여지가 있다. LA 한인의 주거입지 특성을 조사한 박원석(2015)도 이전의 연구들을 인용하며 주류사회의 네트워크가 있는 곳으로 주거지를 이동하려는 것을 공간적 동화라고 주장하였다. 교외의 여유롭고 너른 땅에 단독으로 주택을 소유하게 된다는 것이 미국 땅에서의 경제적인 성공을 보여주는 것이기는 하나 이를 동화 목적에 의한 것이라 단순화하는 것은 무리가 있다. 이러한 선험적인 동화론적 시각은 무엇보다 미국 사회 전체가 교외화되는 과정에서 감당할 수 있는 수준의 임대 주택들이 교외에 대거 건축됨으로써 저소득층의 교외 거주도 가능해졌던 미국 사회 전반의 사회경제적 변동에 주목하지 못한 데에서 비롯되었다고 보인다. 이민자들이 교외로 분산될 뿐 아니라, 교외에서 같은 민족끼리 모이며 새로운 민족 집중 거주 현상을 보이는 것은 고소득층의 교외 거주도 반드시 동화의 흐름만을 반영하지 않음을 보여준다. 특히 1990년대 이후에는 해외로부터 교외에 직접 정착하는 신입 이주자들이 증가하고 있는 현상에 대해 이 이론은 설명을 제공하지 못한다. 이민자 거주지의 변화는 단순히 적응과 동화의 결과로 축소하기 힘든 광범위한 역학을 수반하는 정치적 과정이고, 인종주의적 노동시장, 집단의 가시성 등 다양한 이슈가 개입되기 때문이다.

2. 이민자 거주지 분리와 다원주의

1980년대 중반 이후에는 마세이, 포르테스의 논의처럼 동일하고 일반적인 동화를 가정하는 데 대한 문제가 제기된다. 미국 사회 이민자들의 거주지 분리 현상에 대한 분석은, 이러한 논의의 맥락에서 이민자의 인종별·민족별 거주지가 경제적, 환경적으로 낙후된 지역에 밀집되면서 더욱 사회·경제적인 차별을 유발하고 슬럼화, 게토화되는 결과로 이어지는 불평등과 갈등에 초점이 주어졌다(i.e. Massey and Denton 1993; Fortuijin and Ostendorf 1998). 예컨대, 클라크(Clark 1991)는 이민자의 거주지 분리를 발생시키는 주요 요인을 선호preference와 차별discrimination이라는 개념으로 정리했는데, 선호는 소수집단이 서로 가까이 거주하고자 하는 자발적 선택이거나, 혹은 그보다 강하게 작동하는 것으로서 다수집단인 백인 중산층이 지역 내 인종이 일정 정도 이상으로 다양화되면 그 지역을 이탈하여 교외로 이주해 나가는 선택을 의미한다. 이와 함께 주택 시장에서 대출기관이나 부동산 중개업자 등에 의한 제도적인 차별도 거주지 분리를 초래한 요인으로 지적되었다. 이러한 연구들은 도시 내 인종지리학에 의해 이민자의 정착지 선택에 보이지 않는 제약이 부여되고 있었고, 이민자들의 거주지 분리 및 민족별 밀집 현상을 단순히 동화 노력 혹은 동화 과정의 부재로 등치할 수 없음을 보여준다.

한편, 1960년대 이후 서구 시민운동의 영향으로 대두한 다원주의는 정착 기간이 길어져도 이주민 각 집단이 지닌 민족적ethnic 차이를 유지하거나 강화하려는 움직임이 있다는 점에 무게를 두고 거주지 분리와 집중을 설명한다. 다원론은 이민자들이 공간적으로 분리된 민족집거지ethnic enclave를 형성하여 독립된 학교, 종족 기업, 단체 및 교회 등의 시설을 가지고 이주자 소수집단들의 일상을 구성한다는 점, 그리고 이주 세대가 진전되면서 주류사회에 진입하더라도 한인타운, 차이나타운 등이 여전히 이주자와 그 후손들의 삶의 가장 중요한 중심지로 남는 점에 대한 설명을 제공한다. 이민자 거주지 분리 현상에 대한 동화론적 설명과 달리, 다원론에서는 이민자들이 민족별로 밀집되는 현상이 정착지에의 적응 정도와 별개의 현상이고, 이민자 개인의 기술이나 문화적 자본의 크기와 비례적으로 관련되는 것도 아니라고 본다.

그런데, 종족성의 차이에 초점을 둔 다원론의 근본적인 난점은 종족 내부적으로는 강한 응집력을 가정하고 종족 외부에 대해 가질 수 있는 이질성에만 초점을 맞춤으로써, 동화론과 마찬가지로 이주민 또는 원주민이 각각 하나의 국가 또는 민족 문화와 사회에 단단히 통합되거나 동화된다는 가정에 기반하고 있다는 점이다. 다양한 배경의 이민자들 각각의 행위나 관계, 신념에 대한 탐구가 이루어지기 전부터 특정 민족집단으로서의 특성이 최우선시 되는 이러한 시각에서는 이주자들이 갖는 비종족적 유대, 다시 말해 그들의 직업적, 계급적, 정치적, 지역적 네트워크 및 유대에 대한 이해가 방해될 수밖에 없고, 이주 민족 집단 내에 존재할 수 있는, 특히 이민 세대가 진전되며 민족으로 묶어낼 수 없는 이질성을 탐구하기 힘들게 한다. 이러한 시각에서는 또한 특정 민족집단에 속했었다는 점만이 강조되면서 한 국가 내의 여러 다른 도시로의 이주 경험 및 이주 공간의 특성이 상호 변환 가능한 것으로 취급된다. 마이애미의 쿠바인, 맨체스터의 파키스탄인, 베를린의 터키인, 인천의 중국인에 대한 연구가 미국의 쿠바인, 영국의 파키스탄인, 독일의 터키인, 한국의 중국인에 대한 이해로 여겨지며, 개별 이주자들이 특정 로컬과 관련하여 펼치는 실천과 사회적 유대를 형성하는 맥락적 요인들이 한 국가 내에서 모두 대동소이할 것이라 간주되는 것이다. 이주자를 민족적 틀에 가두는 이러한 시각, 예컨대 이주자의 경제활동을 종족성에 묶어 단순히 에스닉 엔클레이브의 성장에 대한 기여도, 종족집단과의 관계 또는 종족집단이 직면한 차별 등과의 연관 속에서만 분석하는 것은 이주자의 역할과 네트워크가 지닌 복합적이고 보다 큰 공간적 맥락과의 상호작용을 보지 못하게 할 우려가 있다.

이주 공간에 대한 연구는 이주자들을 하나의 국가 혹은 민족이라는 틀 속에서 사고하는 방법론적 민족주의(Beck 2000; Wimmer and Glick-schiller 2003)의 틀에 매몰되며 동화라는 하나의 목표로 수렴시키는 오류를 경계해야 한다. 이주자 공간은 복수의 문화와 네트워크가 교차하는 가운데 정체성의 경합이 일어나며, 이주자와 주류사회 간에, 혹은 여러 이주자 집단들 간에 새로운 혼성적인 장소성을 형성해가는 공간으로 존재한다. 이민자와 주류집단의 거주지 분리, 이민자들의 교외로의 분산과 특정 교외 지역에의 집중 등 이주자 공간 변화의 흐름은 또한 단순히 개인적 선택 뿐 아니라, 그 선택과 변화의 조건을 형성하고 조율하는 보다 광범위하고 다양한 장소들의 네트워크 속에서 이루어진다는 점에 주목할 필요가 있다.

3. 미국의 교외화와 새로운 교외

이주 공간과 관련하여 사회과학의 담론들이 주목해 온 이슈들은 이민자들이 어디에 어떤 과정에 의해 어떤 형태로 정착하는가, 미국의 경우 왜 도심에서 교외로, 어떻게 인종 및 종족별 집중 거주에서 분산 혹은 새로운 집중의 형태가 일어나는가의 질문으로 수렴된다.[6] 전술한 바와 같이 1980년대 중후반 이후 신이동성이 가져온 생활공간의 변화에 주목하며 등장한 새로운 공간 담론 속에서, 이제 장소는 이미 존재하는 물리적 배경이 아니라 다른 장소, 지역들과의 관계 속에서 그 특성이 생성되고 있는 것으로 이해된다. 그리고 이 때 이주는 그를 유발하는 구조적 움직임들과 이주자가 동반하는 상이한 문화로 인해 정착지 및 그와 연관되는 다양한 차원의 장소들을 변화시키는 큰 동인이 된다.

다시 말해, 장소성에 주목하여 이주를 사고하는 것은 이주자를 단순히 고향을 떠난 민족집단의 일원으로 보는 시각에서 탈피하여 정착지의 거주자로 볼 수 있게 하고, 그들의 삶이 진행되는 장소인 거주지의 특성에 대한 관심을 환기시킨다. 미국에서 이민자들이 교외로 분산되는 것을 동화의 결과 혹은 동화 목적에 의한 것으로만 해석하는 것의 오류는 무엇보다 그들의 장소인 미국의 도시[7]에 대한 분석이 결여된 데에서 파생된 결과이기도 하다. 재미한인을 포함한 미국 이민자의 삶의 터전을 분석하는 과정에는 이민자를 포함한 미국인의 삶의 조건이, 특히 도시로 통칭되는 장소의 조건과 환경이 어떻게 형성되어왔고 변

---

6) 교외와 관련한 이민자 거주지의 양상은 영국, 캐나다, 호주 등 서구의 대표적 이민수용국에서도 비슷한 양상으로 드러나는 것으로 보인다. 2017년 본 재미한인 연구팀이 서울의 '아시아태평양 법연구소'와 공동 주최한 국제학술대회, "아시아 태평양 지역의 이민, 이주, 초국가적 네트워크와 활동"에 참여했던 호주, 영국, 캐나다 학자들은 필자가 미국 교외에서 관찰한 바가 거의 비슷하게 등장하고 있다고 논의했다. 이 책에서 다루는 미국의 사례는 유사한 조건의 다른 지역들에 대한 연구에 비교의 준거를 제공할 수 있으리라 기대한다.
7) 여기서 도시는 대도시metropolis나 시정을 갖춘 도시만을 의미하는 것이 아니라, 미국의 행정적 단위로서 다양한 크기의 타운들을 의미한다.

화되고 있는가에 대한 통찰이 필요하다.

2차 세계대전 이후 미국의 환경에서 가장 중요한 변화 중 하나는 케네스 잭슨(Jackson 1987)이 '미국의 교외화suburbanization of the United States'라 칭한 일련의 현상이라 할 수 있다. 이 때 미국의 도시들이 탈중심화되는 현상은 단순히 가정과 학교가 도심에서 이탈하는 것에 그치는 것이 아니라 직장의 위치도 교외로 흩어지면서 삶의 전반에 걸친 광범위한 변화를 이끌어낸다. 프리웨이freeway[8] 시스템의 구축과 자동차 산업의 발전으로 도심없이 기능하는 도시들이 가장 먼저 대거 등장한 캘리포니아는 이러한 전후 교외문화의 상징이자 선두주자로 꼽힌다. 예컨대 디즈니랜드가 1955년 애너하임Annaheim에 자리잡으면서 오렌지 카운티는 농촌에서 교외로, 중소타운의 집합체로 발전해왔고, 애너하임, 산타아나Santa Ana, 가든그로브Garden Grove 등 특정의 중심지와 연관되지 않는 도시들centerless cities(Jackson ibid.)이 같은 연망 내에서 기능할 수 있게 되었다(그림 3.1 지도 참조). 로버트 피쉬만(Fishman 1987) 역시, 19세기가 도시의 시대라면 전후 미국은 가히 '교외의 시대'를 구가하고 있다고 주장한다. 인구 뿐 아니라 산업 발달이 도심에서 축소되는 사이 도시 바깥의 소도시들 - 교외 - 에서는 인구 성장과 더불어 제조업과 도매업이 지속적으로 성장하며 이들 직종의 대부분이 교외에 이루어졌음에 피쉬만은 주목했다[9].

---

8) 통행료를 지불하지 않는 캘리포니아의 고속도로 시스템을 지칭한다.
9) 1950년에서 1970년 사이 도심의 인구가 10만 명 증가한 반면 교외 인구는 85만 명이 증가했으며, 이 시기 제조업과 도매업 직종의 4분의 3이 교외에 존재했다(Fishman ibid.).

그림 3.1 메트로폴리탄 로스앤젤레스 지도

거주지와 함께 산업 및 특화된 서비스가 동시에 탈도심화하고 있는 이러한 전후 미국의 도시 현상에 대해 피쉬만은 고전적 교외의 원리에 반대되는 원리를 가진 새로운 도시의 탄생이라 보았다. 전통적 교외가 도심에 있는 직장으로 출근하는 목가적인 거주지역으로서, 도시적 기능을 도심으로부터 충족하는 형태라면, 2차 세계대전 이후 미국 교외의 특성은 도시와 연관된 모든 경제적, 기술적 역동성을 담지하고 있어 도심에 기능적으로 의존하지 않아도 되는 탈중심적 환경을 형성하고 있다. 이것이 가능하게 된 것은 통신기술의 진전과 교통체계의 발전에 의해서라는 점에서 피쉬만은 전후 미국의 교외 도시들을 '테크노버브technoburb'라 개념화한다. 대부분의 미국인에게 삶의 진정한 센터는 도시도 촌도 전통적인 교외도 아니고, 고속도로를 따라 생활을 구성하는 지역 속에서 차로 편하게 도달할 수 있는 지역들로 그 경계가 정해지는 '테크노버브'라는 주장은 현재 미국의 도시 구조를 잘 반영하고 있다. 워싱턴 포스트 기자였던 조엘 갸로(Garreau 1991) 또한

'주변도시edge city'라는 용어를 통해 전통적인 다운타운의 외부, 주변에 존재하는 교외에 비즈니스, 쇼핑, 엔터테인먼트가 집중되는 지형을 설명한다. 어떤 명칭으로 개념화하든 간에 전후 미국 도시의 재편은 갸로의 말처럼 "도시의 핵심인 부 생성의 수단, 즉 직업과 일터를 우리 대부분이 살고 소비하는 곳으로 옮겨" 온 것과 관련이 깊다. 이런 의미에서 '특정한 중심을 두지 않고centerless city' '기술적 발달에 의해 technoburb' '도심 주변부에서edge city' 도시의 기능을 수행하는 거주지이자 삶의 터전으로서의 교외는 일과 관련된 다양한 인구들을 흡수할 수밖에 없다. 또한 대체로 도심에 비해 땅값이 저렴하고 안전하여 글로벌 기업과 그에 수반되는 고임금 및 저임금 인력들에게 공히 삶의 질을 높일 수 있는 매력적인 삶의 터전으로 여겨짐으로써 대다수 미국인의 삶의 근거지가 교외로 옮겨지는 과정이 전개되어 온 것이다.

이러한 교외로의 이동은 미국 내 이민자들에게서도 예외가 아니었다. 이민자들이 도시 중심부에 몰리지 않고 교외에 정착하는 현상은 이미 1990년대 초부터 관찰(Alba and Logan 1991; Allen and Turner 1996; Gorrie 1991; Green 1997; Zelinski and Lee 1998)되어 왔고, 특히 미국에 처음 도달한 신입 이민자들도 교외에 직접 정착하는 것이 미국으로의 이민에서 가장 중요한 변화로 대두되었다. 종래 동화로만 논의되었던 이민자의 분산과 교외 거주는 사실상 자동차 산업의 발달과 고속도로 시스템 구축에 의해 미국 사회 전체가 교외화되어 온 흐름과 맥락을 같이하며 20세기 중반 이후 미국 이민의 대표적인 현상이 된 것이다. 1986년에서 1998년 사이 새 집 건축의 80% 이상이 교외에서 이루어질 (Hoffmann 1999) 정도로 구매 가능한 주택의 건설이 교외에 집중되었고, 많은 이들의 거주지가 교외로 옮겨가며 산업 및 서비스가 함께 탈도심화되는 미국 사회 전체의 도시 현상 속에서, 도심 밖 도시의 기능을 충족하는 거주지이자 삶의 터전으로 구축된 교외라는 공간은 이민자를 포함한 다양한 인구를 흡수할 수밖에 없었다. 이러한 흐름과 양상은 이민자의 공간 분산이 반드시 동화를 수반하지 않을 수 있으며 민족의 유대와 애착을 감소시키지도 않는다는 점을 보여준다. 예컨대, 젤린스키와 리(Zelinsky and Lee, ibid.)는 이민자들이 분산 거주 패턴을 보이면서도 종족 커뮤니티와 유대를 지속하는 양상에 주목하며, 이를 '이질지역현상heterolocalism'이라 개념화했는데, 그러한 양상이 등장한 원인으로 주택시장이 성장하고 거주법이 공평해진 것과 더불어 교통과 통신 기술의 혁신으로 분산된 지역 간 이동과 연결이 가능해진 점을 들었다. 지리적 근접성이 아닌 다른 방식으로 이민자들 간에 사회적 유대를 유지하는 것이 가능해졌다는 젤린스키와 리의 설명 외에도, 이민자의 거주지가 교외로 분산되는 것을 가능케 한 요인으로, 교통의 발달이나 취업의 기회가 교외로 분배되었다는 점(Newbold 2001), 넓은 땅에 한 가족만 사는 집들이 특징이었던 교외에 부담이 덜하고 구매 가능한 다가족 거주 형태의 건축이 이루어졌기 때문(Hardwick 2008)이라는 등의 분석이 제시되었다. 이와 같이, 도심에서 교외로의 미국 이민자의 거주지 분산을 이해하기 위해서는 동화론에서 주목한 이민자 개개인의 사회경제적 성공과 문화 적응 뿐 아니라, 이민자의 교외 거주를 가능케 한 거시적 맥락, 즉 이민정책과 그에 따른 새로운 이민의 변화된 사회경제적 성격, 미국 대도시 메트로폴리탄 지역의 변화, 그리고 그를 추동한 글로벌 경제의 재편을 이해할 필요가 있다.

먼저, 이민자 소수집단의 거주지 분산을 가능하게 한 미국 국내의 변화는, 앞서 언급한 바와 같이 1960년대 말 인종차별적 분리주의 법령이 철폐되고 기술적 진전에 의해 미국 전체가 교외화된 것과 더불어, 소수자 가정을 대상으로 한 자가 소유 플랜과 주택 대출과 같은 재정적 옵션이 마련되는 주택시장의 변화(Drew 2002; Kotkin *Wall Street Journal* Nov. 8, 2005)에 있다. 집을 소유한다는 것은 이민자와 미국 출생자를 막론하고 상향이동과 아메리칸 드림의 성취를 가장 구체적으로 표상하는 것(Jackson 1985)으로서, 대출기관과 유명 부동산 회사들은 다양한 민족 출신의 직원을 고용하여, 부동산과 같이 큰 계약을 할 때 자기 언어로 상대할 수 있는 직원을 선호하는 이민 1세들 뿐 아니라, 문화와 언어가 익숙지 않은 첫 이민자들을 교외에 끌어들이는 데 기여했다.

교외에 집을 사는 선택을 할 수 있는 새로운 이민집단, 특히 아시아로부터의 새로운 이민의 흐름은 미국 이민 정책의 변화 속에 이루어졌다. 이민 정책은 이민자의 구성과 각 이민집단의 크기와 역사를 주조하는 중심적인 역할을 하는데, 특히 1965년 국가별 쿼터제를 폐지한 수정 이민법The Hart-Celler Act은 이전까지 단절되거나 그 수가 제한되었던 아시아와 멕시코로부터의 이민을 증가시켰고, 기술이민과 가족 재결합을 우선시하면서 미국 이민의 흐름을 드라마틱하게 변화시켰다. 아시아의 경우, 19세기 이민이 대체로 빈곤 노동층이고 남성 단신이었던 데 반해, 1968년부터 발효된 수정 이민법에 따라 유입된 아시아 이민자들은 교육 수준, 경제적 수준이 이전에 비해 높고 가족 단위로 안정된 정착지가 필요한 이민자들이 새로운 흐름을 형성했다. 또한 1990년 이민법은 고숙련 이민자의 체류(비이민) 비자인 H1B 비자 수를 늘림으로써 과학자, 의사, 연구원 등 미국 내에 아시아로부터의 고숙련 고용자의 수를 급속도로 증가시켰다. 고숙련 입국자들은 1999-2002년 사이 매년 2십만 명으로, 이들 상당수는 비이민으로 입국했으나 차후 영주권을 획득하여 정착하는 이가 많아, 아시아계 이민자 수의 증가에 기여했다. 새로운 이민자들은 동족 네트워크의 정보를 활용하여 대체로 도심을 거치지 않고 교외에 바로 정착하여, 1990년대 대도시와 그 주변 지역에 도착한 전체 이민자의 48%, 아시아계의 55%가 도심 밖에서 거주하기를 선택한 것으로 드러났다(Frey 2001; Rodriguez *Los Angeles Times* Dec. 28, 2003).

이러한 이민 정책이 발의되고 시행된 배경에는 미국이 경제적으로 팽창한 후의 정치적 입장과 글로벌 경제 재편으로 인한 인력과 자본의 수요를 간과할 수 없다. 1965년의 국가별 쿼터제 폐지는 경제적, 정치적 연합의 대상인 아시아의 여러 국가들을 배제하지 않기 위한 정치적 당위였고, 1990년의 이민법은 미국 경제가 탈산업화하며 하이테크와 서비스 중심으로 재구조화가 진행되면서 자국 내 공급으로 충당되지 않는 고숙련 전문인력을 얻기 위한 경제적 요청에 의한 것이었다. 1980년대 일본과 독일 등에 제조업의 우위를 내어주며 의류, 자동차 등 제조업이 몰락하는 한편, 하이테크와 서비스로 산업이 재편되는 과정에서 미국은 고도 기술 인력을 확보하기 위해 고용과 자본 투자를 위한 이민을 장려했다. 이러한 이민정책은 특히 중국, 홍콩, 한국, 대만, 인도와 같이 급성장하는 아시아 국가의 이민자들, 특히 대다수가 노동자였던 이전의 이민 인구와는 사회경제적 지위가 다른 이민자들을 다수 끌어들였다. 1990년대 이래, 이들과 함께 유입된 대규모 외국(아시아) 자본은 아시아로부터의 새로운 이민이 거주하는 교외 지역에 이들이 유지해오던 삶을 지탱하고 민족적 수요를 충족할 쇼핑몰을 형성했고, 다양한 영역에서 일하며 민족 특성의 서비스를 제공할 저숙련 이민자들도 끌어들임으로써, 교외에 새로운 민족적 집중을 형성하게 했다. 이와 같이 글로벌 경제 재편 과정에서 미국 등의 대도시 metropolitan global city가 서비스업과 하이테크 산업이 중심이 되면서 고임금 전문직과 저임금 서비스직의 수요가 동시에 상승하는 양극화를 초국가주의 도시연구에서는 '이중도시' 현상이라 논의하며 현대 도시의 성격으로 설명한 바 있다(i.e. Sassen 1991; Smith,M.P. 2001; Harvey 2006).

4. 교외의 종족집중 거주지, 에스노버브ethnoburb

이제 한인을 비롯하여 다수의 이민자 및 이민자 후손들의 삶의 근거지는 다수 미국인의 거주지가 그러하듯 교외에 기반하고 있다. 교외의 중산층 거주지, 특히 종래 백인 커뮤니티라고 여겨졌던 지역들에 한인이 이주하는 것을 단순히 백인과의 동화Anglo-conformity를 위한 것이라고 해석하기에는 너무나 다양한 층의 한인들이 교외에 거주하고 있는 것이 현재의 모습이다. 한인을 비롯한 다양한 출신의 이민자들과 그 후손들은 도심의 엔클레이브가 아닌 교외로 흩어져 다양한 종족으로 구성되는 지역에 거주하는 한편, 과거의 도심 엔클레이브와는 다른 양상으로 같은 출신의 이민자들이 교외의 특수 지역에 집중 거주하는 양상을 보이고 있기도 하다. 이는 지역, 국가, 초국가 등 서로 다른 스케일의 장소들이 얽혀있는 글로벌 정치·경제의 움직임과 무관하지 않다. 여러 인종 및 종족이 공존하는 가운데 새로운 민족적 집거가 나타나는 이와 같은 교외에서의 삶을 분석하기 위해서는 어떤 시각과 방법들이 유효할 것인가에 대한 숙고가 필요한 시점이다. 종래 백인 중산층의 거주지라 여겨졌던 교외에 다양한 이민자들과 중하 계층의 미국인들도 이주함에 따라 이에 주목한 '멜팅팟 교외Melting pot suburb', '에스노버브(ethnoburb, 교외민족지) 등의 용어들이 등장했다. 이민자의 교외 거주를 설명하는 용어들이지만[10] 이민자 집단의 성격에 따라 거주지 양상도 다르게 드러나므로 각 용어가 모든 집단을 동일하게 잘 설명한다고 볼 수는 없다, 각 집단의 출신이나 이민의 여정 및 미국과 이민자 출신지와의 관계, 미국 내에서의 집단 이미지 및 경제적, 문화적 위치에 따라 그들의 교외 거주를 설명할 적실성 있는 연구틀이 달라질 수밖에 없다.

한인의 미국 교외 거주지를 분석하는 이 연구에서는 캘리포니아 중국인 이민자들의 거주지를 모델로 한 웨이 리Wei Li의 에스노버브(Li 1998; 1999; 2005; 2009) 개념에 주목하고자 한다. 리는 초국가주의 이중 도시 논의가 이민자 집단에도 적용됨에 주목하며, LA 교외 지역 산가브리엘 밸리San Gabriel Valley에 중국인 고임금 이주자와 저임금 이주자가 이웃이 되며 새로운 집중 거주를 형성한 양상을 에스노버브(교외의 종족집중 거주지)라 개념화했다. 종족ethnic과 교외suburb의 결합어인 에스노버브ethnoburb는 특정 종족 집단이 교외에 집중 거주하며 종족 특성의 상업단지를 형성하되 다수자를 형성하지는 않는 도시 현상을 일컫는 용어이다. 교외에 형성되는 이 새로운 동족 집중 거주 형태는 19세기와 20세기 초 도심의 에스닉 엔클레이브와 달리 민족 배타적 성격의 격리된 커뮤니티를 형성하지 않고 다양한 인종과 종족이 섞여 있는 가운데 특정 종족이 집중되는 양상을 보인다. 즉, 인종·민족 집단의 집중과 분리는 동전의 양면과 같고 이에 따르는 인종주의의 유

---

10) 후술하듯, 에스노버브는 같은 종족에서 연원하는 이들이 이민 세대의 깊이나 국적 또는 법적 지위를 막론하고 모여사는 교외 공간을 지칭하는 용어로 등장했다. 즉 에스노버브에 거주하는 동족 중에는 '이민자' 혹은 '이주자'라 칭하기엔 어폐가 있을 만큼 종족원으로보다는 미국인으로 살고 있는 2세 이상의 시민권자가 포함된다. 이민자와 그 후손을 포함하는 소수민족 구성원들의 교외 거주를 통칭한다.

령이 과거의 에스닉 엔클레이브를 떠올리게 하지만, 에스노버브는 교외의 차이나타운 혹은 교외의 코리아타운 등으로 개념화하기에는 거주자의 구성 및 성격과 관계 맺기의 양상 등에 있어 전통적 민족집거지와 근본적인 차이가 있다. 무엇보다 교외집거지는 하나의 민족집단이 절대 다수를 점하는 곳이 아니므로 인종적, 민족적, 문화적, 언어적으로 그리고 종종 국적도 다양한 커뮤니티를 형성한다. 리의 설명처럼, 에스노버브가 등장하게 된 환경으로는 글로벌 경제의 재편 외, 전문 인력 이민자를 우대하는 1990년 이민법 개정을 통해 특히 아시아 전문 인력의 이주를 폭발적으로 증가시킨 미국 이민정책의 변화, 그리고 그에 대응케 한 1980-90년대 아시아 국가들의 정치적 변화 등 송출환경을 들 수 있다. 새로운 이민자 층은 대체로 경제적, 언어적 능력을 갖추고 사업상 네트워크를 위해 같은 민족이 많이 사는 대도시 주변의 교외를 거주지로 선택했으며 따라서 미국 주류사회에 통합되는 것과 동등하게 본국인들과의 초국적 유대를 유지하는 것이 중요한 이민자 유형이다. 이들의 교외 집거는 거주자들의 계급적 위치 면에서, 그리고 배타적이거나 격리된 집거가 아니라는 점에서 과거의 에스닉 엔클레이브와 구분된다. 동족이 집중 거주하는 교외에 아시아의 초국적 거대 자본이 세련된 쇼핑몰과 민족 사업체들을 건설하여 교외에 민족적 인프라를 발전시킨 것은 문화적으로 동화되지 않은 이민자들이 교외로 진입하는 것을 쉽게 하면서 도심에서 분산된 교외 이민자들의 실제적인 필요를 충족하게 된다. 그리하여 에스노버브에는 점점 더 종족에 특수한 산업과 전문서비스들, 식당과 슈퍼, 부동산, 이민자를 위한 금융, 법률 서비스, 랭귀지 스쿨, 여행사 등을 형성하며 종족적 기관과 구조가 자리잡고, 종종 집단적으로 정치적 목소리를 내기도 하는 특징을 드러낸다.

리의 교외민족지론은 중국인 이민의 역학을 설명하는 이론으로 등장했지만, 여타 다른 종족집단의 교외 집거에도 적용될 수 있으며, 특히 1965년 이민법 개정 이후 증가한 아시안 아메리칸의 성격을 공유하고 있다는 점에서 코리안 아메리칸의 교외에서의 삶을 비추어 볼 수 있는 유용한 프레임이라 여겨진다. 미국 이민 정책에 있어서의 중대한 변화 뿐 아니라, 전술한 글로벌 경제의 재편과 아시아 국가들 내의 송출 환경과 조건 간의 상호작용에 의해 고급 기술 인력과 투자자들을 송출한 아시아계 이민자들이 미국에 대거 유입되었고 이들 간에 유사한 거주 현상이 관찰되고 있기 때문이다. 이 시기 이민자들 중 중국인과 한인 가운데에는 종래의 이민자 대다수와 달리 교육 수준이 높고 구매력과 자산, 정보력을 갖춘 이들이 대거 포함되어 있다는 공통점을 지닌다. 이들 양 집단의 이민자들은 미국 생활에 적응하기 위한 인큐베이터로서의 코리아타운이나 차이나타운을 거치지 않고 교외에 주택을 구매하고 다양한 인종과 섞여 생활하는 환경을 처음부터 선택하는 한편, 거주지인 특정 교외 지역에 모여 살며 출신 민족의 편의를 도모할 상업시설과 사설 조직들을 성장시켜 가고 있다는 특징을 공유한다. 중국인이 많이 모여 사는 캘리포니아 몬터레이 파크 Monterey Park나 산마리노San Marino, 한인이 많은 플러턴 및 라크레센타, 라카냐다 플린트리지, 현재 아르메니안인들이 많은 글렌데일 Glendale 등지를 에스노버브의 예로 들 수 있겠다.

리가 연구한 산 가브리엘 밸리 중국인들의 경제활동은 글로벌 경제와의 밀접한 연관 속에서 국제무역 및 관련 서비스에 종사하는 이들이 주도하고 있고, 해당 교외 지역은 단순히 거주지만이 아닌 비즈니스 센터의 역할을 한다. 즉, 중국인 에스노버브 내의 종족 기업들은 소비자와 노동력을 모두 종족 내에서 충족함으로써 에스노버브에 같은 종족이 모여 사는 모습을 형성한다. 리는 지역 내 다른 인종이나 종족과 비교할 때 월등히 많은 중국인 인구가 에스노버브 내에서 거주할 뿐 아니라 일을 하고 있어서 에스노버브의 인력은 고임금·고숙련의 전문가들과 저임금·저숙련 노동이주자들이 섞여 있다고 보고한다(Li 2009: 124). 이러한 에스노버브의 구조는 지역 내 타 미국인들과의 관계 형성 뿐 아니라, 민족 집단 내부의 다양성 혹은 갈등에 대해 탐구할 여지를 준다.

그런데 중국인 이민자의 경험이 전적으로 동일하게 한인에게 적용될 수 없고, 캘리포니아 교외의 한인 집중 거주지가 중국계 에스노버브의 복사판은 아니다. 또한 에스노버브라 볼 수 있는 본 연구의 현장인 라카냐다 플린트리지에서 관찰되는 현상을 리의 에스노버브론이 모두 설명해내지도 못한다. 미국 내의 법적, 인종적 환경의 유사함에도 불구하고 집단 간 문화적 차이로 인해 생성되는 차별화되는 현상들에 대해서는 에스노버브 프레임을 넘어서는 분석이 필요할 것이다. 예컨대 리가 연구한 산 가브리엘 밸리 중국인들의 기업의 경우 소비자와 노동력을 대체로 종족집단Chinese ethnics 내에서 충족하는 데 반해, 한인 기업들은 라티노Latino 노동력을 고용하는 비율이 높아, 중국계 에스노버브와 같이 고용인과 노동자가 동일 지역에 같이 거주하며 높은 비율의 동족 밀집 현상을 보이지 않는다. 그럼에도 불구하고 이민법 개정 이후 증가한 아시안 아메리칸의 성격을 공유하면서, 도심의 코리아타운을 거치지 않고 교외에 자가 소유 주택을 구매하고 다양한 인종과 섞여 생활하는 환경을 선택하여 지역 내에서 한인의 편의를 도모할 상업시설과 조직들을 성장시켜 간다는 특징을 공유한다는 점에서 중국인 이민자의 거주지를 모델로 한 에스노버브 개념은 한인의 교외살이를 이해하는 데에도 유용한 점이 있다고 본다.

이 새로운 교외 공동체들은 사업 경영과 문화적 유산의 표출, 커뮤니티 의사 결정에의 참여 등의 경로를 통해 아시안 아메리칸의 문화적, 경제적, 정치적 통합에 중요한 영향력을 표출하기도 한다. 과거 종족 경제가 주류 경제에 큰 영향을 주지 못했던 데 반해, 교외의 종족 경제는 미국 경제 일반에 중요하고 통합된 한 부분이 되어가고 있다 (Li and Skop 2007). 또한 에스노버브의 거주자들은 글로벌 자본의 유입과 더불어 초국적 이민자 문화의 확산에도 기여하는 바, 다양한 문화 조직이나 랭귀지 스쿨 등의 운영을 통해 드러나는 활동들은 기원국 문화를 유지할 뿐 아니라, 아시아 문화의 일부를 '미국 문화'와 섞으며 혼성화된 아시안 아메리칸 문화를 창조하기도 한다. 학부모들은 학교 활동에 참여함으로써 정치적 행동을 하기도 하고, 사업조직, 무역노조, 전문직 조직을 통해 정치적 기능을 수행하기도 한다. 그러나 이는 에스노버브 내 민족집단 전체에 일반화할 수 없고, 한인의 경우 오랜 이주자와 최근 정착자 간의, 혹은 로컬의 규범에 따르고자 하는 이들과 본국의 관행을 버리지 않으려는 사람들 간의 구분이 존재하고 그에 따른 일상적 교류와 행동의 차이를 드러내기도 한다. 에스노버브는 무엇보다 미국 내 타 인종 및 민족 집단과의 일상적 접촉이 한인 간의 교류만큼 빈번할 수밖에 없는 환경이다. 리의 모델에서 설명되지 않았지만, 이 글에서는 한국계 에스노버브 내 인구의 민족 내적 다양성을 관찰하며 오래된 이주자와 최근 정착자 간의, 혹은 로컬 규범에 동화된 이들과 저항하는 이들 간의 구분에 주목한다. 이러한 구분은 그에 따른 일상적 교류와 행동의 차이를 드러내기도 한다. 에스노버브는 종족적 특성에 의해 교외가 재구성된 단위로 제시된 개념으로서 한인들이 일상적으로 마주하는 타민족 미국인들과의 상호작용을 볼 수 있는 환경이기도 하지만, 본 연구가 관찰한 에스노버브는 초국적인 네트워크가 일반화되고 있는 현 환경에서 서로를 다르다고 구분 짓는 한인들 간의 민족 내적 관계와 활동이 잘 드러나는 지형이기도 하다. 그리하여 본 연구는 에스노버브 프레임을 활용하여 같은 지역에 거주하는 한인 간에도 미국 사회에 대한 이해나 한인됨에 대한 생각, 다른 한인들과의 관계가 동일하지 않음을 보여주고, 이것이 이주 시기나 미국 거주 시간의 차이 외에도 다른 요인과의 상호작용에서 발원하는지 주목함으로써 한인 내 다양성을 이해하고자 한다.

리와 챈(Li and Chan 2012)의 주장에 따르면 에스닉 엔클레이브가 사회경제적, 문화적 주변화의 결과로 형성된 공간인데 반해 에스노버브는 자본과 구매력의 결과 형성된 공간이다. 특정 민족집단이 집거하고 있으나, 에스노버브의 이민자들은 글로벌 문화경제의 초국적성을 담지하거나 실천하고 있고 주류사회와의 통합이 일상적으로 요구된다는 점에서 교외의 코리아타운이거나 교외의 차이나타운이라 칭할 수 없는 근본적인 차이를 잘 지적하고 있다. 그러나 지역마다 그 편차의 정도는 다르지만, 동일 에스노버브 내에도 계급적 편차가 존재한다는 점에 주목할 필요가 있고, 이와 관련해서는 에스닉 엔클레이브와 에스노버브를 계급적으로 대치시킨 이들의 주장에는 전적으로 동의하기 힘들다. 또한 영어가 가능한 고숙련 인력을 중심으로 에스노버브가 형성된다 하더라도 계급 및 교육의 정도와 영어 능력의 숙련도가 비례하지 않음이 한인 에스노버브에서는 관찰되었다. 리의 분석과 달리 에스노버브에 거주하는 한인들 간에는 계급적 갈등 외에 미 중산층 규범에의 동화 정도에 따른 차별화와 갈등, 집단적 활동을 수행하는 데 있어서 중국인 집단과의 차이점 등도 주목할 필요가 있겠다.

에스노버브는 일정 인구의 같은 민족 출신인들이 모여 살며 본국의 문화와 관행을 소통함으로써 미 주류사회에의 통합이 계속되면서도 종족 의식이 지속될 수밖에 없는 환경을 조성한다. 한인 에스노버브의 경우에도 일정 정도의 한인 인구가 유지되고 한인 이민자가 계속 유입됨으로써 한국과의 초국적 유대가 유지되고 한인 청소년들에게는 한인 정체성을 상기시키게 된다. 그러나 이러한 본국과의 초국적 연결과 접촉이 2세 이상의 한인들에게 항상 긍정적인 자기 정체성의 이미지를 전달한다고 단정 지을 수 없는 상황들이 존재하므로 에스노버브의 작동을 곧 종족성의 강화라고 결론 내리는 것은 섣부르다. 한편, 일정 정도의 한인 인구가 유지되고 한인을 위한 서비스가 거주지 내에 조성되는 환경은 문화적, 언어적으로 철저히 미국인으로 살아야 할 필요를 감소시키기도 한다. 이는 특히 미국 내 아시안에 대한 타자화를 경험해 온 한인들에게 있어 영어 사용과 미국 문화 습득에 더 이상 큰 노력을 들이려고 하지 않거나 한인들 간의 교류에만 의미를 두는 등, 자발적으로 동화를 거부하는 형태로도 드러난다. 에스노버브 모델은 이와 같이 인종화의 역학이 상존하는 미국 사회에서 교외 거주를 동화와 직결할 수 없는 현실들을 조명하는 도구가 될 수 있으며, 그런 의미에서 다원주의 및 인종 – 계급 간 연결성에 새로운 시각을 제공하는 연구 모델이라 여겨진다. 무엇보다 에스노버브는 중국인 이민자와 더불어 한인들의 거주지, 그리고 거주 장소에 기반한 로컬인으로서의 한인들을 파악하는데 유용한 모델을 제시하고 있다.

IV

로스앤젤레스 메트로폴리탄 지역 한인의 거주지의 구성과 변화

1. 미국 내 한인 거주 인구의 분포

한인이 미국에서 공간적으로 가시적인 집단을 형성한 것은 1965년 이민법 이후이다. 한인의 미국 이민은 1903년 하와이 이주로 시작되었으나 1905년 일제의 외교권 강탈로 일반인의 이민이 금지되어 유학생과 정치망명객이 전부였다[1]. 특히 아시아인 이민이 전면 금지된 1924년(Johnson-Reed Act of 1924) 이후 이민법이 개정된 1965년까지는 한국전쟁을 계기로 미군과 결혼한 여성들과 미국 가정에 입양된 전쟁고아들 외엔 사실상 한인의 이민이 중단되었었다.

1960년대 말 미국의 수정 이민법이 발효되던 시기 한국의 상황은, 1960-70년대 산업화 과정에서 화이트칼라의 실업률이 증가하고 독재

---

1) 이때 한인 이민 인구는 1903-1905년 사이 6,747명이었고, 1920년 유학생과 정치망명객의 이주로 추산된 인구는 본토에 1,677명, 하와이에 4,950명이 거주했던 것으로 알려져 있다(김선정 2009, 152-155).

로 인한 정치적 억압에 대한 불만이 치솟고 있었다. 이 상황은 아시아 기술이민을 우대하는 이민법과 맞물려 미국으로의 이민이 봇물 터지듯 증가하는 송출의 배경이 된다. 그리하여 이 시기 미국에 이민한 한인 이주자들은 교육 수준이 미국인 평균, 한국인 평균보다 높았고(유의영 2003:139), 1970년대까지 고학력, 중산층 중심의 미국 이민이 이어지다가, 1970년대 말에는 한국 내 소득불균형의 심화로 저임금 노동자도 대거 이주 행렬에 합류했다. 가족 이민이 이주의 단위가 되고 이민자 수가 급증하면서 1970년대부터 LA, 뉴욕 등 대도시에 한인이 집중되는 장소가 형성되기 시작했고 한인 언론사, 한인회 등의 단체가 조직되었으며 한인교회를 중심으로 한인공동체가 형성되기 시작했다. 1990년대 말 2000년 초부터는 교육 이민이 증가하는데, 특히 조기유학 붐으로 청소년 유학이 급증했고, 교육형 이민의 수요는 이전보다 더 큰 강도로 교외의 한인 집중 거주지를 결정하는 주요 요인이 되었다[2].

이민 인구의 변화를 보면, 1960년 미국 내 전체 한인 인구 11,000명, 1970년 약 7만 명에 불과하던 한인 수는 1980년에 29만 명으로 1960년과 비교해 26배 성장했고, 이후에도 성장세가 지속되어 1990년 568,000명, 2000년 864,000명, 2010년에는 110만 명을 넘어섰다가 2019년에는 103만 명으로 소폭 감소했다[3]. 지역적으로는 LA, 뉴욕 등 대도시 지

---

2) 로스앤젤레스 메트로폴리탄 지역 내 한인 집중도가 높은 지역의 한인들과의 면담에서(2016-2019년), 과거와 이전 거주지 선택의 요인에 대한 질문에 대해 대다수가 가장 첫 번째로 꼽은 것이 교육환경이었다.

3) Cecilia Esterline and Jeanne Batalova, "Korean Immigrants in the United States", *Migration Information Source*, Migration Policy Institute, April 14, 2022, https://www.migrationpolicy.org/article/korean-immigrants-united-states (검색일 2022.10.1.) 2020년 센서스 통계 자료는 코로나로 인해 종족별 수치가 집계되지 않은 곳이 많고, 인구 증감의 자연적 변화를 가늠하기 적합지

표 4.1 2013-2017 한국 출신 외국 출생 거주자 밀집 순위

메트로폴리탄 지역	한인 이민 인구	메트로 지역 내 한인 비율
LA-Long Beach-Annaheim, CA	220,000	1.7
New York-Newark-Jersey City, NY-NJ-PA	147,000	0.7
Washington-Arlington-Alexandria,DC-VA-MD-WV	61,000	1.0
Seattle-Tacoma-Bellevue, WA	39,000	1.1
Chicago-Naperville-Elgin, IL-IN-WI	38,000	0.4
Atlanta-Sandy Springs-Rosewell, GA	34,000	0.6
San Francisco-Oakland-Hayward, CA	31,000	0.7
Philadelphia-Camden-Wilmington, PA-NJ-DE-MD	25,000	0.4
Dallas-Fort Worth-Arlington, TX	22,000	0.3
San Jose-Sunnyvale-Santa Clara, CA	20,000	1.0

출처: MPI, US Census Bureau 2013-2017 ACS(American Community Survey)

역에 집중되다가 점차 남부와 중서부 지역으로 분산되는 추세인데, 분산되었어도 여전히 한인 이민자의 반 가량이 캘리포니아(30%)와, 뉴욕(8%) 뉴저지(7%)주 세 개 주에 거주하고 있으며, 그중에서도 캘리포니아에 압도적 다수가 거주하고 있다. 캘리포니아의 한인 인구는 1990-2000년 사이 259,941명에서 375,541명으로 증가하며 44% 성장했고, 2010년에는 505,225명으로 35% 성장, 2020년은 540,600으로 7% 성장하는 등 꾸준히 성장세를 보이고 있다. 2019년 센서스에 따르면, 미국 내 카운티별 최다 한인 거주지 중 첫째가 로스앤젤레스 카운티 146,600명이고, 그 다음 캘리포니아의 오렌지 카운티가 64,000명, 뉴저

―――――――

않은 변수가 존재하므로 2019년 자료를 참조한다. 이 수치는 불법체류자 및 무응답자 등이 고려되지 않아 과소 측정된 수치라는 의견이 다수 존재한다. 예컨대 한국 외교부가 추산한 미국 내 전체 한인 인구는 2019년 254만 6,982명으로 2017년의 자체 자료보다 2.1% 증가했다.

지주 버겐Bergen 카운티 43,000명, 뉴욕주 퀸즈Queens 카운티 37,500명[4] 순이다. 즉, 엘에이 카운티와 오렌지 카운티를 포함하는 로스앤젤레스 메트로폴리탄 지역은 약 211,000명의 한인이 거주하는 장소로서, 캘리포니아 뿐 아니라 미국 전역에서도 가장 많은 한인 인구가 거주하는 곳이다.

로스앤젤레스 메트로폴리탄 지역이 위치한 남가주Southern California는 비유럽계 이민자와 그 후손들이 곧 다수자가 되는 지역으로 변모하고 있는 가운데, 아시아계 인구가 미국 내에서 가장 많은 지역이다. 특히 로스앤젤레스 메트로폴리탄 지역은 위 통계가 드러내듯 미국 내 한인 인구가 가장 집중되어 있는 대도시 지역으로서, 이민자 거주지의 집중과 분산이 가장 잘 관찰되는 지역이자, 한인타운 형성의 역사가 깊어, 한인이 집중되는 거주지 변화의 특수성을 고찰할 수 있는 최적의 공간이라 여겨진다.

2. 초기 한인 집거지, 로스앤젤레스 코리아타운LA Koreatown

한인의 집단 이주가 시작되기 훨씬 전인 1920년대만 해도 로스앤젤레스 시(이후 LA)[5]의 95%에 해당하는 지역에서 아시아인은 흑인과 마찬가지로 주택을 구매할 수 없어서(Davis 1990: 161) 도심의 엔클레이브

---

4) 퀸즈는 같은 공간에 대해 자치구borough라 기록되기도 하는데, 해당 자료는 카운티를 비교한 것이라, 카운티로 표기되고 있다.

5) 로스앤젤레스 카운티(이후 엘에이 카운티) 및 로스앤젤레스 메트로폴리탄(이후 엘에이 메트로) 지역과 구분하기 위해 로스앤젤레스 시는 LA로 표기하고자 한다.

에 모여 살 수밖에 없었다. 1930년대 '리틀 도쿄'와 차이나타운이 LA
의 대표적인 빈민거주지에 들어선 것은, 당시 중국인과 일본인에 부과
된 거주 제한 때문에 흑인 거주지역과 인접한 곳에 집중 거주할 수밖
에 없었던 인종분리주의의 소산이었다. 이는 1964-65년의 시민권법과
선거권법, 1968년의 공정주거법의 제정 이후, 교육, 고용, 거주지 등
삶의 모든 영역에서 인종 간 분리의 법적 기초가 철폐되기 시작한 후
부터 성공한 이들부터 해당 지역을 벗어나 비버리 힐스Beverly Hills 같
은 고급주택지와 교외 주거지에 주택을 마련하는 사람들이 등장하기
시작하며 LA의 도시 구성에 영향을 미치기 시작했다는 점에서 알 수
있다.

　　LA 내 한인 거주지는, 1905년 남가주대학University of Southern California
근처 제퍼슨 대로Jefferson Boulevard[6])에 한인 장로교회가 설립되며 그
주변에 형성된 것이 효시이다. 그러나 한인의 장소가 가시화된 것은
1965년 이민법 개정으로 새로운 이민의 물결이 시작되면서 한인 인구
가 급증한 이후로서, 전문직 종사자, 도시 출신, 가족 이민자, 영구정착
자가 주류가 되는 1965년 이후 아시아 이민 인구의 흐름 속에서 비로
소 손에 잡히는 인구가 형성된 한인의 경우[7]) 민족 집단 거주지는 처
음부터 차이나타운이나 리틀 도쿄와 다른 입지와 성격을 가졌다. 다시
말해, 노동층이 주를 이루었던 20세기 초 이전까지와 다른, 새로운 이
민의 흐름 속에 그 인구가 성장한 한인의 경우, 19세기 말부터 LA 도

---

6) 이후 거리명의 한글 표기 시, Boulevard(Blvd.)는 '대로大路', Avenue는 '가街',
　　Street은 '거리'로 표기한다.

7) 1965년 이후 한인 이민자의 특성 중 하나는 고학력 중산층이 다수를 차지한
　　다는 것이다. 1990년 센서스에 따르면 25세 이상의 34%가 4년제 대졸자,
　　80%가 고졸 이상 학력자였다(Min 1992: 29-30).

심에 모여 살다 에스닉 엔클레이브를 형성한 중국인, 일본인과 달리 처음부터 게토에 갇힌 이미지가 아니었다.

초기 한인의 대다수가 LA로 향했던 것은 한국으로부터 상대적으로 짧은 이동시간, 온화한 기후 등의 요인 외, 엘에이 카운티 중심도시로서 LA가 1960년대까지 대규모 제조업 뿐 아니라 엔터테인먼트, 식품 가공업, 가구 생산 등의 분야에서 경제가 크게 발전했기 때문이다. 제조업의 쇠퇴로 다른 지역과 마찬가지로 대량 해고가 있었으나, 항공우주 산업의 고숙련 일자리 외, 의류, 음식업 등 소비재 생산 분야에서도 일자리를 재창출하고 있었다. 이에 따라, 1960년대 말 이후 이민 길이 열리면서 LA는 "80년대의 멜팅팟melting pot", "서부의 엘리스 섬new Ellis Island"[8]으로 불릴 만큼 한인 뿐 아니라 아시아 여러 국가 및 인접한 남미 국가로부터의 이민이 크게 증가했다. 미국 전체 한인 인구가 1960년 11,000명에서 1980년 29만 명으로 급증하는 가운데, LA에는 1970년대 중반부터 1980년대까지 매년 3만 명 정도의 한인이 유입(Yu 1985,40)[9]되어, 1978년 로스앤젤레스 타임즈 9월호에서는 "수많은 아시아인이 LA에 왔지만 한국인만큼 눈에 띄는 이들이 없다"(Sherman, *Los Angeles Times*, Feb. 25, 1979)고 할 정도였다. 그리하여 1982년에 LA는 미국 내 한인이 가장 많은 도시가 되었다(Yu 1985: 35).

---

8) 뉴욕주에 위치한 엘리스 섬은 이민자들이 미국으로 입국하는 경로로서, 종종 '이민자의 나라'로서의 미국을 상징한다.

9) 공식 자료인 센서스는 1980년 한인 수를 60,618명으로 기록하나 Westways magazine의 Jack Smith는 1976년 LA 시에만 7만 명의 한인이 있다고 하고 사회학자 유의영도 센서스에는 빠뜨린 인구수가 많다고 보고한다.

그림 4.1 1971년의 올림픽 마켓

그림 4.2 영빈관

1960년대까지 피코 대로Pico Blvd. 남쪽에 소규모로 만들어진 한인 거주지는 70년대부터 북쪽으로 옮겨가면서 성장세를 시작했다. '코리아타운'이라 불리는 계기가 된 상징적 사건은 서독에서 광부로 일하다 LA로 이주한 입지적 인물 이희덕 씨가 1971년 웨스트올림픽 대로West Olympic Blvd. 3122번지에 '올림픽 마켓'을 매입하여 개점한 것이다 (Kim 1981: 40, 73, 77). 이때부터 새로 유입된 한인들이 이 일대에 몰려

들면서 한인 상점이 대규모 군집을 이루기 시작했다. 올림픽 마켓의 성공 후 이희덕은 1975년 웨스트 올림픽대로 3014번지에 영빈관VIP Palace restaurant을 설립하고, 1979년에는 3030번지에 한국에서 수입한 청기와를 얹은 영빈관을 세워 동네에 한국적 색채를 입혔다. 이후 수백여 개의 한인 사업장이 올림픽 대로를 따라 문을 열었고 8번가로 확장되어서, 70년대 후반이 되면 올림픽 대로를 중심으로 피코 대로 비벌리 대로와, 버몬트 가Vermont Ave.와 웨스턴 가를 잇는 거리의 안쪽 지역 전체가 한인 사업체로 가득 차게 되었다(Yu 1982: 38-39). 1974년 가족과 함께 이민 온 연구참여자 #5는 당시만 해도 한국인이 많지 않았고, 한국 레스토랑이나 마켓도 몇 군데 없어서 길에서 한국 사람을 만나면 누구든 그냥 반가웠다고 소회한다. 학교에도 한인 학생이 두세 명밖에 없었고 집을 구하기도 어려운 상황에서 "아무도 없이 용감하게 small business로 시작하는 사람들"이 7-80년대에 많아지면서 음식점, 마켓, 미용실, 세탁소 등이 갑자기 몇 개씩 생겨났다. 그렇게 코리아타운은 "누가 큰 플랜을 가지고 형성한 게 아니고" 7-80년대 새로운 기회를 찾아 LA에 온 이들에 의해 서서히 형성되었다. 그러다 보니 "차이나타운에는 게이트가 있고, 재패니스 타운도 한쪽을 막으면 거기서 도망가지 못하는데, 코리아타운은 바운더리가 없는 열린 영역"(연구참여자 #14)으로 확장되었다. 뚜렷한 경계가 없다는 것은 확장 가능성을 용이하게 열어두기도 하지만, 하나의 지역이 단단하게 발전할 수 있게 하는 구심점, 사람들이 집결할 광장을 경계지워진 영역 내 지니고 있지 못한다는 점에서 치명적인 문제점으로 지적되기도 한다(연구참여자 #31).

1970년 약 1만이던 LA 한인 인구가 1975년 약 6만이 되고 70년대 중반까지 약 70개 한인 교회, 12개 불교사원과 100여 개가 넘는 단체, 약 1,400여 개의 소규모 한인 상점이 설립되었다(김진영 2012: 37). 1964

년에 발행된 50쪽의 주거지·비즈니스 목록에서는 식당이 4개였던 반면, 1977년 안내 책자에는 상업시설과 기관만으로도 150쪽을 넘겼고 그 중 적어도 50개의 한국인 소유 식당이 실렸다(Korean Community of Southern California 1964: 89; 1977: 72-79). 70년대 말로 접어들면서, 크렌쇼Crenshaw 대로와 후버Hoover 사이의 올림픽대로와 8번가로 둘러싸인 지역은 한국인과 한국인 소유 기업의 인구 밀도가 가장 높은 지역이 됨으로써 1979년에는 공식적으로 '코리아타운'으로 지정된다. 80년대에 들어서는 한인 건설업체 및 부동산 개발업체에 의해 아파트, 사무실, 대형빌딩들이 세워지면서 코리아타운은 급속도로 성장했고 다운타운에 접한 윌셔 대로 인근까지 확대되었다. 80년대 초반에 다양한 한인의 조직이 생겨나면서 재미한인의 아이덴티티에 대한 연구 및 토론이 활성화되었고, 한미연합회Korean American Coalition, KAC 한인타운청소년회관Korean Youth and Community Center, KYCC 등 1.5세대 단체들과 1.5세라는 용어가 생겨나면서 한국계 미국인, 코리안 아메리칸으로서의 아이덴티티에 대한 논의도 시작되었다(연구참여자 #31). 이 시기, 1970-80년대에 LA 코리아타운은 단순히 한인이 밀집한 장소가 아니라, 한인들의 사회경제적 구심점이자 "가슴에 구멍 난" 사람들에게 상징적으로 어딘가에 속해있다는 개념과 열망을 주는 장소였다고 회자된다. 그런데, 이와 같이 코리아타운이 성장세를 지속하고 지역 내 한인들의 사회문화적 구심체로 자리 잡았음에도 불구하고, 한인의 분산 거주는 상당히 일찍 시작하여 이미 1970년대 중후반부터 교외 도시로 이주하는 한인들에 대한 언론 보도와 연구가 등장했다(Kim 1975: 40; Sherman ibid.). 시의 다운타운이나 그에 인접한 코리아타운은 아이를 교육시키고 가족이 안정적으로 거주할 수 있는 적합한 곳으로 여겨지지 않았기 때문이다. 1984년 LA에 이주한 연구참여자 #14는 이주

초기에 생활이 힘들어 히스패닉이 많은 "안 좋은 지역"에 거주하다 보니 "아이들에게 아빠가 오기 전까지 밖에 나가지 마라 했고, 아빠 퇴근만을 기다리던 아이들을 태우고 근처 마켓에 가서 뭘 사주고 하는 게 일상"이었다고 회상한다. 대부분의 연구참여자들은 당시엔 LA 코리아타운이나 다운타운에서 생활을 시작하다가 대체로 "학군 따라" 옮기는 것이 수순이었다고 입을 모았다.

한편, 코리아타운이 자리잡은 지역은 원래 백인 노동자계급 대상의 거주지로 개발된 곳이었다가 1930-40년대 일본인, 유태인, 멕시칸이 백인 노동자와 섞여 사는 인종 혼합지대가 된 곳이었다. 1965년 이후 중남미와 아시아 출신 이민자들이 몰려들면서 선주민이었던 유태인, 백인, 일본인 거주자 및 사업가들이 더 나은 거주지를 찾아 떠난 공백지대에 한인을 비롯한 다른 아시아인들이 점진적으로 진입한 곳이다 (김백영 2018: 253; Lee 2022: I). 이 시기는 미국이 탈산업화와 경기 침체를 겪던 시기로서, 제조 기업은 공장 문을 닫고 노동자를 해고하며 값싼 노동력을 찾아 해외로 공장을 돌리던 시기이다. 연방정부의 복지기금도 삭감되고 시의 지원도 없는 상태에서 가장 타격을 입은 층은 블루칼라 흑인이어서 도심 지역 빈곤의 공간적 집중이 더 심화되었다. 이때부터 LA의 인구는 인종 분리의 법적 기반에 의해서가 아니라, 인종, 민족, 계급으로 새롭게 나뉘고 지속되는 분산과 분리의 역학 속에 공간을 구성하게 된다.

식료품점과 주류판매 등의 영세자영업에 종사하던 한인들은 더 나은 상권을 찾아 흑인 거주지인 사우스센트럴South Central로 진출하여 한인의 장소를 확장했다. 언어와 문화적 장애로 정규 직업 시장에 진입하지 못함에 따라 고국에서 대학교육을 받은 중산층으로서 슈퍼마켓과 주류판매업으로 직업 하향을 했던 한인들은 생존과 지위 회복을

위해 빈곤, 쇠퇴, 도시하층민을 연상시키는 우범지대, 기피 지대의 대
명사가 된 곳에도 위험을 감수하며 뛰어들었다. 1960년대에 걸쳐 LA
의 비백인 인구가 두 배가 되는 동안 백인 인구는 80%에서 68%로 감
소했고, 백인 중산층 대다수가 교외로 이주했는데[10], 백인 상인이 사
업을 접고 은퇴한 자리에 영세자영업을 인수할 자금력을 지닌 한인들
이 유입된 것이다. 1981년부터 한국 정부가 미국 이민자들에게 최대
1만 불의 창업자금 지참을 허용하면서 한인 자영업자들의 영역 확장
은 기세를 더하면서, LA 폭동이 일어났던 해인 1992년 1월경이 되면
한인 식료품점 및 주류매장이 300여 개로 증가하게 된다(이찬행 2013:
137). 1981년 흑인 신문인 로스앤젤레스 센티넬(*Los Angeles Sentinel* Dec.
10, 1981)에는 "한국인이 올림픽 대로를 삼키고 있다. 길거리 가득한 간
판이 그 증거고 마치 외국에 온 것 같은 느낌"이라는 독자의 글이 게
재되기도 했다. 1985년 월스트리트 저널(Gottschalk *Wall Street Journal*
May 20, 1985)은 흑인 노동자들이 경제적으로 심각한 처지에 있던 시기,
상대적으로 더 두드러진 코리아타운의 성장을 보며 헤드라인에 "코
리아타운에서 아메리칸 드림이 구현되고 있다"고 언급하기도 했다.

3. 한인 거주지의 교외 분산

한인들이 LA 도심의 코리아타운에 거주를 목적으로 집중되던 시기
는 중국인, 일본인 집중거주지에 비해 그리 오래지 않다. 20세기 중반

---

10) 1980년 4월 LA 타임즈는 폭발하는 다인종의 에스닉 인구가 엘에이의 얼굴을
바꾸고 있다고 할 정도로 증가하는 소수자 유입과 흑인 빈곤층의 공간을 피
해서 백인이 교외로 떠나기 시작했다.

이민이 본격 시작되어 대체로 교육 수준이 높은 한인들은 하향 직종으로 선택한 자영업을 통해 자산을 축적하여, 그 상당수가 비교적 빠른 시기인 1970년대부터 부유한 주변 소도시와 교외지대로 주거를 이전했다. 70년대 말에 이미 성공한 한인 중에는 백인들도 쉽게 가지 못하는 LA의 부촌 벨에어Bel Air나 비버리힐즈에 이주한 이들이 있었고 (Sherman, ibid.), 80년대까지 한인이 많지 않았던 LA의 부유한 지역인 라브레아La Brea와 행콕파크Hancock Park에도 한인 인구가 급증했다. 1980-90년 기간에는 대도시 LA를 벗어나, 엘에이 카운티의 남서쪽 하단에 위치한 사우스베이 지역의 가디나Gardena, 토랜스Torrance 등 중산층 거주지로 이주하여 사우스베이 한인 인구가 2배 증가했고, 90년대 초가 되면 사우스베이에서 한인 사업체를 운영하는 인구도 2천 명에 이르러 LA 코리아타운에 가지 않아도 큰 어려움이 없게 되었다(김백영 2018: 254). 에이블만과 리가 1990년대에 진행한 현장 연구에 따르면, 한인의 주된 관심사는 자녀 세대의 계층 상승 이동에 있었기에 한인사회 사회관계망에서의 고립을 선호하는 경우도 적지 않아(Abelmann and Lie ibid.: 106), 이 또한 7-80년대 분산 이주의 동인이 되었음을 추정할 수 있다. 교외로 이주하는 한인 인구는 4·29(1992년 LA폭동) 이후 더 증가했고, 이주의 동인이 교육환경에 주어지면서 2000년대 이후에는 교육환경이 좋은 LA 주변 지역인 글렌데일, 세리토스Cerritos, 오렌지 카운티의 플러턴 등으로 거주지가 확산되었다.

　교외로의 분산을 이끈 것은 한인의 경제적 성공 뿐 아니라, 이전 장에서 논의한 프리웨이의 건설과 교외화, 주택 구입의 법적 차별 철폐 등이고, 그러한 배경 하에 상대적으로 이민의 역사가 짧은 신생 이민인 한인들도 1970년대부터 교외로 나가기 시작한 것이다. 그리하여 1990년과 2015년 센서스에서 이미 LA 코리아타운 내 한인의 비중은 4분의 1 혹은 5분의 1에 불과한 것으로 드러난다. 1990년 센서스에서 코리아타운 내 사업체의 40%가 한인 소유였으나 거주자 인구 50% 이상을 차지하는 것은 한인과 주로 고용 – 피고용 관계에 있던 라티노였다.

한인들은 먼저 프리웨이를 타고 코리아타운에 쉽게 방문할 수 있는 엘에이 카운티 내 주거환경이 좋은 교외 지역으로 분산, 이주했다. 2010년 엘에이 카운티 내의 한인 인구에 대한 통계 자료[11]를 보면, LA(108,300명), 엘에이 카운티 해변 지역인 토랜스(12,100명), 다운타운 근처의 글렌데일(10,300명), 오렌지 카운티에 면한 세리토스(7,200명),

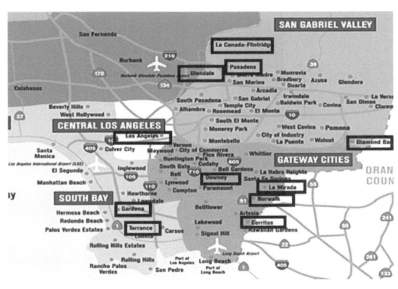

그림 4.3 엘에이 카운티 내 한인 집중 도시
(박스는 한인 다수 거주 도시, 저자 표시)

---

11) Ferdinando Guerra, "Growing Together: Korea & Los Angeles Country", LA County Economic Development Corporation, https://laedc.org/reports/Growing%20Together%20Korea%20and%20LA%20County_English.pd(검색일: 2022.10.1.)

LA 동북쪽의 라크레센타 - 몬트로즈 - 라카냐다 플린트리지(6,900명), LA 동쪽으로 오렌지 카운티에 면한 다이아먼드바Diamond Bar(5,800명) 순으로 한인의 절대 인구수가 많고, 그 외, 패서디나와 LA 남동쪽의 라미라다La Mirada, 노워크Norwalk, 다우니Downey, 사우스베이의 가디나Gardena, 란초 팔로스 베르데Rancho Palos Verde 등에도 상당수의 한인이 거주한다. 2022년 현재 엘에이 메트로 지역 전체에서 한인의 절대 인구가 가장 많은 CDPcensus designated place(인구측정 지역 단위)는 LA(69,737명) - 토랜스(10,590명) - 글렌데일(9,897명) - 오렌지 카운티 플러턴(9,065명) - 오렌지 카운티 부에나파크Buena Park(4,942명) - 라크레센

표 4.2 엘에이 카운티 내 한인 인구수 많은 도시(각주 11 참조)

City/CDP in Los Angeles County in 2010	Korean-American Population (OOOs)
Los Angeles	108.3
Torrance	12.1
Glendale	10.3
Cerritos	7.2
Diamond Bar	5.8
La Crescenta-Montrose	4.0
La Mirada	3.7
Rowland Heights	3.5
Gardena	3.5
La Canada Flintridge	2.9
Santa Clarita	2.9
Rancho Palos Verde	2.8
Pasadena	2.7
Norwalk	2.6
Downey	2.5
Total	224.5

Note: COP = Census Designated Place   Source: U.S. Census

타(4,285명)순으로 2010년에 비해 LA 인구가 상당수 감소했고 오렌지 카운티의 인구가 성장했음을 볼 수 있다.

그런데, 인구의 절대 수는 도시 전체의 수가 많으면 증가할 수도 있어서 한인 집중도의 순위와는 다르다. 엘에이 메트로 지역의 한인들과의 면담에서, 많은 이들이 이제는 글렌데일이나 LA에 많이 살지 않는다는 대답을 한 것은 한인 인구의 절대수는 여전히 가장 많으나, 전체 인구 대비 한인의 집중도가 과거와 달리 감소되었음을 의미한다. 엘에이 메트로 전체에서 한인 비율, 즉 한인의 집중도를 기준으로 하면, 세리토스(17.31%), 라팔마La Palma(16.86%), 라크레센타(14.72%), 몬트로즈(11.89%), 라카냐다 플린트리지(10.78%)의 순이다. 이 중 라크레센타와 몬트로즈, 라카냐다 플린트리지는 각각 따로 인구 추산을 제시했지만, 서로 인접하여 일상생활과 상권, 소방경찰청 등이 서로 연결된 지역으로서 세 도시를 합치면 한인의 집중도가 가장 크다. 라크레센타와 라카냐다 플린트리지는 각각 공립 학군이 우수하며 전형적인 백인거주지로 인식되어 온 곳으로서12) 한인 2세나 1.5세 뿐 아니라 이민 1세와 한국에서 오는 주재원들이 지인 네트워크를 통해 거주지로 낙점하는 지역이다. 세리토스는 현재도 한국인 비중이 높은 곳으로 한인이 처음으로 시장으로 선출된 곳이기도 하지만, 지금은 근처인 오렌지 카운티의 플러턴으로 많이 옮겨가, "올드타이머들만 좀 남아있고 인도와 중동인들이 많이 들어오는"(연구참여자 #4) 곳이라 이야기된다.

---

12) 2020 US Census에 따르면, 라카냐다 플린트리지의 거주 백인은 전체의 75%에 해당하는 다수를 형성한다. 그럼에도 불구하고 이 지역은 한인 집중 지역으로 인식되고 있다.

표 4.3 2010 엘에이 카운티 내 한인 비율

LA 및 엘에이 카운티 내 도시(CDP)	총인구 중 한인의 비율(%)
Los Angeles	2.9
Cerritos	14.8
La Crescenta	20.2
Montrose	11.89
La Cañada Flintridge	14.5
Torrance	8.3

오렌지 카운티는 캘리포니아에서 세번째로 인구가 많고 아시아계 인구도 미국 전체 카운티 중 엘에이 카운티와 뉴저지주 버겐 카운티에 이어 세번째로 많아, 지역 거주자들에 따르면 백인들이 '아시안 팟 Asian Pot'이라 부르는(연구참여자 # 70, 71, 72*)[13] 지역이다. 2010년 센서스에 따르면 백인non-hispanic white이 44%로 과반이 되지 않으며, 현재 한인은 베트남인 다음으로 오렌지 카운티에서 뚜렷한 집중을 보이고 있다. 한인 인구의 절대 수가 가장 많은 오렌지 카운티 내 도시는 어바인Irvine, 플러턴, 부에나파크, 가든그로브, 사이프러스Cypress, 브레아Brea, 라팔마, 라하브라La Habra, 로스 알라미토스Los Alamitos 순으로, 부에나파크의 경우 2000년에는 필리핀인이 아시아계 중 가장 많았으나 2010년부터는 한인이 가장 큰 비중을 차지하고 있다[14]. 전체 인

---

13) 영어로 수행된 인터뷰에 대해서는 연구참여자 번호에 *로 표시하고, 필요한 경우에만 원어를 인용하기로 한다.

14) Center for Demographic Research(CDR), "Census 2000: Orange County's Asian Population", Orange County Profiles, California State University, Fulleron(CSUF), volume 6. number 4, https://www.fullerton.edu/cdr/_resources/pdf/profiles/profilesv6n4.pdf; Orange County 2010 Census Demographic Profiles, CDR, CSUF, http://www.fullerton.edu/cdr/_resources/pdf/census/Census2010_OC_DP.pdf.

구 중 비중으로 보면, 플러턴에 한인이 2000년 기준 45.9%(표 4.5 참조)로 가장 집중되어 있고, 어바인은 아시아계 중 중국인 다음으로, 가든 그로브는 베트남인 다음으로 한인 인구의 비중이 크다. 상업단지 형성의 측면에서, 오렌지 카운티에는 베트남과 한인 타운 외에는, 차이나 타운이라 할 만한 집중 상업단지가 없고 필리핀계와 일본계도 인구수에 비해 밀집된 공동체를 형성하고 있지 않다는 특징을 보인다.

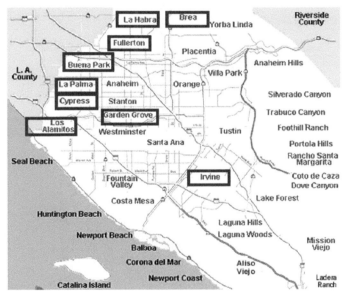

그림 4.4 오렌지 카운티 내 한인 집중 도시
(박스는 한인 다수 거주지, 저자 표시)

(검색일2022.10.1.) 2020년 자료의 경우 코로나19로 인한 조사의 제한으로 민족별 자료를 제공하고 있지 않다. 베트남인의 경우, 1975년 베트남 전쟁 후 난민들이 샌디에고 난민수용소를 거쳐 지리적으로 가까운 곳에 정착하다 보니 오렌지 카운티에 모여 살게 되었다.

표 4.4 1990-2000 오렌지 카운티 내 아시아 인구 민족별 분포

Asian Population by Ethnicity, Orange County California: 1990 and 2000					
Subcateimry	1990 Census		2000 Census		Percentage Change
	Population	Percentage	Population	Percentage	
Vietnamese	71,822	29.8%	135,548	35.8%	88.7%
Korean	35,919	14.9%	55,573	14.7%	54.7%
Chinese(except Taiwanese)	41,403	17.2%	50,217	13.3%	21.3%
Filipino	30,356	12.6%	48,946	12.9%	61.2%
Japanese	29,704	12.3%	31,283	8.3%	5.3%
Asian Indian	15,212	6.3%	27,197	7.2%	78.8%
Taiwanese	n/a	n/a	9,500	2.5%	n/a
Cambodian	3,979	1.7%	4,517	1.2%	13.5%
Thai	2,227	0.9%	3,022	0.8%	35.7%
Laotian	2,893	1.2%	2,711	0.7%	-6.3%
Pakistani	n/a	n/a	2,636	0.7%	n/a
Indonesian	n/a	n/a	1,903	0.5%	n/a
Hmong	575	0.2%	986	0.3%	71.5%
Sri Lankan	n/a	n/a	709	0.2%	n/a
Bangladeshi	n/a	n/a	311	0.1%	n/a
Malaysian	n/a	n/a	168	0.0%	n/a
Other Asian	6,613	2.7%	3,007	0.8%	-54.5%
Total	240,703	100.0%	378,234	100.0%	57.1%

Source: Summary File I, U.S. Census 2000
출처: CDR, 각주 14 참조

오렌지 카운티에서 한인이 가장 먼저 밀집되며 한인 상점가를 형성한 곳은 가든그로브이다. 가든그로브 대로를 중심으로 양쪽으로 길게 한국식 상점과 식당, 마켓이 늘어서서, 해당 구역은 1980년 로스앤젤레스 타임즈에 "한국의 시장, 식당, 그리고 기업들의 붐비는 통로"라 묘사될 정도로 LA 코리아타운의 축소판을 형성했다. 오렌지 카운티 한

인회도 그 곳에 위치하고 있어서 공간의 규모는 그리 크지 않지만 한 동안 오렌지 카운티 한인들의 문화적 영토로서의 역할을 담당했다. 가 든그로브에 한인이 모여든 것은 한국계 미국인으로서 의사이자 올림픽 금메달리스트, 군 베테랑인 새미 리Sammy Lee가 1955년 아시아인이 라는 이유로 주택 구매 거부라는 차별을 받은 것이 전국적으로 알려 지고 결국 집을 살 수 있게 되면서부터였다(Reft *Public Media Group of Southern California* Dec. 6, 2016). 오렌지 카운티에서 주택을 소유한 최초 의 아시아계 중 한 명이 거주한 곳이라는 역사적 의미를 띠며 이후 지 역의 한인 랜드마크가 된 것이다. 그런데, 이후 베트남인이 증가함에 따라 한인들이 다른 지역으로 옮겨가면서 가든그로브의 한인 인구는 감소했고 상점들도 80년대의 모습에 정체되어 한인의 왕래도 줄었다.

가든그로브를 떠난 한인들이 플러턴과 부에나파크, 어바인으로 이 동하면서 오렌지 카운티의 한인 중심지가 플러턴과 부에나파크로 옮 겨갔다. 특히 1992년 LA 폭동 이후 많은 한인들이 LA와 멀리 떨어진 오렌지 카운티로 이주하기 시작했고, 또 2000년 이후 교육 이주 열풍 으로 플러턴이나 어바인과 같이 교육 인프라가 좋다고 알려진 곳으로 한국으로부터의 직접 정착도 증가했다. 플러턴은 인구 14만 명의 큰 도시로, 2001-2004년 상가와 주택단지를 복합적으로 구성한 아메리지 하이츠Amerige Heights라는 대규모 주거단지가 들어서면서 한인 인구 가 본격적으로 증가했다(김정규 2017: 115). 특히 학군이 뛰어나다고 알 려지면서 한인을 비롯한 아시아계 인구가 급증하여, 현재는 시 전체 인구의 24%가 아시아계이고 62%를 점하는 백인 다음의 다수자가 7.2%의 분포를 보이는 한인이다. "아이비 리그 대학 클래스를 따로 운 영한다"고 알려진(연구참여자 #4, 9) 오렌지 카운티 1위의 공립학교 트 로이 Troy 고교가 있고, 한인 거주자가 많은 아메리지 하이츠 단지 뒤에 위치한 써니힐스Sunny Hills 고교도 명문대 진학률이 높은 공립학교로서 한인 등 아시아계 학생이 80%를 차지한다. 규모가 큰 한인교회가 두 군데 - 사랑의 교회, 은혜교회 - 있고, 학군이 좋아 "학생의 7-80%가 한국인"(연구참여자 #6)일 정도로 한인이 모여들었다. 특히 한인 상권이 형성된 부에나파크와 가까운 플러턴 서부에 한인이 많이 거주한다. 플러턴에는 한인이 경영하는 비즈니스가 있기는 하지만, 하나의 상권을 이룰 만큼 집중적으로 형성되어 있지는 않고 거주 한인이 많다고 해도 여전히 백인이 다수자인 아주 느슨한 형태의 한인 집거 지역이다. 대신 플러턴에 인접한 부에나파크가 오렌지 카운티에서 가장 큰 한인 상권을 이루고 있는데, 비치 대로Beach Blvd.를 중심으로 H 마트, 시온Zion 마켓과 같은 대형 한인 식료품점을 포함한 큰 쇼핑몰이 곳곳에 들어섰고, 은행, 미용실, 식당, 의류상점, 제과점 등 LA 코리아타운에 갈 필요가 없을 정도로 한인의 삶을 편리하게 해주는 한인 사업체들이 점차 들어섰다. 엘에이 카운티에 거주하는 연구참여자들도 "비치 블루바드란 곳의 상권이 완전히 코리아타운이라 … 살기 좋게 되어" 있어 운전하기 힘들어도 종종 방문한다고 한다. "음식점, 미용실, 사우나 … 다 한국 같고, 파리바게트 가면 다 한국 아줌마들 있다. 밥하다가 간장 하나 떨어지면 바로 나가서 살 수 있을 정도로 한인 마켓도 많다. 한남체인, 시온 마켓 … 코리안 대형 마켓들 다 들어가 있고, 커피샵, 갈비집 … 없는 게 없다."(연구참여자 #15)는 이유에서이다. 연구참여자 #58의 시부모님은 골프장이 새로 들어선다는 점에 이끌려 1998년 부에나파크로 이사를 가셨다. 해당 골프장은 "한국식으로 해놔서 재미있다고 엘에이카운티에서 1시간 넘게 운전해서 가는 사람이 많았다"고도 한다. 이곳의 사업체들은 가든그로브와 달리 세련되고 현대적인 외양을 지니고 있으며, 특별히 한국적 상징이나 한국을

94

나타내는 구조물 없이 여느 미국 동네와 비슷한 모습이지만, 한국어 간판을 드러내고 한국어 대화가 곳곳에서 들리는 등 그 곳을 왕래하는 사람들의 언어, 태도와 관습 등에서 한국적인 면면이 배어난다. 2018년 필자의 현장 연구 중 부에나파크에 방문했을 때 우연히 들른 한 카페에서도 직원의 한국어 인사가 먼저 들렸고 메뉴판에 한국어가 먼저 적혀있었으며 떡볶이 등 한국식 메뉴들이 가득했다. 이와 같이 부에나파크에서 제공하는 편의시설로 인해 주변 도시인 플러턴, 라팔마, 라하브라 등에 한국인의 정착이 증가해왔고, 이 교외 도시들의 한인은 영어를 잘하지 못하는 비율이 69.9%로 캘리포니아 평균 58.7%를 웃도는 수치를 드러내고 있어, 교외 거주와 동화 간의 가정을 무색케 한다.

표 4.5 2000년 오렌지 카운티 내 도시별 최다 아시아 인구(출처: CDR, 각주 14 참조)

Census Place	Total Asian Population	Largest Asian Subcategory			Second Largest Asian Subcategory		
		Ethnicity	Major population	Percentage	Ethnicity	Major population	Percentage
Aliso Viejo CDP	4,280	Filipino	955	22.3%	Vietnamese	687	16.1%
Anaheim	38,422	Vietnamese	10,025	26.1%	Filipino	8,303	21.6%
Brea	3,125	Korean	728	23.3%	Chinese	657	21.0%
Buena Park	16,135	Filipino	4,985	30.9%	Korean	4,965	30.8%
Costa Mesa	7,342	Vietnamese	2,180	29.7%	Japanese	1,357	18.5%
Coto de Caza CDP	657	Filipino	154	23.4%	Chinese	129	19.6%
Cypress	9,355	Korean	2,443	26.1%	Filipino	2,049	21.9%
Dana Point	846	Japanese	210	24.8%	Chinese	188	22.2%
Foothill Ranch CDP	1,606	Filipino	413	25.7%	Chinese	339	21.1%
Fountain Valley	13,783	Vietnamese	7,088	51.4%	Chinese	2,016	14.6%
Fullerton	19,832	Korean	9,093	45.9%	Chinese	2,622	13.2%
Garden Grove	50,306	Vietnamese	35,406	70.4%	Korean	6,240	12.4%
Huntington Beach	17,264	Vietnamese	5,422	31.4%	Japanese	3,110	18.0%
Irvine	41,620	Chinese	12,175	29.3%	Korean	7,593	18.2%
Laguna Beach	480	Chinese	106	22.1%	Japanese	102	21.3%

Census Place	Total Asian Population	Largest Asian Subcategory			Second Largest Asian Subcategory		
		Ethnicity	Major population	Percentage	Ethnicity	Major population	Percentage
Laguna Hills	3,110	Filipino	641	20.6%	Chinese	573	18.4%
Laguna Niguel	4,665	Chinese	1,109	23.8%	Filipino	895	19.2%
Laguna Woods	407	Chinese	106	26.0%	Filipino	103	25.3%
La Habra	3,390	Korean	948	28.0%	Filipino	740	21.5%
Lake Forest	5,564	Vietnamese	1,402	25.2%	Filipino	1,301	23.4%
La Palma	6,744	Korean	2,630	39.0%	Filipino	1,086	16.1%
Las Flores CDP	569	Filipino	158	27.8%	Chinese	106	18.6%
Los Alamitos	1,064	Korean	371	34.9%	Filipino	213	20.0%
Mission Viejo	7,018	Filipino	1,536	21.9%	Chinese	1,306	18.6%
Newport Beach	2,700	Chinese	713	26.4%	Japanese	615	22.8%
Newport Coast CDP	466	Chinese	161	34.5%	Vietnamese	77	16.5%
Orange	11,750	Vietnamese	3,743	31.9%	Filipino	1,905	16.2%
Placentia	5,055	Vietnamese	1,009	20.0%	Chinese	1,007	19.9%
Portola Hills CDP	425	Filipino	108	25.4%	Chinese	73	17.2%
Rancho Santa Margarita	3,382	Filipino	1,135	33.6%	Chinese	543	16.1%
Rossmoor CDP	564	Japanese	160	28.4%	Chinese	123	21.8%
San Clemente	1,275	Filipino	289	22.7%	Japanese	251	19.7%
San Joaquin Hills CDP	273	Chinese	84	30.8%	Korean	52	19.0%
San Juan Capistrano	632	Japanese	147	23.3%	Filipino	134	21.2%
Santa Ana	29,134	Vietnamese	19,226	66.0%	Filipino	2,249	7.7%
Seal Beach	1,354	Japanese	384	28.4%	Chinese	334	24.7%
Stanton	5,669	Vietnamese	3,010	53.1%	Filipino	972	17.1%
Tustin	9,834	Vietnamese	2,197	22.3%	Filipino	1,719	17.5%
Tustin Foothills COP	1,646	Chinese	441	26.8%	Japanese	274	16.6%
Villa Park	764	Chinese	195	25.5%	Japanese	161	21.1%
Westminster	33,054	Vietnamese	27,109	82.0%	Chinese	1,930	5.8%
Yorba Linda	6,357	Chinese	1,454	22.9%	Filipino	942	14.8%
Remainder Unincorporated County	6,316	Vietnamese	3,619	57.3%	Filipino	892	14.1%
Total County	378,234	Vietnamese	135,548	35.8%	Korean	55,753	14.7%

CDP: Census Designated Place (and unincorporated county community)
Source: Summary File 1, U.S. Census 2000

어바인의 경우, 도시 역사는 짧지만 철저하게 계획적으로 개발된 신도시로서, 여러 기관에서 선정한 미국에서 가장 살기 좋은 도시에 항상 최상위에 랭크되는 곳 중 하나이다. 10년간 가장 안전한 도시 1위를 차지했고, 가구 평균 수입과 집값이 캘리포니아 평균을 상회하는 부유한 도시로서 아시아계 인구 유입이 뚜렷하며, 한인 인구도 빠르게 성장하여 그 절대 수가 오렌지 카운티 도시 중 가장 많은 곳이다. 2010년 자료에서 백인 45.7%에 이어 아시아인이 38.2%로 백인 외 가장 높은 비율을 차지하며, 아시아계 중에는 중국계가 가장 많고 그 다음이 한인이다[15]. 이러한 인종 구성 속에 오렌지 카운티 거주자들 중엔 "도대체 백인들은 어디로 다 갔을까. 어바인은 약간 (아시아인에게) 점령당한 거 같고, 영어를 할 필요가 없다고 하는 한국 엄마들을 많이 봐서 약간 코리아타운 같기도 하다"(연구참여자 # 70, 71*)고 토로하기도 한다. 어바인은 '어바인 컴퍼니'Irvine Company라는 회사가 소유한 땅에 기업활동에 가장 적합한 환경을 갖춘 도시를 건설한다는 목표를 가지고 그에 적합한 이주자를 불러모은 형태로 형성되었다고 볼 수 있다. 실리콘 밸리처럼 IT를 비롯 첨단 산업 회사들이 들어섰고, 그 외 제조회사 및 패션 회사의 본사에 이르기까지 다양한 기업들이 터를 잡게 되었으며, 현대·기아차의 미국 본부도 위치하는 등 글로벌 기업 진출의 교두보 역할을 담당하는 도시이기도 하다. 교육환경이나 치안, 사업상의 조건 등을 보고 부유한 중국인들이 이 도시 주택의 최대 구매자가 되면서 집값을 올려놓아, 거주자들은 대체로 자산을 이미 갖추었거나 도시 내 기업에 취업한 이들로서 대체로 교육 수준이 높다. 라

---

15) 2010, 2020 U.S. Census, United States Census Bureau. 2020년 센서스에서 백인의 비율은 44%로 더 감소했다.

카냐다 플린트리지나 플러턴처럼 어바인 아시아계 이주자들의 높은 교육열이 이 지역 공립학교를 더 좋게 만들어 뛰어난 학군을 만들었고 이것이 다시 또 다른 아시아계를 끌어들이는 역할을 하고 있기도 하다. 한인 인구가 많아도 한인 타운이라 불리지 않는 이유는 중국계가 아시아인 최다 비율을 점하고 있기도 하지만, 어바인에는 특정 민족이 중심이 되는 집단 거주지나 독점적 상권이 존재하지 않고 쇼핑몰에 입점한 업소도 다국적인 연유에서이다. 대표적 한인 상권이라 여겨지는 헤리티지 플라자Heritage Plaza에 입점한 약 100여 개의 업소 중 한인 관련 업소는 20개도 채 되지 않는다.

이상에서 살펴본 바와 같이 LA의 한인 인구는 감소한 반면, 엘에이 메트로 지역의 많은 교외 도시에서는 거주 한인이 증가해 왔으며[16], 몇몇 도시는 한인과 한인 상권의 집중이 두드러지면서 점차 'K-town'으로 인식되고 있다. 아시안 아메리칸의 선출직 제도 정치에의 참여가 인구 비율에 비해 활발한 것은 아니지만, 세리토스, 플러턴 등지에서는 한인이 시장으로 선출되기도 했다. LA 코리아타운으로부터 상대적으로 가까운 엘에이 카운티 도시들의 경우에는 상당히 여러 곳에 상권이 형성되며 여러 방향으로 한인의 거주지가 분산되면서 집중되고 있고, 오렌지 카운티에는 가든그로브나 부에나파크의 상권을 중심으로 집중적으로 거주하고 있지만, 점차 어바인 등 다른 지역으로도 분산되는 모습이다. 이러한 거주지의 분산은 도시 단위(스케일)에서의 판

---

16) 오렌지 카운티의 경우, 어바인의 한인 인구는 2000년 7,593명에서 2010년 18,445명으로 급증했고, 플러턴은 9,093명에서 15,544명으로, 부에나파크는 4,965명에서 7,806명으로 성장했다. 부에나파크의 경우, 2000년에는 백인 외 가장 큰 인구 비중을 차지한 집단이 필리핀인이였는데, 2010년에는 한인이 백인 외 다수자가 되었다(CDR ibid.)

단인 한편, 카운티나 메트로 지역 스케일로 조명할 때는 다시 집중되는 양상임을 볼 수 있다. 또한 이러한 재집중 현상은 교외에서뿐 아니라, 재개발이 진행되며 확장된 전통적인 한인타운, LA 코리아타운으로의 재집중으로도 목격되고 있다.

4. LA 도심 코리아타운의 변화와 한인 인구의 재진입

1992년 폭동 이후 일련의 재개발 과정을 거치며 LA 코리아타운은 아니러니하게도 비극적인 사건 이후 영역이 확장되고 화려해졌다. LA 시는 침체된 코리아타운을 살린다는 취지를 공표하기도 했지만, 다운타운이 빈곤층에 의해 잠식될 것을 염려하며 1995년 코리아타운과 다운타운을 가로지르는 윌셔 대로 일대를 아우르는 도심 재개발 계획을 발표했다. 미드윌셔 지역은 1970년대 이미 한차례 재개발을 통해 대기업 건물과 호텔이 즐비해지며 LA의 심장부가 되었던 지역으로, 재건은 실질적으로 4 · 29 이후 대기업이 떠나면서 공동화된 미드윌셔 일대에 집중되었다. 시의 정책입안자들은 공식적인 재건 작업을 민간 비영리집단인 'Rebuild Los Angeles(RLA)'에 맡겼고(Lee ibid.: 137-139), 기업 투자를 끌어오는 것을 우선시했던 RLA를 통해 재건 사업에 뛰어든 한인 2, 3세 투자자들과 한국 대기업을 비롯한 초국적 자본이 부동산 투자에 뛰어들었다. 2006년 한국 정부가 해외부동산에 대한 투자 제한을 완화하면서 한국 자본의 투자가 더욱 증가했으며, 협소한 다운타운 지역에 집중된 개발 투자는 인접한 코리아타운으로 이어져, 90년대 말부터 10여 년간 코리아타운에는 고층 건물과 고급 아파트의 건설이 급증했다.

개발의 결과, 1992년 이전 올림픽 대로를 중심으로 했던 코리아타운은 92년 이후 한국에서 들어온 대규모의 자본이 향한 북서쪽 윌셔와 웨스턴으로 중심을 옮겨가면서 그 경계와 면적이 2배가량 넓어졌다. 대자본에 의한 개발 투자는 코리아타운의 특정 지역에 고급 아파트, 호텔, 바비큐 식당, 가라오케 바, 나이트 클럽 등 한국 일부의 현대적 소비문화를 옮겨놓은 듯한 초국가적 풍경을 낳으며, LA 코리아타운을 살기 편하고 소비문화 시설이 발달한 "핫플레이스"로 변모시켰다. 또한 한류의 성장이 전 세계로 확산되면서 코리아타운은 한인 뿐 아니라 한국문화에 대해 흥미로워하는 비한인의 발길도 끌어당기며 성장했다. 현대적으로 개발된 코리아타운은, 운전이 필수인 교외보다 근거리에서 한국적 인프라를 향유하고픈 노인층과 더불어, 젊은 전문인과 중산층 가족에게도 교외 도시의 대안으로 여겨지며 회귀하는 이들이 생겨나고 있다.

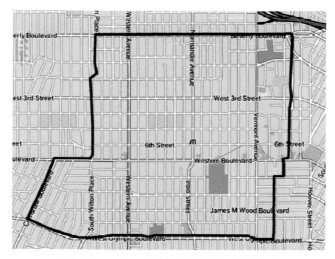

그림 4.5 LA Times가 추산한 현재의 코리아타운

(http://projects.latimes.com/mapping-la/neighborhoods/neighborhood/koreatown)

한편, 코리아타운 재건 과정에서 시 당국은 정치적 수완을 발휘하거나 민간의 힘을 모으기보다 자본을 끌어들이는 데 집중했고, 이에 따라 재건의 방향을 신자유주의적 도시개발로 추진하며 젠트리피케이션을 가속화하는 결과를 가져왔다는 점은 비판적으로 논의되고 있다(i.e. Park and Kim 2008; Park, E. 2012; Lee. ibid.). LA 코리아타운은 일찍부터 다종족이 거주하는 지역으로서, 2005년까지만 해도 인구의 70%가 빈곤 노동자였고 거주자의 50%가 멕시코, 중남미 출신이었다[17]. 지금도 여전히 여러 민족이 함께 거주하는 지역으로서 빈곤한 라티노 등 노동층이 거주자의 다수를 형성하며, 불균등 개발로 인해 여전히 저소득층을 위한 주거시설이 부족하고 낙후된 모습으로 존재한다.

이와 같이 양극화된 모습을 드러내고 있는 현재의 코리아타운은 소비자의 낙원이자 빈자의 거주지이기도 하고, 다종족이 거주하는 커뮤니티이자 민족의 색깔을 가진 놀이공원으로, 멀티 컬쳐를 좋아하는 비한국인이나 한인 젊은층이 모여들면서 '재미난 다문화적 한국 센터'가 되어가고 있다(연구참여자 #31). 예전의 노동층 한인과 오랜 거주자, 상점 주인들이 여전히 존재하고 새로운 아파트가 건설되면서 코리아타운으로 다시 진입하는 한인들도 있지만, 코리아타운은 이제 한인만의 거주지가 아니고 한인에게만 속하는 장소가 아니다. 다민족의 생활 터전이라는 현실과, 오늘날 점점 더 많은 LA 한인들이 교외 지역을 거주지로 선호하고 있음에도 불구하고, 한인의 이민 역사를 통해 한인의 심적 고향과 같은 중심적 지위를 지닌다는 상징성이 팽팽한 긴장을 유지하고 있다. 2018년 코리아타운 내에 '리틀 방글라데시' 구역과 노

---

17) 한인은 20%, 백인 25%, 흑인 5%로 기록된다(Korean Immigrant Workers' Advocates, KIWA 2005).

그림 **4.6** LA Koreatown(LA Times, July 16, 2016)

그림 **4.7** LA Koreatown(NY Times, July 16, 2016)[18]

---

18) 2015년과 2016년에 게시된 LA 코리아타운에 대한 보도에서는 모두 먹거리 즐길 거리가 풍성하고 북적대는 도시의 면모를 갖춘 장소로 묘사하고 있다. 위 사진의 출처는 https://www.latimes.com/business/realestate/hot-property /la-fi-hp-neighborhood-koreatown-20160716-snap-story.html, 아래 사진은 https: //www.nytimes.com/2015/02/15/travel/what-to-do-in-koreatown-los-angeles.html.

숙자 쉼터를 설치하자는 의견에 대해 한인들이 일제히 단결된 모습으로 저항했던 일화는[19] 거주지가 분산되어 실제 민족집단의 삶의 터전이라는 의미는 상실했어도 LA 코리아타운이 여전히 소속감과 정체성의 기반이 되는 곳이자 LA 한인의 상업 및 문화 중심지로서, 한인이 주된 목소리를 내야 한다는 영토성의 주장이 지속되고 있음을 보여준다.

이상에서 미국 내 한인 인구 최다 거주 지역인 로스앤젤레스 메트로폴리탄 지역에서 1965년 이후 한인의 거주지 분포가 어떻게 전개되고 변화해왔는지를 살펴보았다. 미국에서 한인은 20세기 중반에야 가시적인 이민집단을 형성하게 되면서 이너시티 게토와 같은 성격의 엔클레이브에 갇혀있던 역사가 거의 없었고, 그만큼 이민집단으로서는 상당히 이른 시기인 1970년대부터, 도심의 엔클레이브에서 벗어나 도심 주변 및 교외 지역에 분산 거주하는 모습을 보였다. 한인의 거주 및 생업의 영역이 형성되고 확장된 것은 정착지 미국의 환경 뿐 아니라, 이출지 본국인 한국의 정치적, 경제적 상황과 이민자 정책에도 영향을 받으며 초국적 작동의 맥락 속에서 이루어졌다.

한인이 집중거주하는 교외 지역에는 한인 상권이 형성되면서 한인이 다수자는 아니지만 대표적 소수자로 존재하는 에스노버브를 형성하며 지역 공간의 성격에 변화를 주고 있다. 한인의 교외 거주가 집중된 몇몇 에스노버브에서 한인 정계 진출자들이 등장하는 것은 가시적으로 지역 성격의 변화가 관찰되는 지점 중 하나이다. 아시아계로서는 이른 시기인 1960년 몬터레이 파크 시의원으로 앨프리드 송Alfred Song

---

19) 리틀방글라데쉬 설정과 노숙자쉼터 설치와 관련된 분쟁에 대해서는 한경구, 「LA 지역 재미한인의 초국가주의 정치」, 정은주 외, 『태평양을 넘어서: 글로벌 시대 재미한인의 삶과 활동』, 학고방, 2020, 51-82쪽 참조

이 선출되어 엘에이 카운티 시의회에서 최초로 근무했고, 어바인에서 는 2008년 한국계 1세 강석희씨가 아시아계 처음으로 시장에 당선되 어 2012년까지 재임했으며, 뒤이어 또 한국계 1세 최석호씨도 2016년 까지 재임했다. 세리토스에서도 한인 1세 조재길씨가 시의원을 거쳐 2011년부터 2번에 걸쳐 시장직을 수행했으며, 플러턴의 현 시장직도 한인이 수행하고 있다. 백인이 다수자이고 오랫동안 백인의 거주지라 여겨져 온 지역이라 해도 한인 등 종족 소수자가 집중 거주하는 에스 노버브에서는 이와 같이 한인 중에서 지역 대표자가 등장할 뿐 아니 라 지역 내 한인 유권자의 요구에 귀를 기울이게 하는 등 지역 내 파 워의 향방에도 영향을 미친다.

이주에 대한 담론은 이와 같이 종종 탈영토화(Tomlinson 1999)된 이 방인이 재영토화를 어떻게 실천해나가느냐의 문제를 제기한다. 엔클 레이브의 존재는 인종차별적 분리의 소산으로 생성된 것이었지만, 현 대의 인종 분리는 또 다른 동력에 의해 종족별, 계급별 분리로 확장 되며 미국의 공간에 여전히 재생되고 있다. 특히 캘리포니아와 같이 이주자 유입이 많은 지역에서 공간의 분리는 보다 뚜렷이 나타나고 있고, 종족 집단의 분리와 집중은 지리적 스케일을 달리하며 동전의 양면처럼 동시에 진행되고 있다. 과거든 현재든 동족이 한 지역에 집 중 거주하는 것은 자신의 본래 환경을 낯선 곳에서 재영토화하는 방 식으로 비춰지기도 하며 종족 정체성ethnic identity을 구성하고 재생 산하는 데 중요한 역할을 한다. 이런 측면에서 이민 세대가 진전됨에 도 종족 단위의 집거 구조가 나타나는 것은 미국 사회의 인종적, 종 족적, 계급적 아비투스의 상충이 어떠한가를 공간을 통해 드러내는 것이기도 하다.

V

LA 근교 한인 집중 거주지의 사례
: 라카냐다 플린트리지La Cañada Flintridge

1. 도시 개관

라카냐다 플린트리지는 미국 캘리포니아 주 엘에이 카운티의 북동쪽 엔젤레스 국유림National Angeles Forest 산자락에 자리잡은 도시로서 로스앤젤레스에서 북동쪽으로 약 13마일 떨어진 거리에 위치한다. 2백여년 전 스페인과 멕시코 시대에 이름 붙여진 라카냐다La Cañada 와 1910년대 개발자인 미국 상원의원 플린트의 이름을 딴 플린트리지 Flintridge가 1976년 11월 하나로 합병된 도시이다. 동쪽에 패서디나, 남쪽에 글렌데일이 있고 서쪽에 라크레센타와 면해있으며, 캘리포니아 도시 중 가장 긴 이름을 가지고 있어 종종 줄여서 라카냐다라고 불린다.

그림 5.1의 지도에서 보이듯 시 서쪽으로는 라크라센타와 몬트로즈

---

1) https://www.latimes.com/business/realestate/hot-property/la-fi-hp-neighborhoo
d-spotlight-la-canada-flintridge-20170812-story.html 검색일 2017.12.10.

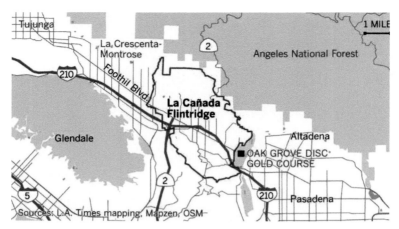

그림 5.1 라카냐다 플린트리지와 주변 도시(출처: LA Times)[1]

로, 동쪽으로는 알타디나Altadena로 연결된다. 남쪽에는 글렌데일이 있고, 동쪽에 패서디나, 북쪽은 엔젤리스 국유림 산악지대로 들어선다. 210번 프리웨이가 시 중앙을 가로지르고 있으며 로컬 도로인 풋힐이 Foothill Blvd. 시의 처음부터 끝을 관통하는 길이다. 라카냐다와 라크레센타, 패서디나, 글렌데일은 모두 LA에서 그리 멀지 않으면서 안전한 동네라 중상층이 선호하는 곳으로 알려져 있지만 각 지역의 성격은 조금씩 다르며 변화하고 있다. 글렌데일은 인구 35만의 도시로서 역시 전형적인 백인 지역이지만, 요즘은 주류 백인이 아닌 알메니아인들이 Armenian 인구의 30% 이상을 차지하게 되면서 과거 지역에 많이 거주했던 한국인들이 많이 떠났다[2]. 글렌데일과 접경하고 한 동네로 분류

---

2) 글렌데일은 보수적인 백인 지역으로서 1960년대까지 과격 백인우월주의 단체가 존재했다고 한다. 또한 LA 근교 중 교육환경이 좋아 한인들이 많이 거주했던 지역으로서, 위안부 소녀상이 해외에서 가장 먼저 건립되었던 곳이기도 하다.

되기도 하는 라크레센타 역시 라카냐다와 함께 공립학교가 미국 최고 수준이고 대학 진학률이 높아서 한국인들에게 거주지로서 인기 있는 곳이다. 라크레센타 보다 라카냐다의 고등학교의 순위가 더 높고 라카냐다에 큰 집이 많아 집값이 더 비싸다. 패서디나는 인구 40만의 전통적인 도심과 조용한 동네들로 구성된 전통적 중산층 도시로서 비싼 집도 많고 비싼 사립 초중등학교도 많다. 명문 공과대학 칼텍과California Institute of Technology 근처에 명문 사립인 폴리 학교가 Politechnic School 있어서 라카냐다에서도 폴리로 자녀를 통학시키는 가정이 있다. 유명한 식물원 겸 공원인 헌팅턴 라이브러리가 있고, 매년 1월 1일 캘리포니아의 신년 행사인 로즈 퍼레이드를 진행하는 곳이다. 백인 뿐 아니라 히스패닉도 많이 살고 있는데, 과거 인종차별적 글렌데일을 피해서 중산층 히스패닉이 모여 살게 되었다고 한다.

라카냐다는 산을 끼고 있으며 나무와 숲이 많은 작은 도시로, 도시 내 산업 지구가 없는 전형적인 주거지이다. 주민들은 인구가 많이 유입되는 것을 원하지 않기 때문에 대규모 개발을 하지 않는 것을 기본 원칙으로 삼고 있어 소규모 상가가 주류를 이루며, 메인 도로를 제외하고는 새와 동물을 보호한다는 취지 하에 밤에도 가로등을 켜지 않는다. 2010년 센서스 기준, 거주자의 약 70%가 백인이고, 약 82%가 전문직 및 기타 사무직에 종사하며 약 53%가 대졸 이상의 학력을 가진다(US Census Bureau 2010). 오래된 주택이 많은데도 집값이 매우 비싸 거주자들은 그 집값 장벽을 넘을 수 있는 정도의 소득 수준을 가진 이들로 구성된 전형적인 백인 중심의 부촌이다. "백인들이 타인종을 피해 숨어살던 곳"이라는 말이 돌 정도로 '백인의 성castle'이라는 교외 이미지를 오랜 기간 전형적으로 구현하고 있는 지역이다. 두번째 다수인 인종은 한인을 포함한 아시아인으로서 2010년 센서스 기준 26%를 차지하는데, 외국 출생자 비율 19% 중 대다수가 한국 출신이다. 즉, 한인 이민세대(1세대)가 아시아계 인구 중 다수를 점하고 있음을 알 수 있다. 범죄율이 전미 최하 수준이라고 미디어에 자주 발표되고, 공립학교 학군이 최상위급으로 알려져 있어, 안전, 자연환경, LA와의 근접성과 더불어 교육환경은 대다수 거주자들의 주거지 선택 요인으로 꼽힌다.

1) 정착의 역사

산 가브리엘San Gabriel과 산 라파엘San Rafael 산의 언덕 사이에 위치한 라카냐다는 스페인어로 산 사이에 있는 협곡glen 혹은 계곡dale이라는 뜻을 지니며 지역인들은 마운틴 밸리mountain valley(산골짝)라고 부르기도 한다. 플린트리지는 미 상원의원 프랭크 플린트Frank Flint가 1900-1910년 사이에 구매한 산 라파엘 언덕 17,000에이커acre의 땅을 큰 구역으로 쪼개 대형 주택이 들어서도록 한 지역이다. 시의 남쪽에 위치하며 산 라파엘의 북쪽에 있어 더 우거지고 푸르렀으며 너른 땅과 큰 집으로 구성된 분리되고 배타적인 커뮤니티로 형성되었다.

라카냐다 플린트리지의 성립은 18세기 후반 캘리포니아에 스페인인이 존재하던 때로 거슬러 올라간다. 1769년 스페인 원정대가 선교사와 군경비대를 캘리포니아에 정착시켜 랜초Rancho(목장) 시스템 하에 목초지를 군지휘관들에게 하사하면서 개발이 시작되었다. 원정군의 일원인 호세 베르뒤고Jose Verdugo가 패서디나의 아로요 세코Aroyo Seco 서쪽의 36,000에이커에 달하는 미점유지를 수여하여 랜초 산 라파엘이라 명명했는데, 거기에 오늘날의 라카냐다 플린트리지, 몬트로즈, 라크레센타, 글렌데일, 터헝가Tujunga, 이글락Eagle Rock, 하이랜드 팍Highland Park이 포함되었다. 베르뒤고 일가는 40여년간 목장을 경영했는데, 1820년대 멕시코 혁명으로 캘리포니아에서 스페인 통치가 종식되자, 고립된 이 지역을 멕시코 관리들이 '미점령 및 미사용'으로 보고하면서, 1843년 LA 시의원이자 교사인 멕시코인 이그나시오 코로넬 Ignacio Coronel에게 베르뒤고의 땅 중 약 12,000 에이커가 양도되었다. 코로넬은 그 땅을 산골짜기, 계곡이라는 의미에서 랜초 라카냐다라고 명명했다.

당시는 동부나 중부로부터 캘리포니아에 이르는 운송과 교통이 느리고 배나 마차로 대륙을 횡단하는 데 수개월이 걸려 남가주에 사는 사람이 거의 없었다. 대륙 횡단철도가 놓이면서 비로소 값싼 땅과 온화한 기후를 찾는 첫 미국 정착민들이 들어오게 되었는데, 대체로 남북전쟁 참전 중 남가주의 기후를 경험했거나 폐질환을 앓고 있던 이들이 가장 먼저 찾았다. 첫 정착민 중 대표적인 이가 1871년 켄터키에서 온 테오도르 피킨즈Theodore Pickens 대령으로 랜초 라카냐다 북쪽 산기슭에 정착하여 협곡의 물 사용권을 획득했다. 그의 이름을 딴 피킨즈 협곡의 물 사용권은 초기 라카냐다의 가장 소중한 자산으로서 많은 초기 정착자들이 물을 안정적으로 공급받기 위해 피킨즈와 협상해야 했다. 1874년 또다른 연방군 베테랑인 토마스 홀Thomas Hall 대령도 폐질환을 앓는 아들을 위해 추후 알타 캐나다Alta Canada로 명명된 너른 지역에 정착해 포도밭을 일구었다. 1913년 LA 신문 편집장이자 냉장 기차의 발명가인 에드윈 얼Edwin T. Earl이 홀의 목장을 사서 개발하면서 알타 캐나다라는 이름을 붙였고, 이후 지역의 명물이 된 히말라야 삼나무가 즐비한 길에 그의 이름(Earl Drive)이 붙여졌다.

코로넬 명의의 땅은 1858년 다시 베르뒤고의 아들 훌리오가 취득했으나 1860년대 홍수, 가뭄 등의 자연재해를 겪고 목장의 교환경제에서 "양키 경제"로 전환하는 과정에서 재정적인 문제로 압류되었다. 1876년 미시간에서 요양 차 온 두 명의 미국인이 싼 값에 사들였는데, 치과의사 제이콥 랜턴만Dr. Jacob Lanterman과 남북전쟁 베테랑인 아돌퍼스 윌리암스Col. A.W. Williams가 구입한 5,832 에이커의 땅이 랜초 라카냐다의 일부, 지금의 라카냐다와 플린트리지이다. 라카냐다 플린트리지를 가로지르는 주요 도로는 이들을 기념하여 미시간 애비뉴(지금의 풋힐 대로)라 이름붙여졌다. 이들은 지역을 농경지로 개발하기 위해 물 권리를 사고 물 회사를 설립하여 지역의 고질적 이슈인 물 문제를 해결하고자 했고, 미시간 애비뉴 양쪽을 46개 구역으로 나누어 개발을 위한 지도를 만들었으며 학교와 교회 설립을 도왔다. 랜턴만의 집 홈우드Homewood는 라카냐다 공동설립자의 집으로서 이후 역사적 지형의 하나가 되었고, 아들 로이 랜턴만 박사의 집 랜턴만 하우스도 라카냐다 박물관으로 쓰이고 있다. 1882년에는 피킨즈 협곡과 터헝가 경계 사이의 구역을 인디애나 출신의 의사 벤자민 브릭스B. Briggs 박사와 그 누이 마리아 해스켈Haskell이 샀고, 그들은 이 지역을 계곡의 초승달 모양을 따서 라크레센타라 명명했다. 라크레센타는 현재 YMCA 건물을 기점으로 라카냐다와 구분되며, 풋힐 블루바드를 따라 두 지역의 상가들이 연이어 늘어서있다.

1880년대 초까지 지역에는 건강을 위해 산간으로 온 12가구만이 거주했다고 알려진다. 1893년까지는 53가구가 있었는데, 이들의 일부는 부유했지만 다수의 목축업을 하던 주민들은 가뭄과 경기침체를 버티지 못하고 폐 질환을 완치한 후 고향으로 돌아갔다. 한편, 1893년 같은 해 데빌스 게이트Devil's Gate 댐이 있는 아로요 세코를 가로지르는 철교가 놓여 매일 역마차가 패서디나를 오갈 수 있게 되면서 지역의 고립이 해소되었다. 1890년대 말의 경기 침체를 견디고 고립이 해소된 지역에 남은 이들이 무도회와 선거가 열리는 마을회관을 세우고, 공립 학교, 문학동아리, 하이킹 클럽, 과수업자 협회 등을 만들며 라카냐다 플린트리지를 만들어가게 된다. 1910년에는 글렌데일까지 전차선도 생기고 포장도로가 여러 개 놓이면서 지역은 농촌에서 교외 거주지로 의 변화를 시작했다. 1911년 LA 다운타운으로의 통근자가 생겼고, LA 거주자들 중 깨끗한 산 공기를 맛보기 위해 라카냐다에 땅을 사서 주 말 별장을 짓는 이들이 생겨났다. 캘리포니아 부주지사를 지냈던 월러 스Albert J. Wallace가 스코틀랜드의 카네기 캐슬Carnegie Castle을 본 따 지은 핑크 캐슬Pink Castle이 그 중 하나이다. 지질학자이자 석유기업가 버트 모리슨Bert Morrison의 산속 별장도 1912년 지어져서 이후 불락 Bullock's 백화점 창업자인 존 불락의 겨울 별장으로 사용되며 헐리웃 인사 등을 초대한 여러 파티가 열렸다고 한다. 이후에도 지역에는 백 화점 체인을 가지고 부를 쌓은 맥노튼McNaughton의 집, LA 법조인 프랭크 도허티Doherty의 대저택, LA에 피코 하우스 호텔Pico House Hotel을 운영하던 피코 던햄Dunham 가족의 집, 영국 튜더 왕조 스타 일로 지은 영국배우 빅터 맥라그렌Victor McLaglen의 집 등 대도시 부 유층이 건강과 여가를 위해 지은 별장이나 대저택, 가든, 호텔이 들어 섰다. 1920년대 말 건립된 플린트리지 호텔처럼 1930년 플린트리지 여학교Flintridge Academy for Girls를 거쳐 현재 성심학원Sacred Heart Academy 건물로 사용하는 등 추후 학교나 공원 등으로 용도가 변경되 기도 했다.

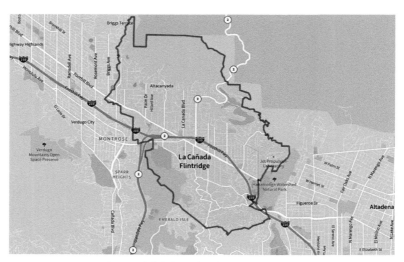

그림 5.2 라카냐다 플린트리지 지도(출처: niche)

1911년부터 1915년까지 물 회사가 설립되었고 과수업자 협회가 형성되었으며 커뮤니티 교회가 세워졌다. 또한 상공회의소의 전신, 공립도서관, 라카냐다 여성클럽(지금의 목요 클럽 Thursday Club), 교사‒학부모회Parent-Teacher Association, PTA 등의 커뮤니티 조직이 생겨난 것도 이 시기이다. 1920년대에는 플린트 일가와 랜턴만 일가 등의 부동산 개발에 의해 이주해오는 사람들이 생겼고, 그에 따라 수자원 수요도 늘어 라카냐다 관개 지구irrigation district도 형성되었다. 그러나 1930년대 들어서는 대공황의 여파로 부동산 건설이 중단되고, 오렌지 재배도 잘 되지 않아 많은 멕시칸들이 일자리를 잃고 떠났으며, 일부 옛 목장은 LA의 부자들에게 팔렸다. 그 중에는 LA 일간지 LA Daily의 편집장 맨체스처 보디Manchester Boddy가 1937년 조성한 아름다운 정원 데스칸소 가든Descanso Garden도 있다. 보디는 은퇴하며 가든이 부동산 개발로 쇼핑센터가 되지 않도록 엘에이 카운티에 싼값으로 팔아 대중에

112

게 공원으로 개방하도록 했다. 또한 이 시기 라카냐다 동쪽 끝에 제트 추진 연구소Jet Propulsion Lab, JPL가 들어섰는데, 미국 내 태양계 로봇 탐사를 위한 연구개발 센터로서, 1940년대의 거주자 증가, 특히 지식층 인구 증가의 요인으로 작동하며 지역 발전에 박차가 가해졌다. 2차 세계대전 기간 라카냐다 인구는 3,500여 명으로, 감귤류 농장이나 여타 과수원이 남아있기는 했으나 농사는 지역에서 사라져갔고, 전후 기후가 온화한 엘에이 메트로 지역으로 이주해오는 사람들 중 수천 명이 라카냐다에도 들어오면서 인구가 크게 증가했다. 1946년 5천이던 인구가 1949년에는 6,500, 1954년 15,000, 1960년 18,000, 1964년 2만이 되었으며 1969년 인구 최고치인 21,647명이 되었다가 동네를 가로지르는 210번 프리웨이 건설로 인해 500여 가구가 제거되면서 인구가 줄었다가 지금의 2만 명 수준으로 되돌아왔다.

그림 5.3 Thursday Club

그림 5.4 Jet Propulsion Laboratory

그림 5.5 Descanso Garden[3]

---

3) 출처: https://www.lacanadathursdayclub.org/, https://www.jpl.nasa.gov/news/
nasas-jpl-seeking-applicants-for-first-space-acceleratorhttps://www.latimes.com
/socal/la-canada-valley-sun/news/story/2020-01-30/descanso-gardens-considered
-national-register-of-historic-places 데스칸소 가든은 엘에이의 대표적인 정
원이자 북미 최대 동백꽃 전시장으로 알려져 있다. LA 데일리 뉴스의 소
유주인 맨체스터 보디가 1953년 엘에이 카운티 정부에 양도하면서 이름처
럼 라카냐다 뿐 아니라 엘에이 주민들에게 휴식의 정원으로 자리잡았다.
12개의 테마별 정원이 있고 가든 서쪽 언덕에는 1930년대 지어진 전 소유
주 보디의 저택과 차고를 개조하여 2007년 개관한 Sturt Haaga 갤러리가

전후 인구가 증가하는 과정에서 다시 수자원 수요가 증가했을 때, 지역 공동창설자 제이콥 랜턴만의 손자 프랭크 랜턴만이 주의회에 출마하여 콜로라도 강의 물을 끌어오려는 작업을 추진했다. 그는 1950년 주의회 의원으로 선출되어, 지역의 물 회사가 남가주 메트로폴리탄 수지구South California Metropolitan Water District의 성원으로서 콜로라도 강물을 받을 수 있도록 하는 법안을 추진했다. 1955년 이 새로운 소스의 물 공급이 성공함으로써 더 많은 이들이 지역에 거주할 수 있게 되었고, 수백 채의 집과 더 많은 거리, 상점, 학교가 생기면서 지역은 목장업을 하는 마을에서 교외 주거지로 확실한 변모를 이루었다.

2) 라카냐다 플린트리지 통합교육구와 통합시의 형성

라카냐다의 첫 공립학교는, 1885년에 독립교육구를 형성할 수 있는 학생 수 15명이 되었을 때 옛 세펄비다 교육구Sepulveda School District (현재의 글렌데일 교육구)에서 나와 고유한 라카냐다 초등교육구를 설립하며 문을 열었다. 라카냐다의 첫 학교에서는 1학년부터 8학년까지의 학생들이 한 교실에서 수업했으며 첫 교사는 헬렌 하스켈Helen Haskell로, 첫 학교가 있었던 하스켈 거리는 그녀의 이름을 기린 거리이다. 1893년 첫 학교가 화재로 타버린 후 다른 거리에 건립된 두 번째 학교에서는 두 개의 교실에서 일리노이 출신의 메리 월버Mary Wilbur가 1학년부터 8학년까지 가르쳤다. 지역 인구가 성장하면서 두 개의 교실로는 부족하여 1917년 같은 부지에 새 학교 건물이 들어섰고, 건너편에는 라카냐다 공립도서관이 1960년대 초까지 위치해있었다.

있다. 지역 주민인 하가 부부가 210만 달러를 기부해 리모델링한 것이다.

당시의 학교는 무도회가 열리기도 하고 선거도 치루는 공동체 내 중심지였는데, 학교에서 무도회를 막자 댄스홀이자 커뮤니티 빌딩이 교회 옆에 세워졌다. 1912년 제시 나잇Jessi Knight이 설립한 라카냐다의 첫 여성 클럽을 위해 1926년에 지어진 건물로, 많은 라카냐다 인들이 목요클럽에서 볼룸댄스를 배우는 장소로 기억한다고 한다. 라카냐다의 첫 교회는 1897년의 'La Canada Community Church'로서 1924년 재건되었고 스테인드 글라스 창이 생기면서 'The Church of the Lighted Window'라 명칭이 바뀌었다. 교회 및 가톨릭 성당St. Bede's Church은 있지만, 지역 내에 무덤이나 공동묘지는 없다.

2차 대전 후 커뮤니티 내 가족 인구가 증가하면서 1950년을 전후하여 세 개의 초등학교 - Paradise Canyon, Palm Crest, Oak Grove Elementary schools - 와 라카냐다 중학교LC Junior High가 건립되었다. 1920년까지 지역의 중고등학생들은 글렌데일의 학교에 다니다가 1950년부터 7-8학년은 새로 세워진 중학교에 다녔고, 9-12학년은 1963년 라카냐다가 고등학교를 세우기 전까지 패서디나의 존뮤어 기술고등학교John Muir Technical High School에 다녔다. 요컨대, 라카냐다의 첫 교육구는 초등 시스템이었고, 1963년 통합교육구가 설립되기 전까지 77년간 고등교육은 글렌데일과 패서디나에서 이루어졌다.

1960년 라카냐다는 3,967대 1,771의 투표로 유치원부터 12학년까지 모든 학년을 하나의 시스템 속에서 교육시키는 통합교육구La Cañada Flintridge Unified School District, LCFUSD 설치를 결정하고, 3년 후인 1963년 지역의 동쪽에 면한 땅에 라카냐다 고등학교를 설립했다. 학생들의 투표로 별명을 '스파르탄spartans'이라 정했으며, 라카냐다 고교의 첫 졸업생은 1965년에 배출했다. 라카냐다 통합교육구가 학년을 재정비할 때, 라카냐다 중학교는 풋힐 중등학교Foothill Intermediate School로

116

개명하여 1963년부터 운영되었고, 1968년 다시 학년을 재조정하면서 6학년은 초등으로 배치되고 중학은 7,8학년 두 학년으로 구성되었다. 그런데 이후 풋힐 중등학교는 등록률이 떨어져 1983년 폐교하게 되었고, 현재까지 7-8학년은 라카냐다 고교 캠퍼스 내 별도의 캠퍼스에서 수학하고 있다. 풋힐 중등학교 부지에는 사립학교가 들어섰다.

그림 5.6 La Cañada high School[4]

지역이 통합도시가 된 것은 1976년 12월이지만, 시 구성 통합위원회가 구성되고 첫번째 투표가 진행된 것은 1964년부터였다. 경계 문제로 첫 투표가 실패하고 1969년에는 분리를 원했던 플린트리지 주민들의 반대로 무산되었다가, 1974년 광범위한 회원 기반을 가진 지역 상공회의소의 지지를 업고 조지 패리쉬George Parrish를 장으로 하는 도시화 추진위원회가 재조직되었다. 패리쉬와 추진위원회는 소수 인구의 높은 생활수준을 유지하고자 저항했던 플린트리지 유권자들

---

4) 출처: https://www.verkada.com/customers/la-canada-unified-school-district/

을 설득하는 데 성공했고, 힐그렌은Warren Hillgren은 독립된 통합도시를 이루어 지역인이 원하지 않은 고속도로 건설 같은 일이 다시 일어나지 않아야 한다고 주장함으로써 통합도시화 찬성을 이끌어냈다. 조지 패리쉬는 첫 시장이 되었고 힐그렌은 추후 16년간 시의원을 지내고 시장에 4번 당선되었다. 통합시가 된 라카냐다 플린트리지는 두 지역 간에 연결부호 없이 표기하기로 하며 공동체의 단일성을 강조하고 있다.

힐그렌이 언급한 고속도로는 통합시를 이루기 전인 1972년 말 라카냐다 플린트리지를 관통하며 건설된 8차선의 210번 풋힐 프리웨이이다. 이는 소규모 거주지인 지역을 가로지르며 두 부분으로 나누어버리는 건설이었기에 주민들은 8년간이나 반대 투쟁을 벌였다고 한다. 그러나 결국 3.5마일에 이르는 프리웨이가 건설되면서 기존의 라카냐다 초등학교와 우체국, 그리고 주택 550채가 사라졌다. 210 프리웨이 건설 후, 커뮤니티의 분리를 치유하기 위해 매년 5월 셋째 주를 축제기간Fiesta Days으로 지정하고 전체 지역인들이 모여 바비큐, 퍼레이드 행사 등을 하며 옛 라카냐다를 기념한다.

라카냐다 플린트리지의 주민들은 개발에 의한 발전보다 지역 정체성을 유지하는 데 더 가치를 둔다고 이야기하며, 공동체가 가장 중요시하는 가치로서 '자발적 참여the culture of voluntarism'을 꼽는다 (Ungermann-Marshall 2006). 통합시를 구성하기까지 10년이 넘는 시간이 소요되고 두 번의 지역민 투표가 필요했던 데에 플린트리지 등 지역인의 배타성이 작동했다는 점도 지역정체성을 유지하려는 모습의 한 예이다. 월마트가 들어오려다가 주민들의 반대로 무산되었다는 이야기도 지역의 특성으로 회자되고 있고, 지역 주민이자 '스포츠 샬레 Sports Chalet'의 창업자인 독일 출신의 올베르츠Norbert Olberts가 1982

년 시작한 대형 쇼핑몰 건설 계획이 15년을 넘게 끌던 개발 계획으로 기록되는 것도(ibid.) 지역 주민들의 성향을 잘 보여준다. 올베르츠는 계획을 시에 청원한 후 8번의 청문회 후에야 1990년에 겨우 승인을 얻었는데, 재정 문제로 취소했다가 1998년 재신청한 후에는 다시 시의원들의 반대로 승인이 뒤집어지는 등, 자연을 간직한 소규모 거주지로서의 특성에 저해될 대규모 개발 이슈는 쉽게 수용되지 않는다. 그나마 지역에서 가장 큰 쇼핑 센터라고 할 수 있는 곳은 2008년 풋힐 블루바드와 엔젤레스 크레스트 하이웨이Angeles Crest Hwy. 교차로에 오픈한 '라카냐다 플린트리지 타운 센터'로, 타운센터 내 스포츠 샬레의 이전 기업 사무실로 쓰였던 건물은 2016년 이후 시청 건물로 쓰이고 있다.

그림 5.7 La Cañada Flintridge Towncenter[5]

---

5) http://www.lacanadaflintridgetowncenter.com/

3) 인구 구성과 커뮤니티 특성

미 연방 인구조사U.S. Census에 드러난 인종 구성을 보면, 라카냐다 플린트리지는 전체 인구 20,246명 중 백인이 70.7%로 압도적인 다수를 차지하는 전형적인 백인 타운이다(2010 US Census). 캘리포니아 타 지역과 달리 히스패닉은 2010년 4.2%로 매우 적고 2017년에도 8.7%에 그친다. 아프리칸 아메리칸African American은 2010년과 2017년 모두 0.2%로 동네에서 거의 보기가 힘들다. 백인 다음의 다수 인종은 아시안으로, 2010년 26.1%에서 2017년에는 30.2%로 증가하면서 2017년 백인의 비중이 62.7%로 줄었다. 2020년에는 인구 20,572명으로 인구 수는 거의 변함이 없지만, 백인 59.9%, 아시안 30%, 외국 출생 비율 24.6%로 아시아인과 외국 출생인의 비율이 증가했음을 볼 수 있다(US Census 2020)[6]. 즉, 인종 구성의 측면에서 이 지역은 백인 거주자가 대다수인 타운으로서 흑인과 히스패닉이 극소수이고 아시아인이 두번째 다수 인종을 이룬다.

센서스에서 민족별 공식 인구조사는 이루어지지 않지만, 2010년 아메리칸 커뮤니티 서베이 ACS에 따르면 한인 인구는 14.5%(표 3 참조), 교육구의 2016년 학생 조사에 따르면 공립학교 내 한인 학생이 10~15%를 차지한다(LCFUSD 2016). 또한 지역 내 교육 기금 모금을 하는 교육재단Education Foundation이 성last name을 기반으로 한인 가구 수를 추산한 바에 따르면 한인은 약 20%를 상회하며 지역 내 아시아계 중 최대 다수를 이룬다. 즉, 아시안 인구 중에서 한인이 가장 많아, 백인 다음의 다수 집단을 구성하고 있는데, 그 비율이 20% 정도로, 백

---

6) https://www.census.gov/quickfacts/lacanadaflintridgecitycalifornia(검색일: 2021.5.30.)

인이 절대 다수인 타운에서 소수집단에 속한다.

학력 및 경제적 지표로서 소득과 직업군, 집값과 대졸자 분포를 보면 고소득, 전문직 거주자가 많은 지역임을 알 수 있다. 2010년 기준, 지역의 연 중간 가계 소득median household income은 약 12만 5천 달러이고, 주민의 약 82%가 전문직 또는 사무직에 종사했으며, 약 53%가 대졸 이상의 학력 소지자였다. 2017년 중간 가계 소득은 약 16만 달러, 연소득 20만 달러 이상인 가구가 41.9%였으며, 25세 이상 성인 중 대졸 이상이 75.1%에 달했다7). 2020년 센서스에 드러난 중간 가계 소득은 18만 7천 384달러로 전국 69,021달러, 캘리포니아 84,097달러에 비해 월등히 큰 수치를 보여준다(각주 7 참조). 2020년 주민의 교육 수준은 4년제 대졸 이상 학력자가 74%로 계속 증가하고 있으며, 이는 미 전국과 캘리포니아, 엘에이 카운티의 같은 해 대졸 이상 비율이 34-35%인 데 비해 상당히 높은 지수이다. 지표에서 드러나듯 주민 중 다수가 고소득자이며 고등교육을 받았고, 지역 내 위치한 제트추진연구소JPL에서 근무하는 과학자를 비롯하여 의사, 변호사, 회계사, 미디어 종사자, 대기업 간부나 사업가, 프로스포츠 종사자 등 전문직과 사무직, 고소득 사업가가 다수이다.

또한 동네는 남가주에서 집값이 가장 비싼 곳 중 하나로 꼽히는데, 니치niche에 따르면8), 주택 중간 가격의 경우 2019년 미국 전국의 중

---

7) https://factfinder.census.gov/faces/tableservices/jsf/pages/productview.xhtml?src=CF 2010, 2017 아메리칸 커뮤니티 서베이 ACS(검색일: 2018.12.30.)

8) 니치는 거주지, 학교, 대학에 대한 종합적인 조사 결과와 정보를 제공하는 재단으로서, 센서스와 학력수준 평가지수(API) 등 등 국가 공인 통계와 언론 보도 등 자체 조사 결과를 종합하여 신뢰성 있는 정보를 제공한다. https://www.niche.com/places-to-live/la-canada-flintridge-los-angeles-ca/, https:/

간치가 244,900달러이고 엘에이 카운티는 647,000달러인데 비해 라카냐다는 1,671,400달러이다. 1993년에 LA에서 라카냐다로 이사 온 연구 참여자에 따르면(#16), 교육환경이 좋고 되팔아도 밑지지 않을 거라는 말에 당시 가진 돈에 비해 비싼 가격이었으나 결정했고, 이후 25여 년간 다른 지역의 집값이 하락할 때도 잘 떨어지지 않았다고 한다. 저소득층을 위한 아파트가 없는 동네이고, 주택 자가 보유 비율이 90%인 반면 렌트 비율은 10%에 불과하다. 엘에이 카운티 전체의 자가 비율이 46%, 렌트 비율이 54%인 것에 비해 자가 비율이 상당히 높은 것을 알 수 있다. 임대료도 비싸서 전국과 엘에이 카운티의 중간 가격이 각각 1,163달러, 1,653달러인데 비해 이 지역은 두 배가 넘는 3,413달러이다(각주 8 참조). 임대 거주 단위인 아파트가 없고, 임대 가능한 주택의 수도 극소수인 데다 월 3,000~6,000달러대라 저소득층은 쉽게 접근하기 힘들다. 한 때 지역 내에 아파트를 건설하려는 움직임이 있었는데, 임대 거주자들이 많아지는 것을 우려한 지역 주민들의 반대로 인해 무산되기도 했다. 평균 주택 가격은 150만 달러대(약 16억 원)이고 600~800만 달러(한화로 약 70억원) 이상의 집들도 여럿 있는 등, 대체로 노후한 주택이 많은데도 집값이 비싸다는 것은 웬만한 고소득자가 아닌 한 경제적 진입 장벽으로 작용한다. 따라서 인구 변화가 크지 않고, 시 안에 산업지구가 없는 전형적인 거주지역으로 편의를 위한 소규모 쇼핑 공간이 자리 잡고 있는 정도이다.

/www.niche.com/places-to-live/c/los-angeles-county-ca/, https://www.niche.com/places-to-live/s/california/(검색일: 2020.1.30.)

그림 5.8 매물로 나온 라카냐다의 저택 일부[9]

---

9) 출처:https://ladreams.com/lush-mediterranean-estate-in-la-canada-flintridge/,
   https://www.homes.com/property/4828-gould-ave-la-canada-flintridge-ca/r8518
   fdellvpf/ 그림과 같은 대저택만 있는 것은 아니며, 집의 상태와 크기에 따라
   다양한 형태와 가격의 주택이 있다.

2. "라코리아La Korea"10)

1) 한인 에스노버브의 형성

한인이 이 지역에 거주하기 시작한 것은 대체로 1970년대 말부터이고, 90년대 말부터 본격적으로 증가하여 2001년에 이미 약 천 세대, 4천여 명의 한인이 거주하였다(미주 한국일보 2001.4.19.). 1989년 라카냐다 고교를 졸업한 연구참여자는 "1990년대에 standardized test 결과가 중앙일보, 한국일보에 실리고 라카냐다의 성적이 좋다는 게 알려지면서 한국인들이 라카냐다에 들어오기 시작했다"(연구참여자 #29)고 기억하는데, 이는 90년대 말 전국 각 학교의 학업수행지표(API)11)가 공개된 시점과 일치한다. 2000년에 라카냐다에 온 연구참여자 #98도 당해 한국인이 대거 라카냐다에 온 것으로 기억했다. 공식적인 수치를 정확히 모르는 경우, 많은 이들이 지역 내 한인이 30-35% 정도로 많은 것으로 인식했고(연구참여자 #9,10, 46, 47, 50, 51), 특히 학교에는 "거의 백인 아이 반, 한국 애들 반… 흑인, 멕시칸은 조금 섞여 있고… 졸업식에 이름 부르는 거 보면 킴,킴,킴,킴,킴… 그냥 백인 아니면 한국인"(연구참여자 #69)이라며 한인 인구를 크게 인식했다. 그러나 실제 한인 인

---

10) 일부 주변 지역인들이 붙인 라카냐다의 별칭으로서, 민족지 기술의 관행에 따라 가명 처리한 것이 아니다. 이 글에서 지명을 가칭 혹은 기호 처리하는 것은 지역의 장소성을 이해하는데 방해가 되므로 실제 지명을 사용했고, 라코리아는 실제로 사용되는 별칭이다.

11) Academic Performance Index는 미국 공립 초중고 학생을 대상으로 학교별, 인종별, 지역별 학력 수준을 점검한 지수이다. 캘리포니아 교육부가 주관해서 매년 발표하는데, 현지 2학년부터 11학년(고2)까지를 대상으로 학력을 점수화(200-1000점)한 수치다. 영어 수학 등 학력평가 점수와 학교 환경, 학생의 만족도 등을 종합해서 평가한다.

구는 한인 학부모들이나 지역인들이 인식하는 것만큼 많지는 않다. 센서스에 따르면 2010년 지역 내 아시아인 전체의 비율이 약 25%였고, 2014년 라카냐다 교육재단Education Foundation에서 추산한 바에 따르면 한인의 성을 가진 이들이 18%, 국제결혼으로 여성이 한인인 경우까지 포함하면 약 20% 정도이다(연구참여자 #29, #102). 라카냐다 교육구에서 추산하는 인구도 2014-2015년 기준 약 20%에 달하고(LCUSD 2015, 연구참여자 #57*), 투표자 등록자voter registration 수로 추산 시에도 2000년에는 15%였던 한인 인구가 2017년에는 20%로 증가한 것으로 나타난다(연구참여자 #67*).

주택 소유 면에서 볼 때, 한인 가구 수는 2008년 74가구에서 2013년 89가구로 늘어 해당 기간 동안에도 20% 증가하며 2013년 라카냐다 전체 주택 7,089채 가운데 약 12.54%에 해당하는 수, 다시 말해 지역 내 가구 8개 가운데 1개 가구가 한인 가구에 해당하는 비중이었다(미주중앙일보 2013.4.2.). 2017년 1월의 면담일 기준, 라카냐다의 한 부동산업자는 "라카냐다 전체 가구 수 13,000 중 주택을 소유한 한국 가구는 900 가구로, 우리 생각에는 굉장히 많을 거 같은데 한 10% 정도라 보면 된다. 900 가구에는 다른 유럽인 등과 결혼한 한인 여성은 포함되지 않은 거라, 그걸 감안하면 10% 정도"(연구참여자 #54)라고 말한다. "백인들 사이에서 눈에 띄니까 많다고 여겨지는 거"지 실제 수적으로는 그렇게 많지 않고, "여긴 애들 땜에 오는 곳이니까" 학교에서는 한인의 비중이 더 높을 것이라는 의견을 피력했다. 실제로 공식 자료에 따른 한인의 비율은 지역 전체 인구 중 2010년 14.5%, 2017년 12.6%로, 한인 비율만 봤을 때는 지역 내 다수자라고 보기 힘들다(US Census 2010, 2020). 또한 엘에이 메트로 지역 내 도시 중 LA, 토랜스, 플러턴 등 한인의 절대 인구수가 큰 도시들과 비교할 때 라카냐다는 한인 인구가 많다고 손꼽히는 곳이라 볼 수도 없다. 그럼에도 불구하고, 한인의 밀집도는 엘에이 카운티 내 세번째로 높고(표 3 참조) 한인 비율이 역시 높은 옆동네 라크라센타와 바로 연결되어 상권을 형성하며 한인의 존재가 더 두드러진다.

그림 5.9 풋힐 대로변의 한글 간판들*12)

라카냐다 서북쪽에 인접하며 집값이 덜 비싸고 교육환경은 비슷하게 좋은 곳으로 알려진 라크레센타에는 한인 주재원 가족 등 유동 인구를 포함한 한인 인구가 좀 더 많다. 라크레센타의 한인 인구로 인해 그와 함께 라카냐다에서 한인의 존재가 더 두드러지는 효과도 있다. 라크레센타와 라카냐다를 잇는 큰 도로인 풋힐 대로를 따라 한국 슈퍼마켓, 식당, 학원, 은행, 부동산, 세탁소, 찜질방, 미용실, 카페 등이 한글과 영어를 섞어 쓴 간판을 달고 늘어서 있어 한인 인구가 많은 지역임을 확인해준다. 또한 워낙 오랫동안 '백인 동네'로 알려졌던 곳에서 백인 다음으로 큰 비율을 차지하며 한인의 존재는 눈에 띌 수밖

---

12) *표시의 사진들은 저자가 촬영한 사진이다.

에 없어, "한인이 많은 타운"으로 통한다. 그리하여 통계가 보여주는 숫자와 별개로, 소규모 도시인 이 곳에서 만난 각계각층의 한인과 비한인 모두가, 그 존재가 당연한 것으로 여겨지는 백인 외에, 한인이 라카냐다에서 가장 두드러진 민족집단이라 꼽는다. 라카냐다는 "한국이나 다름없는" 캘리포니아의 한인타운이 아니라, 오히려 한인이 다수가 아니지만 두드러지게 밀집된 분포를 보이는 지역이라는 특성, 즉, 한인 에스노버브로서의 특성을 지니는 것이다.

필자가 시청과 라카냐다 교육구 공무원, 그리고 라카냐다 고교 교감과 진행한 인터뷰에서 연구참여자들은 모두 교육구 내 한인 학생의 비율이 20%인 것에 기초하여 한인 전체인구를 실제보다 많은 20% 정도일 것이라 추측했다. 한인, 비한인을 막론하고 일반 지역 거주자들의 경우는 더 많은 것으로 체감하며 "20% 밖에 안 되느냐, 그보다 많은 줄 알았다"고 입을 모았다. 남가주의 다른 동네에서 전학 온 한인 학생의 눈에 지역 학교에서의 인종 분포는 '너무 하얗다("This school is too white", 연구참여자 #1의 딸*)'고 여겨진 반면, 근처 패서디나 등지의 백인 학생들은 라카냐다를 가리켜 "라코리아"라며 지역 명칭을 비틀어 부를 정도로, 백인이 다수인 이 지역에서 비백인 한인의 집중 거주는 두드러지는 것으로 받아들여지고 있다. 굳이 LA 코리아타운을 찾지 않아도 될 만큼 각종 한인 관련 상점과 편의시설 등이 입점하여 한인 생활권이 형성되었고, 2017년 1월 시장 후보가 한인 가정에서 지역 한인들을 대상으로 정견을 이야기하거나(그림 5.10), 2017-2018년 연초 LA 북부한인회The Korean American Federation of North Los Angeles 정기 모임에서 시장 후보 및 지역 공직자들이 인사를 하고 선거운동을 따로 벌이기도 할 만큼(그림 5.11, 5.12) 한인은 지역 구성원으로서의 권리(그리고 의무)를 행사할 것이 기대되는 유의미한 집단으로 여겨지고 있다.

그림 5.10 2017년 라카냐다 한인 가정에서 인사하는 시장 후보*

그림 5.11 2017 LA 북부한인회에서 인사하는 시장후보*

그림 5.12 2018 LA 북부한인회에 참석한 라카냐다 한인들과 지역 공직자들*

2) 거주자 유인의 요인

"〈최고의 수준 높은 이웃들과 멋진 삶〉, 〈비버리힐즈와 함께 LA 최고의 부촌〉, 〈숲과 나무에 둘러싸인 최고급 베드타운〉, 〈남가주 최고의 학군〉, 〈어바인과 더불어 전미 범죄율 최저 수준〉, 〈LA 다운타운, 코리아타운과 20분 내외의 근접성〉, 〈한인타운 같은 편리성〉, 〈미국 우수 4년제 대학 편입률 최상위권의 글렌데일 커뮤니티 칼리지 5분 거리〉"(미국 부동산 파트너스American Realty Partners, '라카냐다 부동산 정보' 2017.3.3.1)

라카냐다의 주택은 1900년대 초반부터 최근까지 다양한 건축 연도를 갖고 있는데, 오래되고 낡은 집이 많은 데도 윗 절에서 살펴본 것처럼 집값이 비싼 지역이다. 또한 오랫동안 하수 시스템 없이 각 집에 정화조를 갖추고 있다가 2010년대에 일반 하수 시스템과 연결되며 가정마다 공사비에 대한 채권을 구입했고, 따라서 주택 구매자는 그 채권도 함께 부담하게 된다. 정화조를 설치하고 있을 때나 하수 시스템이 마련된 후나 모두 유지비용이 많이 들고 집값이 비싼데도 불구하고[13], 위에 인용한 미국 부동산 파트너스의 라카냐다 지역 소개문과 여타 한글판 미주 신문과 블로그 등의 글에서 자주 등장하는 라카냐다에 대한 수식어를 보면 경제적인 조건만 맞는다면 충분히 매력적인 장소로 꼽힐 법하다. 라카냐다에서 30년간 부동산업을 해온 연구참여자 #83에 따르면 "나와 있는 집은 27채 뿐인데(2017년 1월) 들어오고 싶어하는 사람은 그 수의 10배"로, 매물이 없어서 못 살 만큼 지역에

---

13) 지역인들 사이에서는 종래 지역인들(백인)이 오히려 이런 이유로 유입을 제한해서 동네의 동질성을 유지하려 했다거나 다른 인종의 접근을 막기 위해 산골짝에 큰 집들을 지었다는 말들이 돌았다.

집을 구매해 들어오려는 수요는 크다.

위 인용문에서도 언급되고 연구참여자들도 거주지 선택의 이유로 언급한 요인은 LA 다운타운이나 코리아타운 내 직장과 가깝다는 점, 안전하고 자연이 가까이 있다는 점, 한인 상점들이 들어서 있어 편리하다는 점과 우수한 교육환경 등이다. 그 중에서도 언론의 보도와 거주자들의 면담에서 공히 가장 먼저 손꼽히는 요인은 교육환경이 좋다는 것이었다. "한인은 학군 따라 거주지를 옮긴다"(연구참여자 #13)는 것이 대다수의 연구참여자들에게서 동일하게 거론되었는데, 학군이 좋다고 알려진 지역 중에서도 라카냐다는 LA 코리아타운이나 다운타운에 직장을 둔 전문직이나 상업 종사자들에게 자본이 있으면 가고 싶은 곳으로 거론되는 선택지였다. 그리고 위에 서술한 바와 같이 주택 가격이 비싸다는 점이 진입 장벽으로 작용함에도 불구하고 교육환경이 우수하다는 점으로 인해 라카냐다가 좋은 거주지로 선호되는 것은 지역 한인들과의 인터뷰에서 뿐 아니라 내셔널 미디어를 통해서도 미국 내 일반적으로 통용되고 있다는 것을 알 수 있다. 2017년 1월 26일자 월스트리트 저널이 집을 고를 때 가장 먼저 고려하는 조건으로 자녀들이 다니게 될 공립학교의 환경을 다룬 기사(McLaughlin *Wall Street Journal* Jan. 26, 2017)에서도 대표적인 사례로 라카냐다로 이주한 백인 가족을 들며 고가의 거주 조건에도 불구하고 선호되는 지역으로 꼽은 바 있다.

라카냐다에는 우수한 몇몇 사립학교 외에도 자체 통합 교육구 LCUSD 내에 공립 초등학교 셋, 공립 중고등학교 하나가 있는데, 라카냐다 공립고교는 2016년 기준 전국 우수고등학교 전체 순위 80위, 공립학교 중에서는 23위에 랭크되어 있으며 캘리포니아 공립고교 중에서는 5위, 남가주에서는 최고 수준의 성적을 내는 것으로 알려져 있다

(가주교육신문 2016.11.7.). 라카냐다, 라크레센타, 몬트로즈, 글렌데일은 글렌데일 교육구GUSD와 라카냐다 교육구LCUSD 2개의 학군으로 나뉘는데, 라카냐다의 서쪽 일부 지역은 나머지 도시와 함께 글렌데일 교육구GUSD 관할이 되어 라크레센타의 학교로 등교해야 한다. 이 경우 주택 가격이 라카냐다 교육구에 속하는 주택보다 낮지만, 라카냐다에 거주하는 한인들은 재정적 부담이 있다 해도 학군이 좀 더 좋은 라카냐다 교육구 쪽 거주지를 선호한다. 학부모들은 모두 지역 신문과 내셔널 신문에 실리는 각 학교의 학업수행지표(API) 및 전국 우수 고교 랭킹에 대해 잘 알고 있고, 어느 지역의 공립학교 시스템이 좋다더라는 업데이트된 정보를 인터넷과 교회 모임, 학부모 모임, 동호회 등을 통해 주고받는다. 연구 시작 시점(2015년 12월)을 포함한 현재까지 라카냐다 교육구는 '남가주에서 산마리노, 어바인과 함께 API가 최고인 지역이다'라는 등의 정보를 전달하는 연망은 지역 내 혹은 미국 내 한인들 사이에서 뿐 아니라, 친척, 지인 및 인터넷과 한국의 유학 컨설팅 학원 등을 통해 초국적으로 연결된다. "라카냐다랑 어바인은 한국 유학원에서 학군 좋은 곳으로 딱 집어줘서" 미국으로 처음 이주해오는 한국인에게도 "이미 한참 전부터 학군 좋은 곳으로 알려진 것 같더라"(연구참여자 #2)는 언급에서 알 수 있듯, 널리 알려지지 않은 소도시임에도 불구하고 그런 연유로 라카냐다에는 미국에 처음 오는 1세대 한인이 적지 않다.

거주지 선택에 있어, 자녀가 있는 가족이라면 교육환경이 중요한 결정 요인이 되는 것은 어느 정도 보편적 현상이지만, 특히 한인 가정의 경우는 이민 세대를 막론하고, 즉 이민 1세 뿐 아니라 미국 사회문화에 동화가 진전된 1.5세 및 2세의 경우도 대다수가 거주지 선택에서의 첫번째 요인으로 교육환경을 중요시했다[14]. 이런 이유로 라카냐다 뿐 아니라, 글렌데일, 라크레센타, 사우스 패서디나, 플러턴, 어바인 등, 라카냐다 한인들이 전에 살았던 지역을 선택했던 이유나 오렌지 카운티 한인 거주자들의 거주지 선택 요인에서도 교육환경은 자녀를 둔 한인 연구참여자들에게서 무엇보다 우선적으로 거론되었다. 다수의 면담을 통해 한인들이 거쳐왔거나 많이 거주하고 있는 이상의 지역들 역시 대체로 교육환경이나 학군이 좋은 곳이었다는 점을 확인할 수 있었다. 그렇다면 남가주 내 학군 좋은 다른 지역을 제치고 주거비가 특히 비싼 라카냐다를 선택하게 한 유인은 무엇일까.

"낡은 집에 터무니없는 가격을 투자해야 한다"는 단점과 더불어, 한국의 주거 방식에 익숙한 1세 한인의 경우 대체로 깔끔하고 큰 관리를 하지 않아도 되는 아파트와 같은 주거 형태가 익숙함에도 불구하고, 대체로 오래되고 손 볼 것 많은 라카냐다를 거주지로 선택하는 데에는 경제적 부담과 번거로움을 상쇄할 정도로 교육요건 외의 유인이 클 것이 기대된다. 라카냐다를 선택한 요인으로 자녀가 없는 이들도 공히 거론한 요인은 직장 출퇴근이 편하고 이웃 동네인 라크레센타부터 한인의 거주가 증가하면서 한인 업체가 골고루 들어서서 "코리아타운까지 가지 않아도 생활이 해결"된다는 편리성이다. 라카냐다는 도심의 코리아타운 및 LA 다운타운과 지리적으로 멀지 않고 몇 개선의 프리웨이로 연결되어 약 15분~20분이면 도심에 갈 수 있는데, 이는 도심에 직장을 둔 많은 전문직 및 자영업자 한인들에게 큰 이점으로 꼽힌다. 다음의 면담 내용은 엘에이 카운티 내 교육환경이 우수하고 LA와 가까운 지역 중에서도 라카냐다를 선호한 이유를 잘 말해준다:

---

14) 연구참여자들은 "잘살든 못살든", "'한국적 마인드'가 남아있건, 미국 사람이 되었건" 한인이라면 모두 교육에 신경을 쓰는 것 같다고 입을 모았다

애가 셋이라 교육 때문에 학군 좋다는 데는 다 봤어요. 플러턴, 팔로스 버디는 교통이 안좋고 … 산마리노도 보고 사우스 패서디나도 봤는데, 교통이 여기가 젤 좋아요. 프리웨이는 여기가 제일 좋은 거 같아요. 사우스 패서디나는 로컬로 갈아타야 하는 경우가 많기 때문에 여기만큼 편하지 않은데, 여기는 나오면 바로 프리웨이에요.(연구참여자 #25)

여타 미국인 거주자들이 전문직 외에 대기업 간부, 엔터테인먼트나 프로스포츠계 종사자 등이 많은 데 반해, 라카냐다 한인 거주자의 경우 코리아타운 및 근교 도시에 직장이 있는 변호사, 의사, 회계사, 약사 또는 다운타운에서 크고 작은 사업을 하는 사람들이 많다. 1.5세 전문직 한인들 역시 코리아타운 혹은 한인이 많은 지역에서 한인을 고객으로 하는 직장을 가진 이들이 다수이고, 사업을 하는 이들 가운데에는 글로벌 연망을 가진 한국 기업의 분점(식당, 제과점 등)을 운영하는 이들도 있는가 하면 다운타운에서 의류도매업을 운영하는 이들도 많다. 지금은 과거와 같은 호경기는 벗어났다고 하나, 한인들 간에 '자바Jobber'15)라 불리는 의류 및 패브릭 제조업과 도매업자들 중 자본을 축적한 이들에게 라카냐다는 교육환경이 좋은 다른 도시보다 적지라고 할 수 있다.

---

15) 자바는 미국의 패스트 패션을 이끈 LA 한국계 이민자들의 패브릭 산업을 지칭한다. 1960-70년대 노동력이 싼 한국의 의류 제조공장에 자리 잡았던 노동집약적 섬유산업을 높은 실업률과 군부 정권에 시달리던 한인들이 미국 브라질, 아르헨 등에서 다시 시작하며 발전했다. 의류와 모자, 인테리어 패브릭 등을 디자인, 생산, 유통하는데 있어 한국인이 업계를 장악했고 멕시칸이 노동력을 메꾸었다. '포에버 21'같은 큰 기업도 LA 다운타운의 자바시장에서 탄생했다.

라카냐다 한인들이 거주지로 선택한 또 다른 요인은 인종 구성상 피하고 싶은 곳이 아니라는 점이다. 교육환경과 더불어 LA 다운타운 및 코리아타운과의 근접성을 고려할 때, 글렌데일과 라크레센타, 패서디나, 사우스 패서디나 및 산마리노 등 라카냐다 주변 도시들도 좋은 선택지이지만, 인종 및 민족 구성의 측면에서 라카냐다는 직·간접적인 경험의 결과 최적지로 꼽히는 경우가 많다. 글렌데일의 경우 번화한 곳도 있고 크고 좋은 집들도 많으며 학군이 좋아서 한 때 한인이 많이 거주했었는데, 알메니안Armenian 교회가 생기면서 알메니아인들이 많이 들어와 "좋았던 후버 학군을 다 먹으면서 한인은 사립을 보내거나 떠나기 시작했다"(연구참여자 #54). "글렌데일에서는 사립을 보냈지만 … 알메니안 때문에 거기가 별로 좋게 생각되지 않는다. 알메니안은 대부분 비슷했는데 … 아파트 살면서도 BMW 타고 다녀야 하고, 있는 사람 앞에서 굽신거리고 집 없는 척하며 정부 혜택 다 긁어 해먹는다"거나(연구참여자 #69), "중국인과 비슷하게 식당에서 큰 테이블을 차지하고, 주말이면 늘 시끄럽게 파티하면서 자주 싸우니 한인은 알메니안과 어울리기가 쉽지 않다"(연구참여자 #23)는 등 많은 연구참여자들이 알메니안이 많아진 곳을 피하고 싶은 곳으로 여겼다. 패서디나에 대해서는, "라카냐다와 같이 전통적인 프로페셔널이 많은 곳(연구참여자 #23)"이기는 하나 "라카냐다가 작지만 전체적으로 homogeneous 한 부촌이라 안정적인 반면, 패서디나는 도시가 커서 칼텍과 폴리 학교가 위치한 지역과 같은 부촌도 있지만 흑인 동네도 있다."(연구참여자 #15), 특히 "사우스 패서디나, 패서디나 같은 곳은 히스패닉이 많이 들어온다, 아파트가 많으니까. 그래서 학교 수준이 많이 떨어졌다"(연구참여자 #58)는 언급도 있었다. 산마리노의 경우, 라카냐다와 교육구끼리 경쟁 상대로 여길 정도로(라카냐다 교육구 #57*) 성적인 우수한 학군 중 하나이지만 "중국인들이 캐쉬로 집을 사서 들어와 7-80%를 차지하게 된 동네"로 알려져 있다. 1980년대에 산마리노에서 어린 시절을 보낸 연구참여자 #102*에 따르면 1980년대까지만 해도 산마리노 역시 "백인 동네"였는데, 근처 하시엔다Hacienda에 큰 절이 생긴 이후 다이아먼드 바Diamond Bar와 산마리노 등지에 중국인이 증가했다. "라카냐다와 마찬가지로 올드머니들, 옛날 돈있는 백인이 사는 곳인데" 중국인이 많아지면서 "내 친구 백인도 나중엔 나와서 비벌리 힐즈로 가버렸다"(연구참여자 #99*)는 곳이다. "엘에이 카운티 내 공립 중에는 라카냐다와 산마리노가 좋은데 산마리노는 중국인이 너무 많아서 … "(연구참여자 #29) 선택지에서 제외된 경우가 많고, 중국인이 다수자가 됨에 따라 학교가 "너무 경쟁적"이 되었다는 점도 기피하는 요인 중 하나였다.

라카냐다에 바로 인접한 라크레센타는 라카냐다 거주 한인들 중 많은 이들이 거치는 곳이기도 하다. 도시 사이즈가 작고 임대받을 수 있는 아파트가 거의 없고 그마저도 비싼 라카냐다와 비교해서, 라크레센타는 아파트가 많다 보니 그에 맞춰 진입하는 거주자들에게서 라카냐다 주택 구입자들과 경제적인 수준의 차이가 나고 거주자의 직업적, 교육적인 수준 차도 있다고 한다. 무엇보다 한인타운에 위치한 영사관이나 기업의 지사와 가까우면서 공립학교의 평판이 좋아서 주재원 가족 등 한국에서 와서 몇 년 머물렀다가 가는 한국인 인구가 라카냐다보다 훨씬 많다. 미국 생활을 하는 데 있어서 한인이나 아시아인이 "어느 정도 있는 것은 좋지만", 산마리노와 라크레센타처럼 하나의 민족성원, 특히 한인이 너무 많은 것은 불편해하는 이들도 많았다:

저는 6년 전에 여기(라카냐다) 왔고 여기 전에 라크라센타에서도 살아봤어요 … 라크라센타에서는 제 주변 미국 사람들도 교육

수준이 여기만큼 높지는 않았던 것 같아요. 우리 부부가 어울릴 만한 사람이 많지 않았고, 남편 직업 들으면 놀라는 정도여서 애들이 프라이드가 대단했어요. 라카냐다 오니까 의사, 변호사, 교수들이 많고, 아이들 대하는 것도 다르더라구요. 라크라센타 는 아이들을 학원 뺑뺑이 돌리면서 자기들 일하느라 애들은 공 부로 성공하라는… 옛날 한국 방식이고 양쪽 부모가 다 일하는 사람이 많았어요. 애들이 프로젝트를 하려고 우리집에 모이면 미국 애들은 시간 되면 딱 데리고 가는데 한국 애들 중에는 밤 11시가 되어도 데리러 오지 않는 경우도 많았고…

2011년 경부터 라크라센타에 한국 주재원들이 너무 많이 들어 오기 시작했어요, 소문이 난 건지. 미국에서 아이 키우는 입장에 서 보면 여기 애들은 이용당하는 거 같고 온 애들은 영악해보이 더라구요. 좋은 게 아닌 걸 한국 아이들이 과시하고 우리 애들 이 부러워하는 게 좋지 않았구, 뭐든지 한국에서 온 걸 부러워 하고 아부하기 시작하는 게 싫더라구요. 그전엔 미국 친구들이 많았는데 한국 애가 저쪽이랑은 놀지 말라고 하면서 패를 가르 고… 나랑 놀려면 재랑 놀지 말라는. 미국문화는 그런 게 없어 요. 얘랑 베프가 되려면 다른 애랑 놀면 안된다고… 어차피 우 리 애들은 여기서 살 애들이고 개네들은 돌아갈 애들인데 좀 그 렇더라구요. 근데 한국애들끼리라 친해지면 공통점도 많고 알지 못했던 세계도 알게 되고 화장도 하고 그러면서 성적도 좀 떨어 지고… 그 때 저희 딸은 고등학생이어도 화장을 안했는데 시골 순둥이같이 컸던 애를… 너무 영악스러운 아이랑 어울리다가 개가 떠나고도 또 그 비슷한 애가 와서… 점점 한국애들하고만 어울리기 시작하니까 미국애들과 제약이 없었던 애들이 점차 작은 테두리 안으로 들어가버려서 이사를 결심했어요.

또 애들 픽업하러 가면, 여긴 그런 문화가 없는데 한국 엄마들이 동그랗게 서서 한국어로 잡담 나누고 계시고 … 거기서 저는 이방인인거죠, 끼지도 못하겠고 … 그 느낌을 어떻게 설명할지 … 어떻게 할지 몰라 떨어져 있었는데, 손주 픽업하러 오신 할아버님이 저한테 낯설죠? 하시더라구요. 그 말 속에서 느꼈어요, 당시 주재원이나 최근에 온 분들 … 내가 어울릴 곳이 못된다는 느낌. 이사가고 싶다는 생각까지.(연구참여자 #53)

라크레센타에서의 생활을 한인으로서 편하다고 말한 이들도 있었지만, 위 연구참여자와 같이 한국계 미국인으로 성장할 아이들이 미국생활에서의 다양성을 잃게 되지 않을까 하는 우려와 '한국문화'의 관행이 불편해서 라카냐다를 선호한 의견도 많았다. 무엇보다 두 도시 간의 비교는 인종/민족적 구성과도 연관되는 '교육환경'에 있었다.

예전엔 두 도시 학군이 비슷했다? 그렇지 않았어요. 당시 아는 언니가 왠만하면 라크라센타 가지 말고 라카냐다로 오라고, 라크레센타 들어가는 그 순간부터 좌향좌 라카냐다만 보고 살게 된다고 그랬는데 살다 보니 그 이유를 알겠어요. 일단 라케냐다 페어런츠들을 만나보면 부촌이라는 게 느껴져요 … 교육수준 정확한 건 모르겠고 특별히 옷을 잘 입거나 그런 건 아니지만 뿜어져 나오는 게 있잖아요. 한국도 강남 강북 똑같이 부자라도 풍기는 게 다른 것처럼. 한국 엄마들만 그런 게 아니라 외국 엄마들도 그래요. 다른 분들은 어떻게 느끼는지 모르겠지만, 뭔가 다른 그런 게 있어요 … 라카냐다는 백인 위주잖아요, 라크라센타는 배경이 다양하고 한국인들도 많고, 학구열 많은 아르메니안들이 있고 … 여긴 백인들도 교육열 높고 가끔은 한국 엄마보다 극성스러운 백인 엄마들도 있어서 교육환경이 다를 수밖에

없어요.(연구참여자 #25)

    비슷한 이유로 '교육환경이 좋고 한인이 살기 좋은' 곳인 플러턴도
라카냐다 한인들에게는 적합하게 여겨지지 않았다. 한인이 너무 많아
서 한인 학부모들간의 알력 때문에 피곤하다는 이야기가 종종 들렸다.
동네의 인종/민족 구성에 대한 고려는 본 연구의 심층면접이나 포커스
그룹 면접에서뿐 아니라 한인 정보사이트(i.e. MissyUSA)에 실리는 상
담글[16] 등에서도 자주 드러난다. 지역 내 특정 인종과 민족집단의 비
율이 일정 수준을 넘어서면 그 곳을 떠나는 습성을 보인 백인에 대한
은밀한 비난이 존재하지만, 한인의 경우에도 다양성의 확보, 특정 집
단에 대한 불편함 등 이웃하고 싶은 대상에 대한 경계가 존재하는 듯
하다. 단순히 특정 인종과 연관된 위험성/안전성 이데올로기의 이슈를
넘어서서, '어디는 아르메니안이 많아져서', '어디는 중국인이 많아서',
또는 '필리피노가 많아져서' 피한다거나, '한국인이 너무 없거나 너무
많은 지역은 피하고 싶다'는 의견들은 문화적 수용과 관련, 캘리포니

---

16) 2015년 11월 MissyUSA에는 "학군 때문에 여기저기 보다가 라크라센타로 결
론지었는데, 집 상태에 비해 가격 높다. 몇 년간 오른 거 같은데 계속 오를
까? 한국사람들 많이 살던데 사는 건 만족하나?"라는 질문이 올라왔다. 이에
대한 답변 중에는 "한국사람 너무 많고 집값 거의 탑인 거 같더라", "사는
거 좋다. 앞뒤로 산있어서 시골 느낌 나는데 한인타운까지 나가지 않아도 웬
만큼 해결되고 학군 좋아 아이 키우기 좋고 학원도 적당히 있다. 한국 아이들
너무 많아서 안좋다고 하는 거 이해되지 않는다. 학군 좋은 데는 어딜 가나
한국아이들 많다. 플러턴, 어바인만 할까. LA처럼 복잡하지 않고 옆동네 라카
냐다 이쁘고 … 공기좋고 등산할 데도 많고 공원도 넓고 살기 좋다."는 등의
답변이 달렸다. 또한 "이글락 지역도 생각보다 학군 괜찮지만", "이글락은 필
리피노들이 많아요."라는 등 지역의 인종적 민족적 구성은 거주지 선택 요인
중 중요한 이슈로 거론되었다.

138

아의 교외 도시들이 민족ethnic group 별로 블록화되는 모습을 반영하고 있다.

다른 한편, 주택을 손봐야 하고 띄엄띄엄 주택이 있으며 다른 지역에 비해 산이 있고 녹음이 우거진, 백인이 다수인 지역이라는 환경 조건을 선택한 것은 녹음과 자연이 주는 생활환경 혜택과 더불어, 교외와 연계된 '중산층/상층 미국인 삶'의 전형적 표상화와 그에 대한 지향을 드러내기도 한다. 많은 이들이, 특히 1.5세와 2세 및 미국에서의 삶에 익숙해진 이들 중에는 산에 둘러싸여 자연 친화적이고 조용한 환경이 주는 안정감과 작고 동질적으로 보이는 커뮤니티로 구성되는 것에 대한 지향을 언급했다:

처음 여기 왔을 때는 무슨 절간에 온 거 같았어요. 근데 지금 엘에이 나가면 너무 시끄러워요. 여기는 전체적으로, 물질적인 게 아니라, 안정적인 느낌이 있어요. 예를 들어서 몇 대가 같이 살고, 할머니가 한 동네에서 운전을 하는데 집이 가깝다는 얘기를 들었는데 … 동네가 컸으면 내가 적응하기 더 어려웠겠다 싶어요. 아랫집 윗집 다 알아서 아는 사람끼리 크락숀 못눌러요. 한국 구보다 작죠. 동대문보다 작아요.(연구참여자 #55)

공립 중에 대학에 잘 보내는 곳이기도 하고, 교육 외에 항상safe 하다고 생각했어요. 그리고 작다 보니까 커뮤니티가 타이트해요. 그 전엔 글렌데일에 살면서 사립에 보냈으니까 동네 사람들이랑 어울리는 일이 많이 없었죠. 근데 여기는 어딜 가도 보게 되고 어디 가도 만나게 되고 … 한 마을에 살고 있고 마을에서 일어나는 일에 인발브involve된다는 점에서 좋게 봐요.(연구참여자 #84)

V. LA 근교 한인 집중 거주지의 사례 : 라카냐다 플린트리지 **139**

그림 5.13 산이 있고 골목마다 나무가 우거진 라카냐다 주거지*

공립학교에 보내지 않지만 라카냐다에 거주하는 이유는 우선 언제든 공립으로 돌아간다고 할 때 옵션이 있다는 거구요. 둘째로는 커뮤니티가 굉장히 촘촘하다는 것, 라카냐다를 떠나서 산마리노나 패서디나만 가도 이렇게 세밀하게 짜인 커뮤니티를 볼 수 없어요. 애들이 킨더 때부터 알던 여러 가족들이랑 여전히 운동하고 공원에서 만나고 … 그래서 여기를 떠나면 뭔가 많은 걸 잃는다는 느낌이 들어요. 산마리노도 비슷비슷한 사람들을 계속 본다는 점에서 비슷하지만 … 중국인들이 너무 많고 …
(연구참여자 #59*)

대체로 모두가 교육을 중시하는 분위기에 작고 좋은 타운이죠.
마켓도 가까이 있고 공원도 있고 공원에서 종종 작은 음악회도
있어서 좋아요. 2002년부터 14년간 살고 있는데 이 조용한 평
화로움을 포기하고 싶지 않아요.(연구참여자 #65*)

#87: 여기 좋죠. 20년 넘게 살아서 저의 두 번째 고향이에요. 손
녀 학교 땜에 못떠나요
#86: 근데 당신은 편하지만 여자가 살기에는 … 또 밤에는 길에
불이 없어요.
#87: 또 네비도 이상하게 알려주죠, 하하. 라카냐다의 트레일이
미국 전체 도시 중에서 가장 긴 트레일이 있는 도시 중에 하나
에요.
#86: 그래서 동네만 다녀도 운동 충분해요. 어렸을 때 말 안 듣
는다고 아들 내쫓잖아요? 그래도 걱정이 없어요. 애가 트레일
다니면서 다 따 먹고 … 그만큼 안전하다는 거고(포커스 그룹 면
담 중 연구참여자 #86,87)

한편, 라캬냐다와 비슷하게 '학군도 좋고' '살기 편하고' '안전한' 도
시로 알려진 어바인은 LA에 위치한 직장과의 거리를 고려하지 않아도
되는 경우에도 타이트한 교육방식과 아시아인 본토에서 옮겨온 생활
방식으로 인해 라카냐다에 비해 '미국적'인 교육과 생활을 하기에 적
합하지 않다고 여겨지고 있었다:

저는 한국에서 아이 키우는 게 힘들어서 … 과외 열풍에 쫓기면

서 다 해줄 주제도 못되고 왜 그렇게 어렵게 해야 할까 하는 생각에 여기 왔는데요 … 여기도 다르지 않지만 … 어바인 얘기 들어보면 무서워서 어떻게 사나 싶어요. 교육이든 뭐든 서로 경쟁하는 것들이 너무 심하더라구요. 놀이터만 나가도 남편은 뭐하냐 학교는 한국에서 어디 나왔냐는 둥. 교회 생활하지 않으면 살기 쉽지 않다는 말도 많이 들었고 … 교회가 나쁜 건 아닌데 그 안에서 너무 많은 일이 일어나니까 좀 두렵죠.(연구참여자 #64)

애들이 컴피티션에 나가면 늘 어바인 애들한테 지고 오는 거에요. 그래서 이게 무슨 시스템인가 싶어서 아는 사람한테 물어봤어요. 들어보니 어바인은 우열반이 있대요, 그래서 6학년에서 7학년 올라갈 때 나뉘고, 미들 스쿨부터 스트릭트하게 관리가 되고 선생님들부터 엄격하게 관리하고 … 공부시키는 시스템이 잘돼있기도 하고 그만큼 치열하고,(연구참여자 #25)

어바인 너무 좋아졌죠. 특히 젊은 엄마들, 사교육 많이 시키는 동양의 신흥 부자 엄마들이 많이 왔어요 … 전반적으로는 주재원도 많고 유학생도 있고 돈 많은 연예인 사는 데라는 건 일부고 … 어바인에 그리 좋은 사립이 많지도 않아요. 지도로는 넓어 보이지만 그렇게 빅타운이 아니에요. 땅과 길이 넓어서 집이 퍼져있어서 그렇지 … 그냥 분당, 신분당 같아요. 중국 사람 너무 많고(연구참여자 #75)

"한국 사람이 살기 좋고 공부시키기 좋다고 한" 어바인에 잠깐 살다가 라카냐다로 옮겨 온 한 젊은 1세 한인 학부모의 다음과 같은 비유는 교외와 연계된 '중산층/상층 미국인 삶'에 대한 지향을 잘 보여준다:

어바인이 새 집이랑 고급 아파트도 많고 한국식으로 교육시키긴 편해요. 근데 저는 어바인을 가봤더니 중산층 분위기라 싫더라구요. 근데 라카냐다는 와봤더니 달라요. 거기는 잘 교육받은 샐러리맨이 사는 곳 같고 여기는 잘 교육받은 자영업자가 사는 곳 같다고 할까. 자영업자에 저는 변호사 의사 등등을 포함하는데, 다시 말하면 여기는 잘 교육받은 우두머리가 사는 동네 같고 거기는 잘 교육받은 employee가 사는 동네인 거 같은 거죠 … 여긴 편하지 않지만 나서서 뭔가를 해야 하는 분위기를 (애들이) 크면서 그냥 알 수 있는 곳이잖아요.(연구참여자 #75)

위 연구참여자의 비유에서 드러나듯 라카냐다는 상층 미국인의 에토스가 있는 곳으로 받아들여지고 있고, 다수자인 부유층 백인에 의해 그러한 사회적 위치에서 살기 위한 노력이 요구되는 곳이다. 한국인이 너무 많아 미국 사회의 관행에서 멀어지거나 너무 없어 생활이 불편하고 한인의 정체성이 덮히지도 않는 교외의 주거지라는 점에서 선호되고 있었다.

3) 한인 인구 집중의 적정선과 라카냐다 한인 집중의 반향

위에서 논의한 바와 같이, 라카냐다 뿐 아니라 엘에이 메트로 지역 내 교육도시로 알려졌던 곳에 거주하는 거의 모든 한인 연구참여자들이 선호하는 거주지의 조건으로 언급한 내용의 공통분모 중 하나는 한인 인구가 동네에 "적절한 비율"로 존재하는가였다. 특히 캘리포니아 내 성장기의 자녀를 둔 부모인 경우, 미국에서 삶을 이어갈 자녀들이 미국 사회에 '이민자'가 아니라 주인으로서 살아갈 수 있는 아비투스habitus(Bourideu 1984)를 습득하는 한편, 인종적 위계가 숨쉬는 미국

사회에서 "기 눌리지 않고" 자신의 에스닉 정체성을 잊지 않게 할 환경을 소망한다. 많은 이들이 면담을 통해 "20% 정도면 코리안 아이덴티티를 가지고 있으면서 아직 다수는 아닌 상태, 자기 에스닉 정체성을 가지고 있으면서 미국 주류사회를 익히고 맞춰가야 하는 환경"(연구참여자 #23)인 것 같다는 경험에서 나온 답변을 했다. 이 점은 여러 측면에서 서로 완벽히 공동체로 느끼지 못하는 한인 1세와 1,5세 및 2세가 모두 공감했다:

여기 사람들이랑 같이 생활하다 보면 한국인이 많아서 나쁜 점이 없는 거 같아요. 여기는 백인들하고 잘 융합해서 지내는 것 같거든요. 하는 분들만 하긴 하지만, 와서 도와달라고 하면 가서 도와주고, 또 KPTA(한인학부모회)같은 데서 티처스 런천teachers' luncheon 같은 걸 마련하는 거 … 좋다고 봐요.(연구참여자 #69)

한인 인구가 어느 정도 많은 거? 좋다고 생각합니다. 편하고 익숙한 느낌을 줘요. 저는 여러면에서 서구화되어 있지만 한국인들이랑 그냥 바로 연결된다는 느낌이 있어요(연구참여자 # 58*)

커뮤니티에 한인이 많으면 애들에게 한인 친구들이 늘어나죠. 아시안 친구들이 많아진다는 측면에서 좋다고 봐요 … 어느 정도의 아시안 인구가 있는 게 성장기에 편안함을 주니까. 아시안이 너무 적으면 늘 주목을 받고 뭔가 insecurity가 있어요.(연구참여자 #70*, 71*)

우리는 아시안 비율이 적절한 곳을 찾다보니 라카냐다로 오게 됐어요. 남편은 한인이 3명밖에 없는 데서 자랐는데 그게 그닥 좋지 않았대요. 학군이 좋아도 너무 아시안이 없는 곳은 지내기가 터프하다더라구요. 아시안이 적어도 10% 이상인 곳이 아이들이 자라기에 좋은 거 같아요.(연구참여자 #85)

그러나 한편으로는 한인 인구가 지금의 라카냐다 한인 비중보다 좀더 늘어나는 것에 대해서는 우려의 목소리를 냈다. 최근 한국에서 온 이들의 행동 방식이 '미국'의 습성을 익힌 코리안 아메리칸과 혼동되며 '한국적' 특성Korean ethicty으로 간주되는 것에 대해 우려하는 목소리가 라카냐다 내에도 이미 존재하고, 특히 아시아인이 적은 지역에서 자란 이들은 한인이 상대적으로 많은 라카냐다의 분위기를 불편해하기도 했다:

학교에 한국애들이 15-20명이 몰려다니면서 한국말로 큰소리로 고함지르고 다녔대요. 우리 딸이랑 ○○딸이 영어로 얘기하라고 말하기도 했다고 … 한국애들 중 clique(무리)이 여럿 있다고 하는데, 한국애들은 몰려다니는 herd mentality 같은 게 있는 건지 … 그런 식으로 행동하는 걸 ○○랑 우리 딸은 Asian invasion으로 느껴진다고도 하더라구요.(연구참여자 #65*)

제가 1세고 남편은 1.5세인데, 남편이 오하이오에서 자라서 바나나에요, 겉은 동양인이어도 멘탈이나 사회성 면에서 백인. 남편이 볼 때는 애가 여기서 너무 한국식으로 큰다는 거에요. 여기 아빠들은 바쁘고 엄마가 애들 교육하고 … 게다가 캘리포니아는 자기가 컸던 오하이오에 비해 너무 한국식이라는 거죠. 애들이 너무 한국식으로 크고 한국 친구도 많고 … 그래서 남편은 라카냐다를 싫어했어요. 근데 지금은 남편도 좋아해요. 걸어 다니는데 이렇게 안전한 동네가 없다는 거에요.(연구참여자 #100)

한인을 보기 힘든 동네에 살았던 타지역 윗세대 코리안 아메리칸과 달리, 한인이 일정 비율을 차지하는 라카냐다 같은 곳에서 자라는 아이들은 친구를 집에 초대했을 때 신발을 벗어야 하는 것에 대해 이해를 시킬 수 있다거나 "본인이 소수라는 걸 잘 모르고 자라는" 경우가 많기 때문에 "자신감에도 좋은 영향을 준다는 점에서 좋다"(연구참여자 #84)고 이야기된다. 한편, 거주하는 동네에 일정 비율을 넘어서는 한인이 거주하는 것을 원하지 않는 것은 "애들이 코리안 버블 속에 갇혀서 사는 걸 원치 않기"(연구참여자 #59*) 때문이다. 자녀가 한인 정체성을 잊기를 바라거나 그럴 수 있다고 생각지는 않지만, 대체로 "여러 다른 종류의 사람들과 어울리면서 성장하기를 바라고 너무 같은 종류의 사람들 사이에서 편하게 있기를 바라지 않기" 때문이라는 답변이 특히 1.5세와 2세 한인들에게서는 많았다.

한인 이민세대와 1.5세 및 2세들 모두 공통적으로 한인 정체성과 같은 인종적, 민족적 연대 속에 살 수 있다는 장점과 미국땅에서 미국인으로서의 사회문화적 아비투스를 체화하는 데 방해가 될 수도 있다는 단점이 맞부딪히며 적정선을 찾기를 원하는 모습이었다. 그런데 1.5세 및 2세 연구참여자들의 근본적인 우려는 라카냐다의 한인 중에 교육을 거주지 선정의 최우선 요인으로 하고 LA 한인타운과 가까운 요건으로 인해 초국적 정보와 자본을 안고 한국에서 미국으로 처음 온 한국인이 많다는 데 있다. 즉, 미국의 중상층 백인 사회의 정서와 관행보다 한국의 경제적 상층 사회 일부의 정서와 사회적 관행에 더 가까운 인구, 즉 한인 이민세대가 많은 것은 그들이 지닌 보다 '한국적'인 모습들이 지역 내의 모든 코리안에게 종종 파브FOB[17]라는 부정적인 개

---

17) Fresh Off the Boat. 미국사회에 발을 들인지 얼마 되지 않아 현지의 실정

념으로 적용되거나 영향을 미칠 수 있다는 점이다. 이 점은 성장하는 자녀의 행동방식이나 교우관계, 교육방식 외에, 대표적으로 기부와 자원봉사를 포함한 지역사회 참여의 이슈에서 관찰할 수 있다. 라카냐다 및 몇몇 도시에서는 지역의 공립학교들이 잘 운영되도록 하기 위해 지역인들이 시민단체를 구성하고 기부금을 거두는데[18], 라카냐다는 부유한 지역인들이 자발적 참여, 자원봉사를 지역의 모토로 삼고 있는 만큼 당위로 생각하고 큰 기금을 투척하는 이들이 많은 데 반해, 한국 이민세대의 경우 비싼 주거비를 감당하고 온 공립학교에 다시 기부를 해야 하는 것을 충분히 이해하지 못하는 이들도 있다. 무엇보다 백인 외의 인구로 한인이 두드러지는 상황에서 한인의 기부가 인구와 비례하지 않는다고 노골적으로 지적하는 백인 커뮤니티의 방식은 돈에 대해 드러내는 요구를 하는 것, 자발적이어야 하는 기부를 강요하는 것이 껄끄러운 한국인의 정서와 이해 범위 속에서 수용하기 어려워하기도 한다.

이외, 여러 연구참여자들이 꼽은 한인 집중의 영향으로는 지역 내에 학원, 즉 한인이 경영하고 셔틀버스를 운영하여 일하는 부모들이 교육과 방과후의 돌봄을 맡길 수 있고 선행학습도 진행하는 한국식 학원이 많아졌다는 것이다. 이는 일하는 부모의 편의를 돕는 도구로 반기기도 하지만, 다른 한편 "아이의 요구에 앞서 사교육을 제공하는" 한국의 경쟁적 교육시스템을 옮겨온 징표로 받아들여지기도 한다.

5년 내 학원이 많이 늘어서, 보이는 게 학원인데, 토요일에도

과 문화에 익숙하지 않은 상황을 지칭하는 것으로, 종종 비하의 뉘앙스를 가진다.

18) 지역사회 참여 및 기부와 관련해서는 다음 장에서 좀 더 상세히 다룸.

학원 보내는 분들이 많은 것 같아요. 저는 시스템을 모르기도 하고, 남편이 미국화되어서 학원 보내는 걸 이해를 못해서, 남편이 필요 없다 해서 그냥 모르고 지냈어요. 근데 막내는 여기로 와보니까 부모님들 교육수준이랑 경제수준이 높아서인지 이대로 두다간 우리 애가 큰일 나겠다 싶은 거에요. 큰 애 말로도 자기 때보다 수준이 높아졌다고 ⋯ 지역차일수도 있고 시간차일 수도 있고 다른 애들이 학원 다니면서 문제풀이를 하면서 나는 차이일 수도 있겠죠.(연구참여자 #53)

학원 보내는 건 ⋯ 예전보다 공부가 어려워져서이기도 하고 모두 다 다니기도 하고 ⋯ 한국서 온 사람들이 학원에 보내는 걸 보면서 당연하게 여겨진 거 같네요. 나도 영향을 받고 우리도 해야지 하는 생각이 드는 거 같아. 경쟁이 생기는데 기회를 놓치는 거 아닌가? 근데 남편이 너무 반대하니까 많이는 못해줘요.(연구참여자 #58)

그 외, 한인이 많아지고 교회, 특히 한인교회에서 교류하는 이들이 많아지면서 첫 만남에 '교회 다니세요?'라는 말이 인사말의 하나가 되었다. 지역 학교 내에서는 "내가 학교 다니던 시절만 해도 하이스쿨에 밴드는 있어도 오케스트라는 없었는데 오케스트라가 생겨서 아시안으로 꽉 찼고, (한국)애들이 산수를 잘하니까 관련된 거 생기고 ⋯ 교육적으로 많이 좋아진 것 같다"(연구참여자 #29)는 의견도 있었다. 아이들은 타인종 친구들을 찜질방에 데려가거나 빙수 가게에 데려가기도 하고, 한인이 많아지면서 지역 사회에 구성원으로 존재한다는 것을 알리는 이벤트도 한인회나 한인학부모회KPTA, Outreach를 통해 진행하면서, 한국의 음식, 전통 의복, 명절 등에 대해 어렴풋이나마 알리고 있다:

메모리얼 데이에 며칠 행사를 하는데, 하루 행사 없는 날 저희 (Outreach)가 쓸 수 있게 해서, 코리안 바비큐 서브하고 태권도 시범 보여주고 전통 국악 연결해서 돈 500불인가 들고와서 팬 댄스 같은 거 하고 … 그걸 몇 해 꾸준히 했어요.(연구참여자 #12)

연구참여자 #55: 작년(2016년)에 한복 그거 괜찮았던 거 같애.
연구참여자 #12: 작년에 한복 디스플레이해서 사람들이 사진 찍을 수 있게 했거든요.
연구참여자 #54: 아이디어도 좋고 손재주도 좋았어요. 설인가, 발렌타인 데이인가에 한 거.
연구참여자 #55: 데코레이션 파트를 맡아달라 해서 3년 했는데, 이번에는 코리안 전통 웨딩을 했어요. 한국문화원에서 한복을 빌려서. 그런 거 하면 재밌잖아요.
(포커스그룹 면담 중 연구참여자 #12, 54, 55)

한국 전통이라든지 태권도 같은 걸 보여주는 문화행사가 있어 요. 광고 다 붙이고 한인회에서 사람들 초청해서 … 문화원 통 해서 정보를 받든지 … 하면 총영사님도 참석하고 주로 한국인 들 오고 간간히 외국인들도 궁금하니까 오고 … 이 지역 한국사 람들이 지역에서 뭔가를 한다는 걸 보여줘야 하니까 … 그래서 부당한 일을 당했을 때 보호받을 수 있도록, 지역에서도 아무것 도 안하는 게 아니라 뭔가를 하고 있다는 걸 보여주려고 하는 거에요. 한국사람들도 여기 있네? 애들도 뭘 하네? 너네 문화가 이렇구나 정도 인식하게 하는 거죠. 한국사람들은 어떤 다른 문 화를 가졌는지 보여주는 거고 음식도 선보여서 교류하려는 거 에요.(연구참여자 #81)

무엇보다 백인 중심의 '교육도시'로 지칭되는 이 지역에서 한인이 일정 비율 이상으로 드러나게 존재하는 것의 반향은 라카냐다 내 모든 공립학교에 한인학부모회KPTA가 전체 학부모회PTA와 별도로 구성되어 있다는 점에서 볼 수 있다. 특히 영어가 자유로운 1.5세나 2세 한인에 비해 1세 한인이 많은 탓에, 그들을 위해 PTA가 하는 일을 통역하고 전달해주며 연결하고자 한 '아웃리치Outreach'[19]나, 통역과 전달의 역할을 하는 대표 1.5세 어머니를 중심으로 한인 학부모들이 모여 정보를 교환하고 학교의 소식을 전달받는 모임이 각 학교에 있다. KPTA 혹은 카파Korean American Parents' Association, KAPA라 불리는 이 모임은 PTA의 하위 갈래로 존재하는 것이 아니라 별도의 모임으로서 다른 성격을 띄고 존재하며, 한국어가 중심이 되기에 한국어가 서툰 2세 한인은 보통 참여하지 않는다. 또한 카파의 성원 중 영어가 완벽히 편하지 않은 한인 부모들은 전체 PTA에 대체로 참여하지 않는다. 이와 같이 전체 학부모회와 분리된 한인학부모회의 존재는 소수자 중 다수자 한인의 인구를 대변하는 나름의 역할과 의미를 지니고 있다. 그러나 동시에 PTA와 동떨어진 카파의 존재는 아직 라카냐다 주류사회에 다수의 한인 인구가 적절히 융합되고 있지 못함을 시사하고 라카냐다 학군에 한인에게 특수한 요청들이 전달되고 있는지 의문을 갖게 한다. 실제로 라카냐다 교육구에서 18년째 근무한 수석 행정관(연구참여자 #57*)은 "엘에이 (카운티)에서 드물게 백인이 많은 동네인 라카냐다에 한인은 놀라울 정도의 비중을 차지하고 있지만, 과연 한인의 유입이 정말로 의미있게 받아들여지고 있는지" 의문을 표시했다:

---

19) 라카냐다 내 팜크레스트 초등학교Palm Crest Elementary를 중심으로 한 때 구성되었던 조직.

여기 오기 전에 패서디나에서 일했었어요, 히스패닉이 60%고 흑인이 30%인 곳이죠. 거기서는 학생들의 문화적 배경을 알고 그에 맞게 다르게 교육한다는 게 중요한 이슈였어요. 왜냐면 인종마다 각각 (부모의) 기대 수준이 다르니까. 그래서 저는 학생이 가지는 문화적 기대에 다르게 반응하는 게 중요하다고 생각해요. 그런데 라카냐다에 와보니 교사는 훌륭했지만… 우리가 여기 인구에 제대로 서비스를 하고 있는 거 같지 않다는 생각이 들었어요. 그래서 저는 학생들의 문화적 배경을 알지 못하면 잘 가르치지 못한다고 주장했고, 몇 년간 한인 학부모 패널 디스커션에 기반해서 교사 트레이닝을 했죠. 한국 가정의 교육방식은 어떤지, 한국문화에 대해 뭘 이해하고 있으며 마음 놓고 한국문화에 대해서 질문할 수 있는지? … 1950년대처럼 백인의 엔클레이브로 살 수 있을 거라 생각하는 사람들이 여기 살고 있는데 그 중에 한인의 유입을 진짜 의미있게 보는 사람이 있을지? 저는 우리가 누구를 가르치는지를 알아야 한다고 생각했고 그걸 일깨우는 게 내 일이라 생각했어요. 문화의 의미가 뭔지 알아야 한다고. 인류학을 하시니 아시겠지만, 문화적 특징은 알기가 쉽지 않잖아요. 문화는 구글링해서 알 수 있는 게 아니니까요, 그렇지 않나요?(연구참여자 #57*)

타지역에서의 교육이 다양한 인종과 민족의 문화적 배경에 대한 이해를 전제하고 있는 데 반해, 오랜 기간 상층 백인의 헤게모니가 지배적인 이 지역에서는 소수자 중 다수인 한인의 니즈와 관행을 이해하기보다는 계급적으로 동질적인 집단이라고 간주한 채 문화적 특수성을 크게 염두에 두지 않았음을 교육현장에서도 확인할 수 있었다. 또한 이는 다수의 한인 학부모 측에서도 적극적으로 전체 PTA의 특성을 익히고 융화하여 목소리를 내기보다는 정보를 전달받고 한국 관련 행사를 준비하며 별개의 조직 속에 행동하는 데 주력했기에 크게 달라지지 않은 양상이기도 하다.

VI

에스노버브의 역학

: 로컬의 동화 요구와 동질적 커뮤니티 내 다변화되는 한인

1. 지역 사회의 요구와 동화의 스펙트럼

1) 라카냐다 교육의 동력 : 좋은 교육환경의 의미

엘에이 카운티 내 학업수행지수가 가장 높은 두 지역 중 산마리노를 제하고 라카냐다를 선택할 때, 라카냐다의 교육환경이 좋다는 것은 어떤 의미에서일까? 전 장에서 논한 거주지 선택의 이유에서 그 의미를 어느 정도 유추할 수 있지만, 한인 거주자들의 시각에서 라카냐다 장소의 성격을 천착하기 위해 교육시스템, 상위 학생을 위한 프로그램, 학생 생활 케어, 교사 임용 등 좀 더 구체적인 질문들을 통해 그 의미를 살펴보았다:

> 라크라센타와 비교해볼 때 프로그램 같은 것도 약간은 차이가 있어요. 라카냐다는 일단 학부모들이 돈이 있고 학교에 신경을 많이 쓰기 때문에 공립이지만 준 사립 같은 곳이어서 액티비티

도 종류별로 다 있어요. 라크레센타는 일반 공립에 비해 좀 낫다 하는 정도라, 성적이 탑 아이들이 잘하는 정도인데 전체적으로는 그렇지 못한 아이들도 많죠. 그런 아이들과 랜덤하게 섞이는 걸 우려하기도 하는 거 같아요. 펀드도 적다보니 좋은 선생님 리쿠르팅이나 프로그램 확장 이런 데서 차이가 나는 거 같구요.(연구참여자 #4)

교육시스템이 별달리 도움을 준 건 없는 거 같은데요? 학교에서 잘 배워서 그런 건 아닌 거 같아요. 선생님이 잘 가르쳐서라기보다 부모의 관심과 아이들의 질이 확실히 다른 거죠. 사실 학군이 좋다고 하면 생활수준을 보지 않을 수 없어요.(연구참여자 #9)

제가 느끼기로 교사의 능력이나 그런 건 똑같아요. 교사가 잘 가르친다거나 학교가 뭘 더 제공한다거나 그런 건 별로 없어요, 차이는 부모들이죠. 저희 아이 4학년 겨울에 이사 와서 잘 어울릴 수 있을까 걱정했는데, 아이가 학교 첫날에 100% 좋다고, 선생님들이 나이스하다고 하더라구요. 저쪽(라크레센타) 선생님들은 부모님을 만만하게 볼 수 있었던 거고, 애들한테 험하게 야단을 쳐도 성질내도 아무 문제 없이 지나가는데, 여기는 교사가 뭐라 했다고 하면 부모가 난리가 나죠. 한인들도 저쪽은 감히 교사한테 컴플레인을 한다기보다 잘 보이려고 했었던 거 같고, 여기는 한인들도 컴플레인하는 분들이 많다더라구요. 또 친구들이 좋대요. 루드rude한 애들이 없고, 가정교육이 남을 생각하고 예의있는… 라카냐다는 엄마가 일을 하지 않는 집이 많아요, 아이가 더 귀한 집들이 많고, 어느 정도 이미 안정되고 걱정이 없어서 남편 혼자 벌어도 되고 자기 커리어를 줄여도 되는 집들이 많아요. 자기 전문직을 내려놓는 것에 대한 심리적인 경

제적인 여유가 있는 분들이에요.(연구참여자 #53)

패서디나에 남동생이 사는데, 교사들이 애들한테 잘하지 않는 경우 많다고 하더라구요. 여기는 학부모 영향력 때문에 ⋯ 학부모들이 교사를 정말 싫어하면 교사 안위에 문제가 생길 수도 있어요. 학부모가 커리큘럼이나 텍스트 선택에서도 발언권이 있구요.(연구참여자 #101*)

'교육환경이 좋다', '학군이 좋다'의 의미에 대한 라카냐다 한인들의 대답은 반드시 학교가 내는 성적만을 가리키지 않았다. 학교가 성적을 잘 이끌어내는 것 만큼이나(혹은 그 점보다) 아이 친구들의 가정환경이나, 학부모의 참여로 학교가 관리 감독되고 있는 측면이 자주 언급되었다. 학부모들의 펀딩, 학교 운영을 돕는 기금 모금으로 인해 대체로 옆동네 학군보다 프로그램이 낫다고는 하지만, 교사나 프로그램의 우수성보다는 학습의 빈 곳을 채우고 우수한 성적을 이끌어내는 부모의 역할이 반복적으로 언급되었다. 즉, 라카냐다의 좋은 교육환경이란 단순히 학업능력 면에서 우수한 환경이 아니라, 교육수준과 사회경제적 지위가 높고 교육에 대한 열성이 미국인의 평균을 상회하는 학부모들과 그러한 환경 속에서 자란 아이들이 형성하는 환경이었다. 교육에 대한 열성이 있는 부모들이 모이다보니 학업 실적에 대해 경쟁적인 분위기가 형성되는데, 공립학교로서 라카냐다의 학교는 초등까지는 대체로 만족했지만, 중등으로 들어가면 "한국 아이든 외국 아이든 사교육 없이는 따라가기 힘든" 상황이라 했다. 특히 대학 입학 성적과 직결되는 라카냐다 고교의 경우 경쟁적인 한편 "가르치지 않으면서 프로젝트를 던져놓으니 튜터 돌리면서 할 수밖에 없는"(연구참여자

#95)는 실정이었다:

> 학교 프로그램이요? 좋은 거 같긴 하지만 잘 못 느끼겠는 게,
> 공부가 여기가 쎄요. 공부를 많이 시키고. 저희 애도 공부를 잘
> 하는데, 잘하는 데도 쉽지 않을 만큼 경쟁이 쎄서 학원도 하고
> 튜터링도 많이 하죠.(연구참여자 #75)

> 아이들 책을 보면 3분의 1은 커버를 안한 채 학년이 끝나요.
> PTA 내에서는 대놓고 얘기를 안하는 게 이미 다 (다른 데서) 커
> 버를 하는 거 같아요. 큰 애가 8학년인데 9학년 수학반에 있는
> 데, 교사가 해야 할 챕터 중에 2개 밖에 못할 거 같으니 나머지
> 는 니들이 알아서 하라고 애들에게 말했대요. 이러니 학원을 안
> 다닐 수가 있어요? 라카냐다 학교 디스트릭트에서 주장하는 게
> 우리가 교육적으로 좋다, 수과학에 강하다, 그러는데 다른 애들
> 물어보면 점수 잘 받는 애들은 튜터를 둘씩 두고 있더라구요.
> 그래도 여기가 학폭이나 마약이 다른 지역에 비해 안전하다고
> 해서 그 비용을 내고 있다고 생각하구 … 미국 교육은 공부 외
> 다른 활동도 중시한다는 게, 스포츠, 발런티어, 합창 … 공부 외
> 사회적 기술을 획득할 수 있는 기회를 많이 오픈했다는 점이
> 좋은 거죠. 그렇지만 학교 교육이 사교육 없이 따라가기 힘든
> 부분은 문제죠. 미국에 오면 아이들이 여유롭게 학교 다닐 줄
> 알았는데, 중학교 가니까 숙제가 너무 너무 많아서 공부는 언제
> 할지 모르겠구요, 숙제가 너무 많아서 저녁 먹으러 나가기도 힘
> 들어요.(연구참여자 #64)

> 교육은 전혀 다르지 않아요. 학교 수준이라는 게 솔직히 학부모
> 의 수준, 환경인 거죠. 어울리는 친구나 백그라운드. 학교가 다

르면 왜 과외를 하겠어요. 성적은 다 과외 때문에 잘 되는 거에
요.(연구참여자 #98)

한국인이 많아지면서 학원이 많이 들어섰고 아이의 필요를 알아보
기에 앞서 학원에 보내는 풍토는 한국적인 방식이며 한국 아이들이
많아지면서 더 경쟁적이 되어 한인의 인구가 더 지금보다 증가하는
것은 바라지 않는다는 의견이 많았다. 그렇지만 동시에, 사교육을 알
아보고 경쟁적인 환경에서 교육에 '극성'스러운 것은 라카냐다의 백인
도 마찬가지이거나 종종 더하다고 입을 모았다:

여기 치마바람이 쎄죠. 다른 데 미국 학부모보다 여기 학부모들
이 그래요. 한국 사람들이 학원 보낸다면, 여기는(백인들은) 쫓아
다니면서 운동시키고, 튜터 붙이고 학교 와서 발런티어 하고 선
생님들과 더 좋은 관계 맺고 … (연구참여자 #29)

여기 미국 사람들은(백인) JPL, 여기 나사에서 일하시는 그런 분
들한테 과외를 받더라구요. 쿠몬(구몬)도 많이 시키는 거 같고
… 칼리지 컨설팅은 원래 미국 사람들이 시작한 거구요. 아이
비 코치라는 데가 있는데 msnbc에서 자기네 커버한 거를 링크
해놔서 봤더니 주니어(고2) 세컨 세메스터부터 원서 끝날 때까
지 15만 불을 받는데요, 여기 미국 사람들은 그런 액수를 낼 수
있는 사람들이 많으니까. 저희가 생각도 못하는 그런 어마어마
한 액수를 투자하고 어렸을 때부터 유치원부터 로드맵을 짜는
거죠.(연구참여자 #12)

연구참여자 #12: 라카냐다 하이스쿨 부모 페북이 있는데 누가 스
패니쉬 튜터 구한다 하면 주루룩 정보가 올라와요, 다 꿰고 있다

는 거죠. 다들 튜터 인포는 꽉 잡고 있더라구요. 부모들이 교육 수준은 높은데 애한테 헌신하느라 직업 없는 엄마가 많아요.
연구참여자 #29: 아빠 인컴 많아서 수입 걱정 안해도 되니까 …
연구참여자 #12; 그런 엄마들이 보통 PTA 나가서 설치죠. 하하.
(포커스 그룹 면담 중 연구참여자 # 12, 29)

어드밴스 매쓰 프로그램 들여오는 거, 교장이 거부했지만 들여온 케이스죠. 싸워야 해요, 그 프로그램 생기니 집에 와서는 (과외 안하고) 테니스 칠 수 있어서 좋았어요. 학부모가 그런 걸 주장할 수 있어서 가능했던 거죠. 여기 엄마들이 전업주부 아니에요. 회계사, 변호사 등등 전문직 부모들이어서 요구하는 거 많고, 중요한 사안이 있을 때 부모들이 힘을 발휘해요. 그러니 여기 교육 보드는 부모들 피곤하다고 싫어하지만 우리가 내는 펀드로 자기들이 샐러리를 받으니 친절할 수밖에 없어요.(연구참여자 #58)

"부모의 수준이 높아서" 혹은 "콧대 높고 기 센 엘리트 백인들이 많아서", "선생도 맘에 안 들면 갈아버릴 정도로 … 학교가 잘 못하는 것을 그대로 내버려두지 않는다"는 점은, 그 공격적 적극성이 익숙지 않아 한인 부모들이 고개를 내저으면서도 좋은 교육환경으로 공감하고 있다고 거론하는 점이었다.

이와 같이 교육수준과 사회경제적 수준이 높아 적극적인 자기 주장을 서슴치 않으며 다른 한편 자발적 참여와 자원봉사, 노블리스 오블리제noblesse oblige를 지역의 에토스로 삼고 있는 지역에서, 이러한 장소의 성격은 한인들의 삶과 어떻게 연결되고 있을까. 한인이 백인 다음의 다수자이지만, 절대적 다수이자 오랜 기간 이 커뮤니티의 성격을 주조해온 주류가 백인인 이 동네에서 한인의 삶은 어떻게 영향을 받으며 또 한인의 대응은 어떤 반응을 불러일으키는지를 일상과 교육의 장을 중심으로 살펴본다. 교육의 장에 주목하는 것은 대다수의 라카냐다 거주자들이 학부모로서 지역에 진입했거나 거주하고 있기 때문이다.

2) 라카냐다에서 소수자 중 다수자로 살기

라카냐다는 한인 인구가 백인 다음으로 많이 모이면서 전 장에서 언급한 것처럼 한인으로서의 에스닉 니즈를 불편함 없이 충족할 수 있는 상권이 형성되어 있다. 라카냐다 한인의 생활권 내에 한인 마트가 라크레센타에 1군데, 라카냐다에 한군데 있어서 한인의 식생활을 유지하는 데 불편함이 없다. "한의원도 있고 케이터링하는 분식, 반찬 집도 있고 학원이나 한인 상대의 은행Bank of Hope, 종합정비소, 옷수선하는 세탁소도 있다"(연구참여자 #4). 또한 LA의 대형 찜질방보다는 작지만 근처 라크라센타에 면한 터헝가에는 한국식 때밀이를 하는 한국인 경영의 찜질방도 있으며, 온누리 교회가 그리 멀지 않고 터헝가에 규모 450명 정도의 한인 성당도 있어서 15분 가량이면 한인 교회와 성당에 갈 수 있다. 그 외 한인에 특수한 업체는 아니지만 구석구석에 식당 등 한인이 경영하는 업체도 꽤 있다. 부동산, 변호사, 병원의 경우도 LA나 근처 도시에 한인이 많아서 미국 병원을 가더라도 한인 의사를 만날 수 있다:

> 의료 용어는 어렵잖아요. 마켓 가서 물건 사는 거랑 다르니까 미국 사람하고 하면 너무 불편하죠. 이 동네는 없지만 한인타운까지 2-30분이면 가는데 한인병원 너무 많아요. 애 낳을 때 미국 의사였는데, 병원에서 뭘 물어보는데 할 말이 오케이 밖에

없는 거야. 아파죽겠는데 오케이 … 하하.(연구참여자 #9)

　한인들, 특히 1세 한인들은 한인 교회나 성당에 가고 직장도 코리아 타운에 있거나 한인을 상대로 하는 경우가 많고 여가 시간에 어울리는 이들도 한인인 경우가 많다. 이런 연유로 대체로 학교 외에는 크게 마주치는 일이 없다 보니 백인 다음의 다수자라 해도 "불편하게 두드러질 정도는 아니라고" 한다. 보통 교외 도시에서 한 인종집단이 30%가 넘으면 백인이 거부하거나 나가는 경향이 있는데 라카냐다의 한인은 "가시성의 측면에서 아직 티핑 포인트에 오지 않았다"는 의견도 있었다(연구참여자 #67*). 최근 들어서는, 라카냐다에 산이 많다고 기피했던 중국인들도 조금씩 증가하고 있는데, "백인들이 차이니즈는 굉장히 싫어하는 반면 코리안은 좋게 보는 거 같다"고 여러 연구참여자들이 입을 모았다[1]. "라카냐다 백인들은 옷 입는 거니 차 모는 거나 (외적으로도) 그런 걸 어느 정도 유지하고 싶어 하는데 그래서 코리안이랑 잘 맞는 거 같고 … 여기 백인도 에듀케이션에 프라이오리티 priority를 주는데 코리안이 교육에 컨트리뷰션이 있다 보니까 코리안이 나이스하다고 생각한다"(연구참여자 #98, 99*)는 의견도 있었다. 분명한 것은 소수의 1세와 영어가 모국어인 1.5세 및 2세를 제외한 대다수 라카냐다 한인의 삶은 "작고 촘촘하게 엮여 서로가 서로를 잘 아는" 라카냐다의 직조에 인종/민족을 가로질러 같이 촘촘히 얽혀있지 않다

---

1) 흔히 교육환경이 좋은 곳에 중국인도 몰려드는 데 반해 라카냐다의 중국인 비중은 매우 적은 편이다. 이에 대해 "중국인들은 평수이 風水를 믿어서 산은 안좋다고 믿고 산마리노처럼 평평한 곳을 좋아한다"는 의견이 퍼져있다. 실제로 라카냐다 교육구에서도 "평수이 덕에 중국인이 적으니 좋다"*는 식으로 은밀하게 선호도를 내비치기도 했다.

는 것이다. 그러다 보니 이 곳의 교육이 지향하는 바와 교육하는 방식, 여가를 보내고 사람들과 관계 맺는 방식이 체화되지 않은 채, 종종 한국에서의 방식이 자본으로 대응하는 이 곳의 방식과 혼재하여 드러나곤 한다. 특히 기존의 주류 커뮤니티와 차이나는 모습은 다음의 언급에서 드러나듯 여가를 보내는 방식이나 스포츠, 학교 밖에서 자녀를 교육하는 방식 등에서 잘 나타난다:

연구참여자 #4: 미국사람들 야구 진짜 좋아하는데, 야구는 시간이 많이 걸리잖아요. 그냥 패밀리가 다 아이스박스 들고 와서 앉아서 올데이 애들 야구하는 거 기다리면서 보고⋯ 그런 데서 미국 엄마들 사이에 말도 많고 좀 그렇대요. 한국 엄마들은 그냥 애 드랍해주고 가버리는데, 그 사람들은 할아버지부터 죽치고 앉아서 종일 거기서 보내는 거에요.

연구참여자 #12: 미국은 엄마 등살보다 아빠 등살이 더 힘들다고⋯ 그 사람들 그런 데 참 열심이에요.

연구참여자 #4: 컬쳐가 좀 달라요 그런 걸 되게 인조이하더라고. 나는 우리 애 뛸 때나 가서 자세히 보지 그 다음엔 별 관심 없는데, 미국 엄마들은 니애 내애 할 것 없이 막 옆에서⋯ 우리 애가 뛸 때도 울아들 이름을 나보다 더 많이 부르고 그러더라고.

연구참여자 #12: 저희 메모리얼 데이 위켄드에 이 동네에서 퍼레이드를 해요. 근데 퍼레이드 아무것도 없어요. 그냥 트럭이 한번 지나가고 그 다음에 오픈 카에서 메이어mayor가 손 흔들고, 그 담에 여러 그룹이 그냥 마치march를 하거든요. 미국 사람들 앉아서 그걸 다 보고 있어요⋯ 못하는 밴드 데려와도 사람들이 와서 보고 동네 프리스쿨 애들이 마칭다운 하는 거 아무것도 아닌데 동네 사람들이 다 나와서 보고⋯ 남편이 그러더라구요, 저게 미국의 저력이라고. 아무것도 아닌 거에 동네 사람들이 나와서 다 격려해주고 참여하고, 동네를 위해서 서로 얼굴 내밀고 친해지고 … 그리고 또 Sunday in the park 그래가지고 여름에 선데이에 애들 공원에 데려가서 … 사람들이 몇 시간 전에 와가지고 folding 체어 가져가서 앉아서 먹으면서 친구랑 얘기하면서 음악 듣는 거예요. 우리는 지나갈 때마다 남편이 저기서 음악을 어떻게 듣고 앉아있냐고 하는데 …

연구참여자 #4: 그러니까 얘네들은 어릴 때부터 할아버지 할머니 엄마 아빠가 다 그런 거 좋아하고 그래서 커서 자기들도 그거 즐기는 거고, 계속 그게 내림이 되는 거지. 우리는 우리가 안 좋아하니까 안 가게 되고 구경만 하고 그러니까 애도 별 생각 없는 거고.

연구참여자 #12: 그리고 그 사람들은 조그만 것도 굉장히 어프리시에이트appreciate 하는 거에요.

연구참여자 #4: 왜 우리 동네에 그 메모리얼 파크에서 항상 와인 테이스팅도 있고 뭐 매번 마켓도 서고 그렇더라고요, 근데 우리 한국인들 아무도 안 가죠? 맨날 외국인들만 있고 …

연구참여자 #12: 아니에요, ○○ 씨 같은 경우는 다른 엄마들이랑, 애들 친구들 엄마들이랑 … 애들이 거의 다 미국애들이랑 놀거든요.

(포커스 그룹 면담 중 연구참여자 #4, 12)

1세든 1.5세든 한인들은 "쓸데없어 보이지만" 가족이나 이웃과 함께 시간을 보내며 거기서 교류를 하고 부대끼며 삶의 즐거움을 찾는 지역 '미국인'의 특성을 이야기하며 대다수의 한인이 그에 참여하지 않고 있음을, 시간에 의미를 부여하는 방식이 다르고 살아가는 방식이 다름을 확인한다. 다음의 연구참여자들은 특히 스포츠, 그 중에서도 팀스포츠와 관련된 삶의 방식이 자녀의 교육방식과 어떻게 연관되고, 많은 한인들이 이를 회피함으로써 지역의 혹은 '미국인'의 삶의 방식에서 얼마나 비껴가고 있는가, 스스로 소외되고 있는가를 피력했다:

> 스포츠는 여기서 굉장히 큰 부분이에요, 한국 사람이 인정 안하지만. 울 아들은 워터폴로 했는데 … 우리는 스포츠를 무조건 해야 한다는 남편의 그게 있었고 그러다보니 공부는 손해 봤죠. 내가 일을 안하고 다른 한국 엄마들을 만났다면 달랐을지도 모르는데 그냥 미국에서 뭐 저렇게 한국식으로 과외를 많이 하고 저렇게 하지? 그 생각만 했어요.
> 한국 애들은 팀스포츠를 하다가도 못해요. 안하는 거에 표면적인 이유는 애들 공부시간이 뺏겨요. 근데 인성에는 정말 좋고, 미국 생활을 아는 데 그거보다 더한 게 없어요. 근데 또 왜 안하느냐면 엄마들이 서바이벌을 못해요. 미국 엄마들이 왕따를 시키느냐면 전혀 그렇지 않아요, 저희 큰 애(딸)도 축구를 했는데 어릴 때부터 AYSOAmerican Youth Soccer Organization이라고 누구나 하는 거. 미국에서 애들 한번씩은 다 들어가요. 여기는 학교 스포츠가 있고, 학교 밖의 스포츠, 클럽이라고 하는데, 그 두 개를 같이 못해요. 근데, 한국 엄마들은 그 시스템을 알지도 못해요, 안했기 때문에. 국민학생 때는 학교 스포츠팀이 없잖아요. 그래서 클럽을 하면 all year around 일 년 내내 해요. 그게 나중에는 급이 나눠져서 뽑혀야 돼요. 중학교까지도 괜찮아요. 고등학교 가면 학교마다 팀이 있고 모든 레코드가 다 올라가는 거에요. 학교 시즌에는 프라이빗 팀(클럽) 때문에 못하는 일이 없게 법으로 정해져 있고 그런 법들을 다 지키더라고요. 아무도 보지 않는 거 같지만 다 지키면서 살아요. 스포츠를 하면서 알게 모르게 미국의 규칙을 배우죠. 이 사람들이 엉터리 같아도

뭘 중요하게 생각하는지 … 여튼 클럽을 하면 자기네 리그도 있고, 꼭 프로같이 스카웃도 하고 시즌 끝나면 팀도 옮기고 하는데, 토요일 일요일은 거의 게임을 해요. 잘해서 한다기보다 그런 토너먼트 게임이 무궁무진하게 있어요. 자기네들끼리 모여서 돈 내가면서 하는데 … 축구는 하루에 적어도 두 번 세 번 해요. 온 식구가 하루를 다 보내는 거에요. 일단 거길(경기 장소) 가서 하루 종일을 열 몇 명의 다른 식구들이랑 거기서 보내야 하는 거에요. 처음에는 굉장히 부담스러웠죠. 영어를 못하니까 웃는 걸로 떼울 때도 많고. 그걸 못해서 한국 엄마들이 잠깐 해볼까 하다가도 그만두는 거에요. 그걸 에브리웍, 에브리먼스, every week, every month 일 년에 못해도 3주 빼고 다 하는 거에요. 다른 주도 가고 … 그게 완전히 미국인 생활이고 그걸 통해서 서로 알게 되고.

스포츠가 여기서 크다는 걸 알지만, 한국애들은 개인 스포츠를 많이 하죠. 수영, 골프 … 여기 와서 많이 어메리카나이즈드 됐다고 하지만 아빠들은 주말에 골프 쳐야 하고 엄마들 혼자 그거하기 버거운 거에요. 1세들은. 제 생각엔 그게 젤 큰 거 같고. 그 담에는 애들 시간 낭비하는 거 같고. 팀스포츠 하다보면 자기 애가 못하면 그거 못 견디는 거죠. 라스베이거스까지 비행기 타고 갔는데 애가 한 번도 못 뛰어보고 2박3일 있어야 하니 … 그리고 교회. 일요일에 게임 있으니 교회 못가잖아요.(연구참여자 #98, 99*)

대다수의 미국인이 성장 과정 중 전국적으로 조직된 스포츠 클럽에 참여하며 팀스포츠를 하는 관행이 있고, 그 속에서 일년 내내 매주 주말 여러 차례의 경기를 치르면서 참여하는 학생의 가족들 간에는 스포츠 정신 하에 잘하고 못하고를 떠나 응원과 격려, 그 외의 다양한 사회적 접촉이 이루어진다. 언어와 문화적 낯설음을 무릅쓰고 참여했던 연구참여자 #98, #84 등의 경우, 그런 과정을 통해 자녀는 성장하는 대다수의 미국인과 어린시절을 공유하고 부모는 라카냐다와 '미국인'의 시각에서 관계의 형성, 교육, 자녀의 성장에 대해 사고하게 되었다. 한편, '미국' 부모들이 학업 시간을 희생하면서까지 스포츠에 열성적인 것은 스포츠를 통해 대학 특기자 입학 기회를 염두에 둔 것이고, 한인 등 아시아인은 백인이나 다른 인종과 경쟁하여 스포츠로 두각을 나타낼 가능성이 높지 않아 그에 편승하지 않는다는 언급도 차이에 기반한 부모로서의 전략적 선택일 수 있겠다. 그러나 가족이나 커뮤니티의 일에 시간을 할애하는 것은 스포츠에서만이 아니고, 내 아이가 두각을 나타내지 않아도 자녀가 소속된 집단 전체에 주목하고 응원하는 모습은 다른 분야에서도 언급되고 있음을 볼 때 반드시 대학 입학과 관련된 관행이라기보다 한인이 체화하지 않은 라카냐다(혹은 미국) 문화의 일면이라 보는 것이 타당하다. 라카냐다 고교의 오케스트라부에는 전체 80명 중 40명이 한인 학생인데, 지도 교사로부터 "한국 아이들이 이렇게 많은데 부모들이 왜 참여를 잘 안하느냐"는 말을 자주 듣는다고 한다.

> 백인 애들 많은 합창단은 잘하지도 않는데 홍보도 많이 하고 자부심이 많아요. 실력도 그저 그런데 합창단은 티켓값까지 받으면서 콘서트를 열어요. 그런데도 남는 자리가 없을 정도고, 작은 규모로 콘서트 해도 동창들이 다 모여요. 미국애들은 그런 식으로 자기애들이 잘하든 못하든 서포트하는데, 그게 기를 살리는 방식인 거 같아요. 반면에 오케스트라는 애들이 잘해도 기

가 죽어 있죠.(연구참여자 #25)

자녀의 학교생활에 학부모로서 개입하는 양상이나 여가를 보내는
방식과 관련, 지역 공동체가 함께 모이는 계기에 참여하지 않는 모습
에서도 알 수 있듯, 1세 한인 학부모들이 지역의 백인 커뮤니티에 쉽
게 스며들지 못하는 데에는 언어적인 불편함 외 다양한 요인이 작동
한다. 앞서 연구참여자 #4의 언급에서 시사하고 있는 것처럼 여가와
관계를 구성하는 '컬쳐'의 차이일 수도 있고, 거주 한인 중 부부가 모
두 자바업 등 바깥일을 하느라 자녀의 방과 후 및 주말의 일상에 내내
참여하기 힘든 경우도 많다. 또한 많은 한인들의 자기비판성 언급에서
제기하듯, 내 아이 혹은 나에게 직접 이해관계가 주어지지 않을 듯한
공동체의 일에 관여하거나 나서는 것에 문화화되지 않은 것도 고려해
볼 요인이다.

학부모회의 경우, 전체 학부모회는 가지 않고 한인 학부모회에만 참
여하는 것은, 위에 열거한 요인들 외에, PTA에서 쉽게 끼어들지 못할
아우라를 풍기며 목소리를 내는 지역 엘리트 백인 학부모들이 지니는
특성과도 관계가 있다. "교육수준 높고 인종차별도 없이 나이스한" 라
카나다 주류 거주자들의 특성은 커뮤니티를 매력적이게 만드는 좋은
교육환경 형성의 요인이기도 했지만 언어가 완전히 편하지 않고 문화
가 익숙지 않은 한인들의 경우 "쌀쌀하고" "벽이 느껴지는" 요인이기
도 했다:

여기 PTA 프레지던트들은 막 다 프린스턴 나온 여자, 스탠포드
나온 애들이에요. 미국 전체로 봐도 extreme minority죠.(연구참
여자 #12)

166

라카냐다는 미국 0.1%의 삶이에요. 미국인의 0.1%일 때 한국사람이라면 더더욱 갭이 있죠. 한국사람의 교육과 문화가 여기 미국인과 매치되지 않기 때문에 쌀쌀하다고 느낄 수 있어요. 내가 느끼기에는 이곳 사람들 눈에 수준이 안 맞는다고 생각해서 그렇게 대하는 것일 수도 있고. 농사짓다 졸부가 된 사람이 도시로 온다고 해서 비슷한 레벨의 삶을 산다고 생각할 수 없는 거랑 같은 거죠, 지식만이 아니라 언어, 에티켓, 생활방식 등등…

(연구참여자 #19)

그림 6.1 라카냐다 고등학교 학부모회(2017년 2월)*

그림 6.2 라카냐다의 팜크레스트 초등학교 학부모회(2017년 2월)*

　"한국 사람이 많다 해도 PTA나 학교행사나 다 미국 사람 중심"인 것은 "다른 데보다 여기가 특히 더하다"(연구참여자 #29)고 한다. 즉, 이러한 모습은 단지 미국이거나 백인 사회에서 보이는 공통적인 특징이 아니라 라카냐다 구성원이 형성하는 특성으로 이야기되었다. 교육과 경제적 수준이 높은 것과 더불어 상응하는 공격적 적"극성"과 그를 구사하는 격식은 다른 지역의 백인 사회에서는 경험하지 못한 것이었다:

　　내가 옆동네에 있을 때는 학부모회 하면 한국 사람들 말발이 좀 셨어요. 근데 딱 여기 오니까 백인들이 다 잡고 흔들던데. 미국(전체) 학부모회에 가보면 동양계 엄마 하나, 중국 엄마 하나 아니면 어쩌다가 가끔씩 코리안 아메리칸 엄마가 하나… 근데 우리는 무조건 입다물고 있는 거죠. 듣기만 하고.

　　이 동네 백인 엄마들은 다 전력이 무슨 어터니attorney였다 뭐 이런 사람들이 모여서인지, 학부모회도 무슨 컨퍼런스처럼 약간 포멀하게 하더라고요, 좀 달라요 방식이. 우리처럼 이렇게 반 수다 이런 식이 아니고 굉장히 좀 포멀하게 좌악~ 아젠다 딱 돌려가면서 하나 이야기하고 넥스트, 넥스트 하면서 자자작 이야기 쫙 끝내고 커피는 다른 데 가서 마시고 이래요. 그렇게 포멀하게 하고, 나와서 어드레스도 하고, 안건 같은 거, 모든 학교 이끌어 가는 것이 사실 다 백인들이 끌어간다고 보면 돼요. 우리 입김은 별로 없는… 그나마 몇몇 엄마들이 좀 떠들어 가지고 그래도 코리안 학생이 좀 있지 않느냐 해서 관심 좀 갖게 하고, 또 코리안 PTA에서 티처들 런치 그런 걸 해마다 이벤트를 해서 조금 코리안이 이런 것도 하네? 이런 정도지 실제적으로 모든 결정권은 다 그쪽에 있어요.(연구참여자 #4)

또한 백인 부모들이 주도하는 PTA의 헤게모니는 그들이 지역에 기부하는 자금의 힘에서 나오기도 한다. 라카냐다의 백인들 중에는 한인이 상상하기 힘든 수준의 액수를 내는 이들도 많고 그런 만큼 학교나 커뮤니티의 일에 발언권을 행사한다:

교육재단에서 모금하는 펀드가 1년에 뭐 밀리언 이 정도 돼요. 그 돈으로 PTA에서 선생님들도 하이어hire하고 하이어할 때 PTA 학부형이 나오기도 해요. 다른 동네는 안그렇죠, 백인들 입김이. 자기들이 돈 내주니까 자기들이 선생님들 하이어도 하고 또 학교에 뭐 필요하다면 100만 불을 쓰는 데 백인들이 다 결정해서 쓰는 거예요. 이번에 스포츠에 돈을 얼마 주자, 뭘 얼마 하자… 우리도 돈은 내죠. 정작 그 돈을 어디에 쓰는지 디시전decision 하는 데 우리는 그냥 구경꾼일 수밖에 없어요, 액수가 적어서. 물론 이제 우리도 돈을 내기 때문에 우리 코리안 클래스 개설해 달라 어째라 이런 거는 있어요.(연구참여자 #4)

"랭귀지 배리어language barrier랑 컬처 때문에 대부분 PTA 접근 자체를 조금 어려워한다"(연구참여자 #2)고 할 때, 접근하기 어려운 '컬처'에는 이와 같이 '엄마들의 모임' 같지 않은 분위기도 한몫한다. 출석한다 해도 끼어들어 발언하기 어려운 분위기 속에서 점차 학부모회에 참여하지 않음으로 인해 생기는 공백을 메우기 위해, 즉 "학교로부터 전달되는 정보를 받으면서 학교에 도움도 주기 위해" 한인학부모회, 카파가 생겨났다. "학군 좋은 곳에 한인이 모이고 한인이 많으니 우리 힘을 키우자고 한인 부모들이 모이는 것"(연구참여자 #2)으로서, 한인 학부모가 개별적으로는 의견을 내기 힘들고, 학교 관련 정보를 받을 통로가 없다고 느껴 "단체로 학교를 상대하고 펀드라이징 등을 해서 한인의 이미지를 좋게 한다는 목표를 가지고 있다(연구참여자 #2).

한인학부모회는 2016년 1월에 참여 관찰한 라카냐다 고교의 카파 모임에서처럼 대체로 약 25명 정도가 정기적으로 모임에 출석하며 매월 모임을 가지는 것을 원칙으로 한다. 영어가 더 편한 2세의 경우, 전체 학부모회를 두고 분리하여 모이는 데 대해 공감하지 못해 거의 참석하지 않는다. 한국어와 영어에 모두 능통한 1.5세 학부모가 회장이 되어 전체 학부모회에 참석해서 거기서 나온 소식을 카파에 전달하고 또 카파의 한인 학부모들과 학교 간의 소통을 담당한다. 카파에 모여 행사 때 돕는 학부모들과 마찬가지로 회장은 자원봉사를 하는 것이라, 회장의 개인적인 사정으로 수행할 수 없거나 한인들간 뒷담화로 인해 모임을 이끌어가는 데 부담을 느낄 경우 공석이 되고, 회장이 없으면 카파의 근본 기능을 잃게 되기 때문에 그럴 경우 2017년 라카냐다 고교의 경우처럼 카파 모임이 중단되기도 한다. 카파 회원들이 꼽는 가장 큰 행사는 1월 혹은 2월에 여는 한국 음식 대접 행사, 'Teachers' Lunchoen'으로서 카파 회원들이 기금을 내고 초청장을 만들어 발송하며 코리안 바비큐(갈비) 등을 직접 준비해서 교사들에게 대접한다. 한국 음식을 나누는 활동을 학부모들이 주도함으로써 한인이 이 지역에, 한인 학생들이 라카냐다에 상당수 함께 하고 있음을 일깨우면서 집단적 메세지를 전달한다는 데 의의를 두고 있다:

> 연구참여자 #55: (카파에 나오는 사람이 줄어든다 해도) 근데 있긴 있어야 돼.
> 연구참여자 #54: 있어야 돼. 그나마 그게 있어야 … 그게 치맛바람이 아니라 학교에서 인정하는 단체로서 있어야 돼. 우리는 여기 살면서 알게 모르게 인종차별 많이 받아요, 솔직히 그래요. 그런 것도 없으면 안되죠.
> 연구자: KPTA가 인종차별을 누그러뜨리는 역할을 하고 있나요?
> 연구참여자 #12: 아무래도 밥을 한 번씩 먹여주니까, 호감도 생기고 …
> 연구참여자 #55: 단체로서의 통로가 되니까요.
> (포커스 그룹 면담 중 연구참여자 #12, 54, 55)

집단의 의사 전달 통로가 필요하다는 생각은, 겉으로는 차별적 아이디어를 내비치는 교양 없는 행동을 하지 않는 동네이지만, 여러 이야기와 사건들을 통해 은연중에 모두가 소수자로서의 위치를 체감해왔기 때문이다:

> 첨에 애가 이 동네 백인 애들이 다른 데보다 좀 쉽게 친하려고 하질 않는다고 그러더라구요. 그건 여기 백인 엄마 아빠들 영향이지 않나 … 동양계랑 친한 거를 은연 중에 좀 꺼려했다던가 아니면 부부끼리 대화에서 동양계를 약간 무시하는. 우리가 멕시칸을 무시하는 말을 하듯이 그런 걸 애들이 어려서부터 들었기 때문에 그럴 수 있지 않나 생각돼요. 그리고 학교에서 노스

코리아 얘기를 많이 한대요, 백인 애들이. 처음에 우리 애가 자꾸 노스 코리아에 대해서 아주 안좋게 이야기를 막 하는 거예요, 나는 그런 이야기를 해 준 적도 없는데? 백인 애들한테 들었대, 노스 코리아 웃긴다고 깔깔거리고 이러는 거예요. 난 속으로 좀 섭섭했어요. 자기 부모들이 그런 이야기를 (나쁘게) 하니까 (애들이) 학교에서 코리아를 붙이면서 비웃고 그러겠죠?(연구참여자 #4)

소수민족의 비애라고 할까, 이 동네가 선생님부터 아이들까지 인종차별이 실제로는 심해요. 있는 가정의 주류 아이들은 마약과 술을 해도 자연스럽게 이해해줄 수 있다는 게 녹아있는 동네. 그만큼 부모가 파워풀한 동네이기 때문에 자기 변호사들이 그런 걸 다 커버하고 묻어가는 동네. 그런데 걸려드는 건 상대적으로 힘없는 소수민족 가정의 아이들이죠. 폴리스 디파트먼트에 연행되는 걸 여러 번 봤어요. 그런 데서 딸은 인생이 불균형하다는 비판적인 사고가 자랐어요. 있는 자 없는 자의 불균형함이 아이 눈에 비춰지고. 똑같은 액션에 대해서도 백인 아이에게 학점이 더 주어지고 좋게 평가되는 걸 억울해했고… 이런 점은 행복하지 않았던 하이스쿨이었어요.(연구참여자 #66)

AP Europe 수업 시험 때 1교시에 본 애들한테 2교시 볼 애들이 무슨 문제 나왔냐고 문자로 물은 적이 있었대요. 그 문자를 어떤 애가 캡쳐해서 교사에게 보내고 한인 학생이 징계를 F를 받았어요… 이런 일을 보면서 한국 엄마들이 PTA를 해서 파워를 키워야 한다고 얘기를 하기도 했어요. (학교가) 잘 하는데, 부당하게 당하는 건 없는 거 같은데… 뭔가 (한인애들이) 조금 잘못했을 때 눈에 띄고 더 돌 맞는 듯한 느낌은 있죠.(연구참여자 #26)

172

그림 6.3 2016년 1월 라카냐다 고교 KAPA 모임*

그림 6.4 2018년1월 라카냐다 고교 KAPA 모임 /
모임에 참석하여 행사 공지하는 학교 교감*

카파가 전체 PTA와 유기적인 관계 속에 하나의 서브 그룹의 기능을 하는 것은 아니지만, 일 년에 한번이라도 힘을 모아 행사를 진행함으로써 소수자이지만 언제든 결집될 수 있는 집단으로 존재하고자 하는 것이다. 이러한 카파 회원들의 대의와 달리, 한국어가 불편하고 전체 PTA와의 연계가 부족해 참석하지 않는 2세 외에도 한인 간 모임에 대한 인식의 차이와 한인 개개인의 관행에 대한 불만으로 인해 학부모회가 전체 한인 학부모들의 융화를 이뤄내고 있지는 못하다. 카파내 "모이는 사람들의 마음은 한결같지만", "소수민족의 위상을 높이기 위해 존재하는 거라 해도 그에 대한 공감이 부족하다"(연구참여자 #75)는 것을 많은 이들이 언급했다.

이전에는 보통 회장이 전체 학부모회에 참석하여 그곳에서 논의된 것을 카파에 전달했었는데, 참여관찰을 한 2016년 1월의 모임에서처럼 종종 교장이나 교감, 특정 교사가 모임에 나와 중요한 이슈를 따로 전달하기도 한다. 카파가 한인 학부모를 대표하는 단체로 여겨지고 있음을 알 수 있다. 그렇게 전달되는 '정보'란 대체로 학교가 새로 시작하는 커리큘럼이나 캠페인, 학제 등 학교에서 학부모에게 전달하는 사항이고 종종 지역 내 학원에서 나와 대학컨설팅 데모를 하는 식의 홍보를 하기도 한다.

그런데 한인 학부모들 중 상당수는 카파에서 전체 PTA나 학교와의 소통 내용 뿐 아니라 미국에서 어떻게 공부를 시키고 입시에 대응해야 하는지, 학원이나 튜터, 대입 계획과 디자인에 대한 팁을 듣기를 바란다. 실상 후자는 학부모들이 소통하고 뭔가를 의논하는 자리에서 충분히 나눌 수 있는 이야기의 한 부분이지만, "큰 틀이 있어서 진행되는 전체 PTA와 달리"(연구참여자 #29), 즉 학교의 커리큘럼과 기타 운영 사항을 검토, 감독하고 의견을 제기하는 활동과 달리, 카파는 학교에서 주는 정보를 취합하고 거기에 대응하는 것이 주가 되다 보니 종종 카파를 학업이나 입시 '정보를 얻는 창구'로 여기는 이들도 있다. 그런 이유로 한국에서 온 학부모들 중 "KPTA에서 특별한 정보가 있는 줄 알고 오다가 그렇지 않으니까" 점점 나오지 않아 출석이 줄어드는 모습도 나타난다. 한편, 먼저 한국에서 와 거주해있던 한인 1세 및 1.5세 중에는 자연스럽게 소통하고 공유할 수 있는 학업 관련 정보를 나누지 않으려는 배타적인 모습을 보이는 이들도 있다. 한국의 사교육 시장에서 학업 관련 정보를 특정 학부모들이 "끼리끼리" 공유하던 관행이 복제되어 옮겨온 듯한 모습이 있었고 그에 대한 불편함이 공유되고 있었다. 이는 라카냐다 한인 전체의 모습이 아님에도 불구하고 한인들 간에 '한국인의 불편한 특성'으로 이야기되기도 한다:

> 제가 카파에 나가기 시작한 이유는 그거예요. 한국에서 바로 온 엄마들이 정말 정보가 없어가지고 뭐가 어떻게 돌아가는지 모르는데 … 전부터 모이는 엄마들 중에, 좀 오래 살아가지고 영어도 좀 하고 학교에 좀 인발브involve 되고 그런 엄마들이 그렇게 자기네들끼리만 알고 정보를 안줬대요. 그래서 제가 나가기 시작했었거든요.(연구참여자 #12)

> (튜터) 선생님 같은 경우도 좋은 사람이 있어도 (정보를) 쉐어를 안해요. 한국 부모들. 약간 탑권에 있는 그런 애들의 부모들은 절대 쉐어를 안해요. 다른 동네는 하죠! 되게 웃기더라구, 그게 뭐 대단한 거라구. 대놓고 거절해요. 물어봐도 그래요, 알아볼께요 하고 연락이 없어요. 자기애만 잘하려고 그러는 거겠죠?(연구참여자 #73)

중국엄마 한국엄마가 가장 공부에 예민하다고 얘기하는데, 다만 중국엄마들은 같은 중국인들끼리 쉐어를 하는 반면, 한국인 엄마들은 안가르쳐주고 숨긴다고 해요. 근데 그 모습은 제 생각엔 한국에서도 그랬기 때문에 여기 와서도 그러는 거 같아요. 한국에서도 제가 애를 키우면서 일을 했기 때문에, 뭘 좀 물어보면 강남 엄마들이 어떻게 발품을 팔아서 얻는 건데 하면서 안가르쳐 주려고 하더라구요. 그리고 끼리끼리 어울리려고 하고 ··· (연구참여자 #55)

라크라센타에서는 학부모를 많이 만났는데, 거기선 그렇게까지 우리 새끼, 우리 정보 ··· 그러진 않았어요. 여기도 굴욕을 뚫고 굽신굽신하며 들어가다 보면 어마어마한 정보가 있대요. 자기들끼리 튜터링 구성하는 그런 정보 ··· 그게 결국은 애들을 만들어간다는 생각이 들었어요. 그 코스가 딱 있어요. 어떤 튜터를 만나야 되고 뭘 가지고 대통령상을 받아야 되고, 국무총리상을 받으려면 어떻게 해야 되고 ··· 딱 가이드라인이 있고 그 코스에 들어가야 되는 거야, 안그러면 큰일 나는 거야.(연구참여자 #96)

1.5세 중에서도 미국 시스템과 대입 과정에 대해 잘 알고 좀 더 '미국적'인 시각에서 보는 이들은 "미국에서 웬만한 잡job은 어떤 대학을 나오든 사회성과 커뮤니케이션 스킬을 가지고 일하는 분야에서 능력을 발휘하는 게 중요한데 왜 그렇게 대학 때문에 애들을 괴롭히는지 모르겠다"(연구참여자 #12)고 하며 한국 엄마들의 좁은 정보가 돌아다니면서 대부분의 한인 아이들이 비슷한 '스펙'을 만들고 오히려 경쟁력을 잃고 있다고 안타까워했다. 그런데 이런 조언을 듣는다 해도, 소수민족의 특수성으로 인해 '일반 미국인'보다 더 좋은 학교의 간판, 더

높은 점수가 필요하다는 판단 하에 한인들간의 경쟁이 생기고 위에서
언급한 정보 공유의 배타성이 생성된다:

> 물어보면 기본적으로 얘기를 해주긴 하지만, 솔직히 저도 다 얘
> 기하지 않듯이 그쪽도 그렇겠죠. 다 경쟁상대라고 생각하니까.
> 저도 학년이 다른 엄마한테는 얘기해줘요. 근데 같은 학년이면
> 내가 발품팔은 거고 내가 돈 내서 알게 된 건데 ⋯ 솔직히 말씀
> 드리는 거에요. 뭐하냐고 물으면 얘기는 해주지만, 그 애 성격
> 이랑 성향, 미래도 다르니까 굳이 ⋯ (연구참여자 #26)

> 만나서 첫 번째 질문이 여기 사신지 얼마나 되셨어요? 에요. 이
> 사람이 나에게 도움을 줄 수 있는 사람인가 아닌가 에요. 애들
> 이 내 애보다 나이가 많으면 (정보를 얻을 수 있으니) 좋은 거고,
> 거기다 공부까지 잘하는 애면 금상첨화인거고 그런 거죠. 엄마
> 들 다 뻔해요, 물어보는 게. 여기 같은 한국 아이들끼리의 경쟁
> 이 항상 있더라구요. 그러니까 아이들끼리는 경쟁이 아닌데 ⋯
> 부모들이, 지역감정처럼, 이 좁은 사회에서 부모들이 누구네는
> 어떻다 저떻다 얘기하니까 애들이 그걸 듣고 경쟁의식을 또 느
> 끼고. 결국에는 미국까지 와가지고 한국 사람끼리 경쟁하고 ⋯
> 코리안 피티에이에서 정보를 받고, 뉘집애는 클라스 뭘 듣고 ⋯
> 결국 엄마들끼리 정보가 애들을 쪼는 ⋯ 그게 결국에는 엄마들
> 이 애들을 좋은 환경에서 공부시키려고 왔다가, 엄마들의 인포
> 메이션이나 환경이 애들을 다시 한국식 교육으로 이끄는 결과
> 가 되는 거죠.(연구참여자 #82)

한인 학부모들 간에 융합이 안되는 이유 중 하나는 언어적인 이유
로 전체 PTA와 카파로 나뉘는 것에 더해 위와 같은 경쟁, 무임승차에

대한 경계, 정보를 나누지 않으려는 배타성 등으로 인해 좋지 않은 뒷담들이 오고 가는 데에 있다. 그리하여 "Korean PTA는 봉사단체가 아니라 본인을 위한 것, 정보 줏어들으려고 가는 것"이라는 부정적인 인상을 갖게 된 채 "싸움이 많이 나니 이름만 걸고 안나간다"라고 하는 이들도 있다. 또다른 일단의 많은 이들은 "모든 이들이 다 그런 것 아니고, 어느 조직이나 잡음이 있을 수 있으니 나는 내가 한인으로서 학부모로서 해야 할 일을 한다"는 의미로 카파에 참여한다는 입장을 표했다:

> 여기 말이 많다라고 하는 사람들은 무슨 이유에서 그렇게 말하는지 모르겠지만, 그건 그거고 내가 해야 할 일은 해야 하는 거고. 내가 그 사람들이랑 어울리기 위해서 나가는 게 아니고, 아이들의 부모로서 가는 거니까. 우리끼리 이렇게 흩어져서 뭐하겠어요. 살다보면 이런 일 저런 일 있을 텐데 우리끼리 흩어지면 어쩌자는 거에요? 이런 사람 저런 사람 모인 게 조직이니까 … 그냥 내 할 일 하면서, 자기 기준에 이게 맞다고 하면 그냥 행동으로 실천해야 한다고 생각해요. 말이 많아도 굴러가야 하는 게 조직이니까.(연구참여자 #55)

3) 교육재단, 기부, 커뮤니티 참여 : 한인에 대한 요구와 반응

라카냐다는 여러 통계에서 드러나듯 그 주민들은 부유층이라 볼 수 있지만, 시 정부는 가난하다고 한다. 하수 처리의 경우도 오랫동안 공공시스템이 제대로 갖추어지지 않은 채 개별 가구에 맡겨져 있어서 각 가정이 정화조를 설치했어야 하는 등 집값이 비싼 데 더해 유지하

178

고 보수하는 비용도 감수해야 한다. 특히 라카냐다 공립학교가 속한 통합 교육구LCUSD는 상대적으로 저소득층 및 소수자의 비율이 낮아서 주민들이 내는 세금은 많아도 연방정부로부터 분배되는 교육 예산이 여타 교육구에 비해 적다. 캘리포니아의 모든 지역에서 걷힌 세금과 교육 예산은 캘리포니아의 수도인 새크라멘토Sacramento로 갔다가 분배되며, 가난하거나 영어 교육이 필요한 아이들이 많은 곳은 좀 더 많은 예산을 받지만, 그런 인구가 적은 곳인 라카냐다는 캘리포니아 내에서 3-4번째로 낮은 지원을 받는 학군이다. 그러다 보니 방과 후 수업을 설치한다거나 새로운 교사를 채용하려 할 때 혹은 교사들에게 가위, 풀, 종이 등의 교구를 공급하는 비용도 교육구 재정으로 다 충당되지 않는다. 지역 내에는 이를 해결하기 위한 방편으로 약 35년 전부터 민간단체인 교육재단La Cañada Flintridge Educational Foundation, LCEF이 설립되어 지역 내 공립학교의 기금을 충당하기 위한 모금 활동이 조직적, 지속적으로 이루어지고 있다.

교육재단에서 일한 연구참여자 #12와 #29에 따르면, 교육재단은 1980년대 초 라카냐다에의 예산 감축이 심해지자, 라카냐다의 모든 가족들이 '학교를 구하자Save Our School, SOS'라는 기치 하에 기금을 모아 학군에 기부하며 시작되었다. 민간 비영리 단체non profit organization, NPO로서 연 약 200만 불 정도를 라카냐다 학군에 전달하고 기금을 형성하기 위한 활동building endowment을 지속적으로 진행한다. 교육재단에서는 이사진 5명 외 30-40명의 인력이 3년의 임기 동안, 최대 6년간 일을 한다. 재단 운영은 라카냐다의 부모 혹은 지역 거주자의 자원봉사로 이루어지는데 회계, 재정, 기금 기획 등을 전문적으로 수행하고 처리해야 할 서류 업무가 많아 종종 지원자의 학력과 전공을 점검하여 임명하기도 한다. 재단에서는 학기 시작 시 각 학교의 오리엔테이

션에 참석하여 교사 소개 등을 진행하기 전에 비디오 등 자료를 보여
주며 지난 기부 상황에 대해 설명하고, 재단에는 교육청의 감독관이
매월 회의에 참석하여 각 학교의 사정을 보고한다. 지역인으로 구성된
교육재단이 학교의 운영에 힘을 보태고 개입하며 유기적인 협력 관계
에 있음을 알 수 있다. 교육재단 위원들은 자신의 본래 전공에 맞게
재정이나 홍보, 기획 등의 업무를 수행하거나 일년 내내 돌아가는 펀
드레이징 이벤트 커미티에 들어가서 기금 모금을 위한 행사를 준비한
다. 연중 가장 큰 행사는 연 50만 불half million 가량을 모금하는 큰
파티, 게일라gala[2)의 준비이다:

> 우리가 정한 전체 액수가 2.1 밀리언이니까 그 게일라가 젤 큰
> 이벤트죠. 나머지는 직접 도네이션도 하고 … 플랜할 게 많아요,
> (게일라 파티를) 호텔에서 하니까. 다 드레스업하는데, 매년 주제
> 가 있어요, 제임스본 theme 등등. 와인이나 여행 회사 등 커뮤
> 니티 여러 군데서 도네이션 해요. 그럼 도네이션한 걸 옥션을
> 통해서 부모들한테 게일라 때 파는 거죠. 굉장히 좋은 거는 live
> auction으로 남겨두기도 하구요. 어떤 때는 누구 집에 엄청난
> 와인셀러가 있어서 거기 가서 라이브 옥션을 하기도 했어요. 그
> 래서 큰 일 중 하나가 도네이션을 이끌어내는 거에요. 사람들은
> 게일라에서 네트워킹하고 … 참석은 안해도 메일링 통해서 도
> 네이션 하는 사람도 있어요.(연구참여자 # 29)

게일라 이벤트 외, 공립학교 학생이 있는 일반 가정에게는 별도의

---

2) 게일라는 기부에 관심을 갖고 참여하도록, 쿠키나 티셔츠 등을 제작하여 판
   매하거나 공연이나 파티, 스포츠 등으로 구성하여 기획하는 행사를 말한다.

기부를 독려하는데, 처음에는 각 가정당 하루 1불, 1년에 365불을 받기로 했다가, 나중에는 한 학생당 연 365불로 증가했고, 이후 "손 큰 중국인들이 많은 산마리노를 모델로 해서" 한 가정 당 기부금 기대치는 2,500불로 증가했다. 그런데 백인 중에는 1만 불씩 내는 가구도 적지 않은 데 비해 한인의 경우는 인구 대비 참여율이, 즉 모금액이 인구 비례 기대치보다 낮다. 그리하여 10여 년 전 연구참여자 #12가 디렉터를 했던 때부터 교육재단 내에서는 늘 '왜 한국인은 기부를 제대로 안하느냐'는 추궁을 들었다고 한다.

> 라카냐다 education foundation에서 디렉터를 3년 했어요. 그때도 한국인을 디렉터로 뽑는 이유가 한인 커뮤니티에 리치reach 하기(한인 커뮤니티와 소통하기) 위해서예요. 사람들의 퍼셉션이 그거예요. 한국 사람들 주변에 보면 다 좋은 차 끌고 다니잖아요. 그런데 기증은 안 하는 것 같고 … 요새는 그래도 많이 올라왔는데 한국 커뮤니티에 기증률이 굉장히 낮았어요, general population에 비해. 근데 무서운 거는 미국 사람들은 그런 걸 다 데이터화하고 다 애널라이즈를 하고 있는 거죠. 그냥 라스트네임으로 approximate하는 거 같아요. 제가 바로 앞에 있는데도, 한국 사람들은 어떻게 해야 도네이트하게 만들 수 있느냐? 라는 말들을 해요.(연구참여자 #12)

> 저는 3년 하고 그만하려고 했는데, (재단에서 일할) 한국분이 없어서 1년 더 하게 됐었어요 … education foundation에 코리안이 있는 게 정말 필요해요. 코리안 파퓰레이션이 디스트릭에 라스트네임을 갖고 있는 이들이 18%이고, 인종 간 결혼이 많아서 엄마가 코리안인데 아빠가 아닌 사람들까지 포함하면 메이비

20%?로 많은데, 그럼 (전체 기부금에서) 적어도 10%는 represent 해야죠. 돈 2.1 밀리언 모으는 데, 그 중에 10%가 한인 돈이어야 하는데 그 정도가 모이지 않아요.(연구참여자 #29)

이 학교에 펀드라이징이 많아요. 한 집에 2,500불씩 내라고 그러거든요. 근데 한국엄마들 중 안 내는 집 많고 내는 집은 내고 이러는데, 백인들은 뭐 만 불도 내고 이만 불도 내고 막 그래요. 그 리스트가 막 실려요. 인터넷으로 다. 해마다 에브리이어. 그 것도 끝나고 나면 2,500불 이상 한 집은 집집마다 여름 방학 때 팻말을 꼽아줘요. 막 그게 드라이브에서 다 보이잖아요.(연구참여자 #4)

라카냐다 교육재단은 이와 같이 라카냐다 학교 학부모나 그 외 거주민이 자원봉사자로 참여하여 기금 모금을 위한 행사를 마련하고 기금을 운영한다. 교육재단에서 활동하고 있거나 몸담았던 1.5세 한인들에 따르면, 한인 학생의 비율이 높은 것에 비해 한인 학부모들의 기부가 크지 않다는 점이 재단 내 다른 위원들로부터 노골적이고 지속적으로 지적되어왔다. 그리하여 지역 내 한인의 기부를 더 독려하라는 재단 위원회의 재촉을 받아 재단 내 한인 위원들은 한인만을 대상으로 한 설명회나 게일라 행사를 따로 열기도 한다. 또한 교육재단은 기부를 독려하기 위한 여러 방편 중 하나로 기부한 가정의 집 앞에 기부금액에 따라 금색, 음색, 동색의 팻말을 꽂기도 한다. 다수의 한인들은 이를 적잖이 불편해하고, 일부는 좋은 공립학교에 보내기 위해 비싼 거주지에 살며 세금을 많이 내고 있는데 왜 또다시 그 같은 방식으로 기부를 "강요받아야 하는가" 토로하는 이들도 있었다:

일단은 언어적, 문화적 문제가 있어서 학교 시스템에 대항하는 거가 힘들어요. 미국인들이 할 때 같이 나서지도 못하고 도움을 주기가 쉽지 않고, 또 도네이션 액수의 규모가 어마어마하게 차이가 나서 어중간하게 내려니 챙피해서 못내는 것도 있고… 듣자니 누구는 2천 불을 내려고 했더니 앞에 있는 아줌마가 2만 불을 써내더래요… 뭐 백만 불씩 내기도 하니까…

액수가 (꽂아주는 막대) 색깔이 달라요. 그래서 공개 처형당하는 기분… 좀 기분이 나빠요. 다른 동네는 안그래요. 우리집 같은 경우도 초등학교 2명 정도 있는 걸 아는데 안 꽂혀있다? 그러면 평가가 되는 거죠. 그게 너무 기분이 나빠 가지고 안했어요. 안하고 차라리 다른 방법으로 기여하려고. 그리고 재단이 있는데, 걔네가 매번 나와서 도네이션하라고 하잖아요. 어떻게까지 얘기하냐면, 돈을 안 내는 행동은 자기네 뺨을 때리는 행동이랑 다름없다는 거에요. 다들 돈을 내는데, 니가 돈을 안내면서도 너희 아이가 혜택을 받는 것은 길티한 행동이라는 식으로 인설트insult를 해요. 그게 여기 처음 이사 온 후에 받은 인상이에요. 그런 식으로 재단에서 repressive하게 돈을 모아요. 근데, 우리 남편 입장에서는, 내가 그래서 택스를 낸 거 아니냐고. 라카냐다는 택스도 높다고. 근데 이해를 시키려는 게 아니라 저런 식으로 강압을 하는 건 옳지 않다고.(연구참여자 #96)

많은 한인들에게 기부는 자발적인 것이어야 하고 그 액수에 대해 금·은·동으로 구분하는 등 노골적인 치하와 지적이 이루어지는 것은 껄끄럽고 점잖지 않은 일로 받아들여진다. 반면, 지역인들이 몇 십년 간 참여하며 지역 공립학교를 지원하고 있는 교육재단의 입장에서는 즉 지역 주류 사회의 입장에서 볼 때, 기금은 공립학교 내 모든 학생들을 위해 쓰이는 것이므로 학생들 중 많은 비중을 차지하는 한인 학부모의 기여는 필수적으로 이루어져야 하는 것이고, 이에 기여하지 않는 것은 무임승차와 같다고 판단된다. 그런데 공동체 기여에 대한 압박은 단지 한인에게만 주어지는 것은 아니다. 다음 에피소드는 지역 백인들 사이에서도 기금의 크기에 따라 발언의 힘이 행사되고 있고, 그를 직접적으로 언급할 수 있을 만큼 기부의 가치가 지역 내에서 중시되고 있음을 보여준다:

> 백인들은 또 모임이 참 많아요. 이 동네 펀드라이징이 뭐 … 이 조그마한 동네 안에서 우리 신문을 보면 이런저런 펀드라이징 그룹이 많아요. 와인 클럽이다 뭐다 다 돈 내면서 하는 모임들인데 그 사람들은 학부모회에서도 그런 이야기를 한대요. 무슨 argument 중에 결정하는 거 있어서 그거에 대해서 어떤 학부형이 뭐라뭐라 하면서 그거 그렇게 하면 안된다 이렇게 말하니까 어떤 사람이 너 펀드라이징 얼마 내는데? 웃으면서 너 얼마 내는 데 그러냐 이런 식으로 말해요. 다른 사람들도 다 웃기도 하면서 그렇게 쓱 말할 정도로 … 그렇게 자기들이 이만큼 돈을 내기 때문에 이만한 말할 권리가 있다고 생각하는 거죠.
> 또 아이들 교육을 위해서, 우리 학교는 공립학교의 약점을 보완하기 위해서 이 돈으로 잘 유틸라이즈 해야 된다는 걸 신경을 곤두세우면서 하는 그 덕분에 이 학군이 좋아진 거라고 생각해요. 다른 학군에 비해서 공립이지만 그런 펀드로 유지가 돼가는 그런 … 미국 엄마들이 자글자글해갖고 나름대로 막 이렇게 해놨기 때문에 학군이 좋아지는 거죠.(연구참여자 #4)

실제로 지역 신문, 〈밸리선Valley Sun〉이나 〈아웃룩Outlook〉의 1면에는 항상 그 주의 주요 기부 행사와 거기에 누가 참석했는지를 알리는 기사가 가득 실린다.

184

그림 6.5 2017년 1월 25일자 〈아웃룩〉에 실린 기부자와 기금 모금에 대한 기사*

　교육재단에의 기부는 자녀가 학교에 다니고 있다면 피할 수 없는 요구사항이라고 많은 한인들이 언급했는데, 교육 뿐 아니라, 여타 다른 영역에서도 라카냐다는 기부와 자원봉사에 큰 비중을 두고 있는 지역이다. 다양한 봉사 모임이 있어서 모임 성원들이 정기적으로 기금을 만들기 위한 행사를 벌이며 네트워킹을 하고, 지역 일간지는 늘 다양한 목적의 기금 모금을 위해 차려입고 게일라 파티에 참석한 지역인들의 사진을 여러 면에 걸쳐 게재하여, 커뮤니티 내에 어떤 일이 벌어지고 있으며 누가 무엇을 위해 어떤 기여를 하고 있는지가 이야깃거리가 된다. 한인만의 모임이 아닌, 이러한 지역인들의 봉사 모임이자 소셜 클럽에 참여하고 있는 한인은 매우 소수이다. 그나마 두 세명의 한인 여성이 참여하고 있는 '플린트리지 길드Flintridge Guild'라는 지역 여성들의 봉사단체에는 몇몇 한인이 참여하고 있지만, 그 외의 봉사 모임에 "다른 한인 엄마들은 거의 하지 않는다"고 이야기된다. 플린트리지 길드는 어린이 병원을 위한 자원봉사 활동을 하고 기금 모금을 하여 기부하는 단체로서, "남편들이 다 성공하고 여유 있어서 이쁘게 하고 나오는 나이든 백인들이 주가 되"며 게일라 파티에서와 유사한 네트워킹과 PTA와 유사한 회의 과정이 따른다:

　이러한 자원봉사와 기부의 관행은 지역 소개서에서도 도시의 전통이라고 첫 챕터에 명시되어 있다(Ungermann-Marshall ibid.). 주민들은 이러한 "지역문화"가 동네의 동질성을 유지한다는 암묵적인 동의에 대해서 이야기하기도 하는 바, 지역에서 그 아비투스에 동조하지 않는 것은 공공연한 비난의 대상이 되기도 한다. 따라서 공립학교를 보낸다고 기부를 부당하게 생각하는 이들은 종종 미국 문화를 모르는 사람, 혹은 종종 로컬 커뮤니티에 통합될 수 없는 이로 분류되기도 한다.

그림 6.6 2018년 1월 10일 회원의 가정에서 열린 플린트리지 길드 회의*

그림 6.7 2018년 플린트리지 길드의 기금 모금 행사 초청장*

학부모를 떠나서 스쿨 디스트릭트에서도 일반적으로 한국사람들은 발런티어도 time contribution도 안하고 finance contribution도 적다는 말을 하고 있어요. 그게 사실이기도 하니까…
연구자: 그게 ethnic streotype이 될 수도 있다고 생각하세요?
그 정도는 아닌 게 다른 지역에서는 이런 식으로 많이 모금을 하지는 않으니까요.(연구참여자 #29)

라카냐다의 주류는 자신들이 백인 거주지의 마지막 수호자라 생각하는 사람들이에요. 이 사람들이 한인을 받아들이는 건 한인들이 잘 교육받은 사람들이기 때문이죠. 그런데 한인 가족들 중 발런티어도 하지 않고 기금 모금에 동참하지 않으면 여기 교육 인프라의 혜택만을 원하는 거라고 생각하는 거죠. 타운의 복지에 대해서는 고민하거나 기여하지 않고, 동네에서 그나마 싼 곳을 렌트하고 이 동네에 들어와서 공짜 교육(공교육)만을 얻어가려 한다고 생각해요. 이게 널리 퍼진 인식이에요. 그렇지 않은 사람도 있겠지만, 상당히 많은 사람들이 그렇기 때문에 한인에 대한 인식이 그렇게 형성되고 있는 거죠 … 특히 1세들은 대체로 내 애와 직접 관련되지 않는 일에 봉사하는 것은 시간 낭비라고 생각하는 것 같아요. 내 가족이 첫번째고 나머지는 그 다음 문제죠. 다른 애들 돕는데 시간과 돈을 쓰는 것은 바보같은 일이라고 생각하는 거 같아요.(연구참여자 #67*)

그러나 다음 1세들의 답변에서 알 수 있듯, 기부나 커뮤니티 활동에의 참여에 이민 세대 별로 차이가 나서 위의 언급처럼 1세가 지역의 공동체 활동에 적응하지 못한다는 판단을 지역 내 1세 전체에게 적용하는 것은 섣부르다. 언어적 문화적 친숙함이 동반되어야 하는 게일라 파티나 봉사모임과 달리, 기부에 대해서는 라카냐다 거주 기간이 늘어나고 지역의 문화에 맞춰가려는 태도를 가진 이라면 이민 세대의 구분과 관계없이 그 의미에 공감하고 참여하고 있다. 즉, 쉽게 세대 구분만으로 파악되지 않는 문화적 익숙함과 그를 체득하려는 노력의 여부는 반드시 세대의 깊이와 비례하지는 않았다:

전 여기서 편지도 받고 팻말도 받아요. PTA 회장이 손편지 보내는 거에 감동받아서 또 하죠. 당연히 해야죠. 한인 참여자가 많지 않다고 하지만 요즘은 안그래요. 저도 의외로 살아보니까 그게 생활화가 되더라구요. 그래서 먼저 전화해서 하겠다고 해요. 일년 스케줄을 짤 때 남편이 비전케어(다른 봉사활동)를 하는데, 큰돈은 아니지만, 먼저 전화해서 올해 이만큼 하겠다고 … 처음엔 가슴에 와닿지 않아서 그랬는데, 살다보니까 생활화되더라구요. 미리 일년 계획을 잡을 때 여기에 얼마를 빼놓게 되더라구요.(연구참여자 #55)

도네이션은 할 수만 있으면 하면 좋은 거 같아요. 이제 늘어나서 일 년에 2,500인데, 1,000불도 되고 액수는 자유에요. 근데 안 내면 눈치 보이고 … 2,500을 다 내고 나면 5월, 6월이 되면 도네이션한 집집마다 팻말을 꽂아줘요. 2,500을 내면 플래티넘을 꽂아서 플래티넘 도너, 1,000불은 골드, 그 이하는 또 다르게 … 인당 365불 때는 다 똑같았는데 그냥 레귤러로 다 취급했는데, 어느 날부터 집집마다 색깔이 다 달라지는 거죠. 저는 늘 ○○○○ 냈어요. 처음에는 그게 익숙하지 않은데 … 있다 보면 눈치가 보이는 것도 있지만, 퍼블릭을 다니다보면 그 정도는 할 수 있다고 생각해요. 그거 외에도 많아요. 그거는 라카냐다 학군에 내는 거고, back to school life 행사 가면 선생님 반마다 25불씩 내는 거 있는데 그것도 안할 수 없어요. 애가 둘이면 그것도 일 년에 500불 나와요. 그것도 안내는 사람 많죠. 수업 진행하기 위해 필요해서 걷는 건데, 정부에서 지원금이 나오더라도 각 선생님이 티칭에 뭔가를 더 하기 위해서 지원하는 거니 내야죠.(연구참여자 #26)

도네이션, 필요하다고 생각해요. 미국식인지 집집마다 깃발 꽂는 건 어색하지만 이젠 익숙해졌어요. 동참하고 있고 여유롭지 않은 해에는 부족하게 내긴 하더라도 항상 하는 편이에요.(연구참여자 #64)

도네이션이나 발런티어 해야 하는 부분도 많았던 거 같아요. 그런 건 그리 어렵지 않았어요. 어떤 학교든 그런 건 다 있어요. 하물며 코리아타운 초등학교도 펀드레이징을 일 년 내내 하고 그거에 대해 학부모들이 스트레스를 받기도 하는데 … 라카냐다 경우는 오히려 그거에 대해 좀 너그러운 편이었죠. 일 년에 얼마를 해라가 아니라 본인이 알아서 하는데, 대체로 일 년에 5백 불 1천 불 정도는 할 수 있는 여력이 있는 사람들이 모인 곳이니까. 오히려 편안했던 기억이에요.(연구참여자 #66)

한인의 기부 비율이 적다는 이야기가 계속 도는 게 싫고 "한인이 얄팍해 보이는 게 싫어서" 늘 일본계인 남편의 성 대신 자신의 성으로 기부를 한다는 한인 2세(연구참여자 #65*)도 있었다. 이와 같이 거주기간이 길어지면서 기부가 익숙해지고 그 대의를 이해하여 참여하는 한편, 자신과 차세대에게 필연적으로 씌워질 수밖에 없는 한인이라는 이름에 집합적인 낙인이 주어지지 않도록, 공동체의 일원으로서의 의무를 다한다는 이들도 많았다.

한인의 참여가 저조하다는 것은 기부금의 비율에서 지적되기도 하지만, 게일라 등에 참여하는 한인이 적다 보니 가시적으로 드러나지 않아, 커뮤니티의 일에 참여하지 않는다고 인식되는 것이기도 하다. 전체 PTA에의 참여가 저조한 것과 더불어 커뮤니티에서 이루어지는 각종 봉사 모임이나 기금 모금을 위한 게일라에의 참여는 더더욱 언어 문제나 "믹싱하는 방법을 몰라" "자리가 불편해서" 저조하기 때문이다. 1세 한인으로서 게일라 파티에 참석했던 연구참여자 #4의 경험을 들어보면 한인들이 어떤 면에서 참여를 꺼리는지 어떤 부분에서 모임과 네트워킹에 있어 차이를 만드는 불편함으로 받아들이는지를 알 수 있다:

도네이션할 때 1년에 한 번씩 파티를 해요. 근데 그게 이제 좋은 호텔 빌려서 하는데, 자기들이 매년 이벤트를 하고 거기서 놀고 막 이렇게 하는데, 한국 엄마들은 마지못해 갔다가 테이블에 앉아 있다 그냥 나가요. 스테이크 딱 먹고 나가는 거예요. 그 다음부터는 안 가죠. 나도 신기해서 처음에 한번 가봤는데 … 그런 데서 칼츄럴리culturally 섞일 수가 없으니까 … 자기들은 너무너무 신났다고 깔깔거리고 다 모여 갖고 난린데 … 스탠딩하다가 식사 시간 되면 다른 테이블로 다 옮겨서 먹고 거기서 쇼도 보고 몇 가지 이벤트가 있어요. 근데 그거 할 때 옷도 다 드레스 코드가 있어요. 한국 엄마들은 옷을 뭘 입고 가야 되나 … 에브리이어 theme이 있어요. 올해는 007이다 뭐다 … 롱 드레스 입어야 되는 것도 그렇구 … 어쨌든 가게 되면 옷을 뭘 입어야 되는지, 머리도 미장원도 가야 되지 화장도 해야 되고 이래서 번거로운 거에요.(연구참여자 #4)

이런 연유로 교육재단에서 일하는 한인들은 게일라 파티에 한인을 위한 테이블을 따로 마련하는 등 한인의 참여를 이끌어 내기 위해 다양한 노력을 기울이고 있다. 연구참여자 #12가 처음 교육재단에서 일했던 2006년에는 게일라에 한인들이 2%도 채 오지 않았으나 2016년에는 한인의 참여율이 8% 정도로 증가했다. 그런 과정에서 2015년까지 교육재단에서 일했던 연구참여자 #29는 한인의 참여를 이끌어 내기 위해 "5년 전부터 Korean American Mixer라는 annual 모임을" 열고 있다. 또한 게일라 초청장에 기부 동의 서명을 하게 하여 회수한 초청장을 전체에게 배포할 때 한인의 이름을 열거함으로써 한인 기부 참여에 대한 인식을 바꾸고자 노력했다:

코리안 아메리칸 믹서는 칵테일 하고 저녁 먹는 모임인데, 제가 집이 크지 않아서 남의 집을 빌려서 해요. 한국분들한테 제가 이메일 보내서 오시는 건데, 한 50분한테 보내요. 이건 제가 보내는 거고 파운데이션에서 보내는 거니까 돈 내는 거란 걸 알아서, 오시는 분들은 이미 해야 된다는 마인셋이 있으시죠. 게일라에도 (교육구의) superintendent, high school 선생님 오시게 해서 디스트릭트랑 하이스쿨 인포 준다는 거 알리고, invitation에 gala underwrite 하시라고 합니다, 1,500불부터 시작해서 만불까지. 언더라이트하면 한국사람 이름이 프린트되면서 이 초청장이 전체 학부모랑 선생님들한테 다 가요. 그렇게 2만5천 불 레이즈 했고 올해는 4만5천 불 됐는데, 인비테이션 열면 한국사람 이름이 좍 언더라이트 되어있는 거에요. 전에 8%였다가 지금 12% 밖에 안됐는데도, perception이 중요해서 인비테이션에 그렇게 되어있으니까 액수는 많지 않아도 이름이 리스트 되어 있으니까 사람들이 한국사람들이 인제 이렇게 많이 내고 있구나 생각하고, 한국 사람들도 한국인들이 이렇게 많이 하니 나도 참여해야겠구나 생각하고 오세요. 게일라도 전에는 500명 모이면 한국분이 20분도 안됐는데 지금은 정말 많아졌어요.(연구참여자 #29)

어떤 이들은 인구 비율에 맞게 기부 액수를 채우지 않는 것을 이기적이라 하는 지역의 담론이 억압적이라 생각하는 한편, 교육재단의 취지에 공감하는 한인들은 무관심과 불참에 의해 한인 전체가 "자기 자식에게 직접 이득이 되는 것(예컨대 학원)에만 투자하는" 이기적인 집단 혹은 지역의 문화를 이해하지 못하는 '이민자'3)로 인식될 수 있다

---

3) 미국 역사 속에서 '이민자'라는 프레임은 내부자로서의 '미국 시민'을 정의하기 위해 법적, 경제적, 문화적 대척점에 놓여져왔다. 특히 아시아계의 경우, 다른 인종의 이민자와 달리 국가에 의해 인종적 소수이자 '외국인'으로 형성되어 왔다(Ancheta 1998; Omi and Winant 1994). 즉 '이민자'는 미국을 형성

는 점에서 계몽의 필요가 있다는 의견을 제시했다. 특히 문화적 언어적으로 이중소통이 가능하면서 한인 정체성의 가치를 높이고자 하는 뜻있는 1.5세들을 중심으로 기부 등 커뮤니티 참여에 대한 인식을 제고하고 한국어 서비스를 제공하는 등 더 많은 한인을 참여시키려는 노력이 주도되고 있다. 그 결과 한인 참여율이 높아진 것은 학교에서 한인에 대한 대우가 달라지게 하는 변화를 이끌어내기도 했고, 이는 공동체의 일에 참여하는 것이 절대로 자신의 이득과도 멀지 않음을 알리게 되는 계기가 되기도 했다:

> 주택소유자 택스 인상과 관련된 투표가 있었는데, 한국사람들을 투표하게 하기 위한 발런티어 커미티에 갔었어요. 커미티 헤드가 참 좋은 미국 사람인데 … 시간 낭비하지 말고 아웃리치하자고 해서 컨설팅도 받았어요. 한국인 성으로 누가 투표자 등록되어있는지 조사한 거죠. 1,000명이 나왔는데, 그 중 500명이 투표할 때 한국어를 원한다고 했고 그 중 300명이 투표를 해주겠다고 했어요. 그 3백 명은 일주일 전에 다 투표지를 냈는데, 미국인 중에는 60% 밖에 안했죠. 3분의 2가 찬성표를 던져야 패스가 되고 표수 40-80이 부족하면 안되었던 상황인데, 한국사람들이 많이 해서 겨우겨우 패스된 거에요. 그러고 나니 교육재단에서 교장 선생님한테 한국사람들 신경쓰라고 하고 … 제가 보기엔 그런 변화가 생겼어요. vote와 money가 있어야 발언권이 생기는구나 …
> 한국사람이 투표를 많이 한 건, 애들 있는 집이 많으니까 … 여태는 모르기도 하고 바쁘니까 찍어서 보내질 못한 거에요. 돈

해온 사람들이지만 동시에 미국의 외부에서 진입한 자, 즉 미국인이 아니라는 의미를 대표한다.

낼 의향은 있어도 … 지금은 일 년에 350-400불씩 더 내요, 집
있는 사람은 애가 있던 없던 상관없이 내야 하는데 65세 이상
이면 인컴이 없어서 못 낸다고 petition할 수도 있어요.(연구참여
자 #29)

전술한 바와 같이 현재 라카냐다의 한인 중에는 처음 미국에 이민
온 1세이지만 과거와 같이 코리아타운을 거치지 않은 채 한국에서 직
접 라카냐다로 온 이들이 많다. 이들의 교육방식이나 교류의 방식은
현지에의 적응 노력을 기울인다 해도 한국에서 익숙했던 방식이 우선
드러날 수밖에 없다. 특히 대다수가 교육 이주의 성격을 띄고 라카냐
다를 선택하여 학부모로서 살아가기에, 한국 일각의 경쟁적인 교육방
식이나 한국적 맥락에서 파생된 교육의 가치가 종종 드러난다. 엄마가
친구의 성적을 궁금해하거나 학업과 관련된 '잔소리'를 하는 것에 대
해 현지에서 출생한 자녀들이 그건 너무 "한국적 Too Korean"이라 하
며 거부할 때, 거기서 '한국'의 의미는 살고 있는 이 곳의 현실을 모른
다는 부정적인 수식어로 작동한다. 부정적으로 채색되는 특정 교육방
식과 더불어 기부나 봉사, 커뮤니티 관련된 크고 작은 일에의 참여 태
도나 의견도 '한국적'인 데서 벗어나지 못했다는 부정적인 딱지가 붙
는다. 이때 '한국적'이라는 수식어는 간혹 '파브FOB'라는 지칭으로 발
전되기도 하는데, 이러한 담론은 지역의 백인 커뮤니티에서 통용되는
것과 다른 방식에 대해 거부감이 소통되고 있음을 보여준다. 라카냐다
에는 이를 인식하면서도 기부 모금 방식에 대한 거부감, 백인 중심의
세계관을 주류의 방식대로 강요받는 데 대한 거부감을 표현하는 한인
들이 있고, 로컬의 요구를 적극적으로 수용하고 계몽하고자 하는 한인
들도 있는가 하면, 기부에 참여하면서도 그러한 질책이 부당하다고 피

력하는 한인들도 있다. 교육재단이든 어디든 기부로 인해 연계되는 활동과 모임, 네트워킹이 주류집단 혹은 백인 가정들에게 자연스럽게 뿌리내릴 만큼 그들에게 그 수혜가 주어진 반면 유색인 다수자인 한인들은 정당하게 향유하지 못하는 것으로 느끼기 때문이다. 전체의 교육을 위해 교육재단에 기부하라지만, 학교에서 종종 편파적인 우대와 보호를 받는 것은 주류집단의 아이들이고, 게일라 행사와 모임에서의 네트워킹도 한인에게는 영어가 완벽한 2세 한인이라 하여도 즐거움으로 받아들여지지 못하고 유리 장벽이 느껴져서 네트워킹이 쉽지 않다는 것이다:

> 현재 2세 중에도 믹싱이 힘든 이들이 있는 이유가 물론 인종차별이나 문화적 차이도 있지만, 제 생각에 (한인은) 되게 커머셜 비즈니스를 많이 하거든요. 그러니 어릴 때 들어본 거나 자랄 때 엄마 아빠 일하는 거 보고 자라는 게 그쪽이니까 그 안에서 일어나는 거만 보다가, 친척들도 다 가게하고 스몰 비즈니스 하는 거 보다가, 자기가 직장에 들어갔을 때 노하우를 잘 모르고 … 라이프스타일도 다르니까 …
> 여기 베버리힐즈에 프리티우먼에 나온 호텔이 있어요. 그 호텔 안에 들어가면 파티할 수 있는 큰 강당이 있거든요. 거기서 이제 닥터들 모여라 무슨 모임이 있어서 가보면 코리안 어메리칸 닥터가 많이 있잖아요. 근데 아무도 안 와요, 우리는 초대장을 받았으니 가본 거에요. 신경 써서 가보면 (한인은) 아무도 없고 라운드 테이블이 한 100개 정도 있는데 온리 원 테이블에 우리가 앉아 있고 차이니즈 커플이 앉아 있고 뭐 그걸로 (아시안은) 땡이에요. 그러니까 가면 우리는 앉아 있다가 그냥 먹고 나오는 거야, 이 사람들은 신나서 와~ 떠들고 막 난리법석이에요, 뭐

연말파티니까. 그럴 때 아, 이거는 정말 여기는 우리 땅이 아닌 가? … 여기 코리아타운 의사들이 한국에서 와서 하는 올드타 이머 의사도 있지만 인제는 절반은 다 코리안 아메리칸들이거 든요. 그런데도 그 사람들이 안오는 거에요, 우리처럼 한번 와 봤다가 안오는 거. 우리도 그 후로는 안 갔죠.

그러니까 섞일 수도 없죠. 그렇게 자연적으로 한국 사람끼리 섞 이게 되고 … 그런 데 가봤자 뭐 그렇고 그러니까 나는 내 세대 에는 괜찮은데 우리 애가 … 문화면에서 분명 미국인인데 그렇 다고 미국식으로 막 잘 놀고 그것도 아니고 그냥 밥 먹고 이야 기하고 뭐 프렌들리하게 있고 … 그래서 아는 사람 하나는 어차 피 자기 애가 미국에서 살 거면 그냥 이민 와서 밖으로 도는 그런 한국 사람하고 결혼하라고 푸시하고 싶지 않대요. 그냥 오 히려 조상 대대로 여기서 편안하게 살아오고 여유 있게 살아온 그런 백인한테 가는 게 자기는 좋다고 하는 엄마도 있어요.(연구 참여자 #4)

  '믹싱'이 어려운 이유 중 하나는 드러나지 않지만 상존하고 잠재하 는 백인 주류사회의 인종적 위계와 우월의식에 대한 반감과 불편함이 있다는 것이다. "인종차별도 거의 없고 나이스한" 동네라고 하지만 이 러한 인종적 불편함도 종종 언급되었다:

아무래도 언어적으로 아주 편하지 않은 것도 있어요. 그래도 저 도 대학 나오고 한국에서 잡job도 있었는데도 언어적으로 불편하 고 그래서 나를 표현하는데 바보 같다는 느낌을 받는데 … 여기 동네 안에서도 없잖아 있거든요, 인종차별적 태도가. 마트에만 가도 내가 말을 안하면 아무 말도 안해요. 다른 미국애들한테는 오만 인사 건네는데 … 다 그렇지는 않지만, 종종 너 중국애니까 말해도 못 알아듣겠지 라는 태도를 보여요. 간혹 그런 걸 느끼면 정말 내 나라에서 살아야겠다는 생각이 들죠.(연구참여자 #64)

처음에 미국 와서는 그런 거 못 느꼈어요. 그냥 좋은 나라구나, 이러고 살고 있었는데, 점점 더 오래 살수록 그게 보이는 거예요. 그래서 살면서 점점점 더 내 심정상 더 어보이드avoid하게 되고 불편함을 느끼고 … 그게 오래되니까 나중엔 코리안을 찾아요. 옛날엔 무슨 서비스 전화를 해도 코리안이냐, 잉글리시냐 하면 영어를 택했는데, 이제는 딱 전화해봐 그럼 무조건 코리안 골라요.

나는 애한테 항상 미안한 게 그거예요. 돈을 많이 못 물려줘서 미안하다 이런 것보다도 미국 땅에서 아시안 남자로 살게 하는 게 미안하다, 왜냐하면 … 아시안이 마이너리티잖아요. 그러니까 아무래도 … 어쩔 수 없어요. 어쨌든 불이익이 많아요. 예를 들면 대학을 갈 때도 아시안은 (성적만 중시하지 않는 환경이라 해도) (백인보다 더) 공부를 엄청 잘해야만 들어갈 수 있다고 그러고 … 대학교를 졸업하고 나서도 큰 백인 캄파니 이런 데서 사람 뽑을 때 기왕 아시안을 꼭 뽑아야 되면 여자를 뽑는 거예요. 중국계는 여기 이제 벌써 몇 세대 되기도 하고 파이낸셜리 빵빵하기도 하고 … 프로페션이 동양계 중에서는 대부분 다 중국계 아니면 인도계로 가요. 여기 미국 오는 (인도) 사람들 벌써 하이클라스가 온대요. 인도 사람들 보면은 아예 거기서 외국인 학교를 다녀서 올 때부터 다 할아버지 할머니가 영어 쓰고 바로 와서 하니까, 프로페션에 아시아 프로페션에 올라가 있는 경우 대부분이 차이니즈 아니면 인도인이라 … 거기서도 밀리는 거죠.(연구참여자 #4)

기부와 자원봉사의 의의에 공감하여 참여하는 한인이 증가하고 있지만, 그와 관련된 교류방식은 세대가 진전된 2세 코리안 아메리칸의 경우에도 종종 편하고 자연스럽게 받아들여지지 못해서 커뮤니티 참여가 가시적으로 축소되기도 한다. 또한 지역의 전통, 지역 정신이라고 일컬어지는 그 같은 요구사항과 관행은 다수자 집단에 최적화되어 축적되어 온 것이라는 인식이 존재함에 따라 활발한 참여가 덜하기도 한다. 지역이 제시하는 '미국 문화'로의 동화와 통합의 조건은 단순히 한국인과 미국인을 가르는 단순한 구분의 지표가 아니다. 라카냐다의 지역인들이 만들어온 독특한 장소성에 의해 더욱 분기되는 언어의 차이, 이민 세대의 차이, 지역에 대한 이해와 동의, 내재화의 정도가 겉으로는 계급적으로 동질적인 커뮤니티를 형성하는 듯하지만, 보다 세분화된 한인 내부의 다양성을 생성하며 표출하고 있음을 볼 수 있다.

2. 한인 간 범주화와 차별화

서술한 바와 같이 라카냐다는 한인의 절대 수가 남가주에서 가장 많은 곳은 아니다. 그러나 한인이 도시 내에서 두번째로 큰 비중을 차지하고 있고, 인접 도시와 함께 한인 생활권을 구성하며 한인이 소수자 중 다수자인 한인 에스노버브를 형성하고 있다. 한인을 어렵지 않게 만날 수 있고 한인 업체가 많아 캘리포니아 내 한인들 간에 일종의 "K-town"으로 통하기도 하고 주변의 백인 학생들은 '라코리아'라 부르기도 하지만, 어느 누구도 라카냐다를 '코리아타운'이라 칭하지는 않는다[4]. 거주 한인의 비율은 백인 외 가장 커도 그 수가 아주 많지 않기 때문이기도 하지만, 무엇보다 코리아타운과 역내 한인을 연결했던 것과 같은 성격의 민족집단으로서의 정체성이 라카냐다 한인들에게서 동일하게 우선되지 않기 때문이다. 즉, 지역 내 많은 한인들은 미국 내 한인의 특성으로 흔히 거론되는 교육에의 열정으로 라카냐다에 모여 있고 경제적인 측면에서 유사한 범주에 속하지만, 민족 라인에 의해 동일한 성격을 공유하는 공동체로 상정할 수 없는 모습들을 드러내고 있다.

다시 말해 동화론적 이주 공간 논의에서 예측하는 바와 달리, 교외도시 라카냐다라는 한인 에스노버브에 거주하는 한인들은 단일하게 "미국문화"를 내재화하고 있거나 코리아타운 거주 한인보다 상향된 동화의 흔적을 균등하게 드러내고 있지 않다. 지역 내 한인 거주자들은 고가의 집값 혹은 렌트비를 감당할 수 있다는 것 외엔 주류사회에의 동화 정도뿐 아니라 직업, 이민 세대, 출생지, 언어 구사 능력, 그리고 국적도 다양하다. 종종 동화의 1차적인 지표로 여겨지는 언어 구사 능력부터 지역 내 한인들 간 영어 능력의 스펙트럼이 크다. 글로벌·디지털 정보의 순환에 힘입어 코리아타운을 거치지 않고 바로 교외를 거주지로 선택하는 이들이 많아지는 현대 이주민의 거주지 선택 특성상, 교외에 거주한다고 하여 현지어의 사용이 일반적으로 우선되지는 않는다. 이에 따라 반드시 이민 세대의 구분이 아니라도 미국에서의 경험의 크기, 한국인과의 접촉도에 수반되는 언어의 숙달도에 따라 어울리는 이들이 갈리는 것은 다소 자연스러운 현상이라 볼 수 있다.

---

4) '라코리아'라는 별칭은 한인타운의 성격을 만들고 있어서 붙여진 것이 아니라, 오히려 비백인 한인의 비중이 많아지는 것에 대한 놀라움과 일종의 경계심을 드러내며 비트는 말로 읽힌다.

영어권과 한국어권이 나뉘고, 중간권도 따로 있어요. 고등학교
부터 다니거나 대학을 다녔거나. 그래서 중간은 중간권끼리 …
근데 한국어권도 다 잘 지내는 건 아닌 거 같아요. 어디를 가든
서로 마음 맞는 그룹이 형성되는 거 같아요. 그건 뭐 자연스러
운 거 같아요. 한국에서도 나뉘잖아요.(연구참여자 #64)

언어 면에서, 한국어보다 영어가 자유로운 2세와 1.5세부터 한국어
가 편한 1.5세, 미국에 20년을 살았지만 90% 이상 한국어를 사용하는
1세가 있는가 하면 직업상 영어를 자주 사용하는 1세도 있는 등, 미국
에 온 시기와 영어 구사 능력이 항상 비례하는 것은 아니었다. 또한
언어 숙달도와 문화 통합 정도가 일치하지 않는 경우도 있다. 그럼에
도 불구하고 영어 능력의 차이는 대체로 그들이 일상적으로 교류하는
사람들과 참여하는 활동의 범위에 영향을 미친다. 단적인 예로, 라카
나다 교육구 내의 초·중등학교에 한인학부모회, 카파 또는 KPTA가
따로 조직되는 것을 들 수 있는데, 전술한 바와 같이 2세 한인 학부모
의 경우 한국어가 주로 쓰이는 카파 모임에 잘 나가지 않고, 영어가
자유롭지 않은 1세 학부모들은 전체 PTA에 거의 참석하지 않는다. 카
파 모임 외에도, 언어 능력을 딛고 지역 내의 여타 모임에 참여하는
경우는 많지 않아서, 자녀 학교 관련 활동이든 봉사나 취미 등의 일상
을 함께 하는 활동이든 모임과 활동의 범위와 성격은 영어 구사 능력
에 좌우되는 경우가 많다. 따라서 모임을 구성할 한인 인구가 지역 내
와 근교에 적절히 있는 이곳에서 한인 1세들의 교류의 범위도 많은 경
우 한인으로 제한된다.

잘 안 섞이게 되죠. 우리는, 코리안들은 … 저처럼 이렇게 온 사

람들은 1.5세나 2세들 하고 조금 불편해하고 … 언제 한 번 우리가 이렇게 학부모회에서 섞인 적이 있었어요. 1.5세인 한 분이 혼자 좀 겉돌고 … 우리가 뭐 말을 하면 그 사람이 이상하게 말을 해서 다 응? 이러고요, 또 그 사람은 그 사람대로 막 속으로 그런 모임에 와 갖고 좀 뭔가 우리 태도에 불만이 있었던 것 같은 … 근데 그 사람은 한국말도 잘해요. 한국말 잘하니까 우리 모임에 끼기도 한 건데, 그러면서도 가끔씩 우리한테 무슨 말이에요 하고 물어볼 때도 있었고 가끔씩 말을 이상하게 하긴 해요. 뭔가 언어 장벽보다 문화적인 뭐가 있나 생각되더라구요.(연구참여자 #4)

1세 엄마들이 영어를 불편해서 잘 어울리지 않아요. KPTA에 대해 알지도 못해서 … 번역해주는 걸로 알고 있었고 펀드레이징하고 런천하는 줄은 몰랐네요. 1세 한인 부모들을 알 계기가 없었어요. 오케스트라에서 발런티어하는 엄마 외에 한인 부모들에게 받는 인상은 발런티어 잘하지 않고 도네이션 제대로 하지 않는다는 거. 다른 한국 엄마들이 나를 좋아하지 않는다고 얘기해준 이도 있었어요.(연구참여자 #65*)

또한 1세나 1.5세 학부모 중에서도 카파의 존재 의미에 동조하지 않거나 한인 학부모 간의 부대낌을 피하기 위해 카파에 더 이상 출석하지 않는 이들도 있다. 대체로 거주기간에 따라 미국에서 삶의 경험이 확장되고 그 관행 및 사고방식에 가까워지게 되지만, 심층면담과 참여관찰 결과 1.5세나 2세보다 '미국적' 사고에 근접한 1세도 있었고, 가정이나 교회의 영향으로 오히려 과거 한국의 모습을 간직한 1.5세와 2세도 있기에, 카파 참석 여부와 별개로 일률적으로 1세가 더 한국적이고 1.5세는 1세보다 미국적인 사고와 관행을 드러낸다고 단정하기 힘들다. 화해할 수 없는 차이를 인식하고 서로를 다른 집단으로 여기는 범주화는 언어의 차이 및 이민 세대와 그에 의해 달라지는 관행과 문화, 나아가 동일 세대 내에서도 달라지는 관행과 문화의 차이에 의해 다변화되고 있었다. 이 절에서는 라카냐다의 한인들이, 보이지 않는 존재로 살아갈 수 없는 작고 유기적인 타운인 라카냐다에서 지역 공동체의 관행을 경험하고 그에 대응하는 과정에서 어떤 다양성을 드러내고 있는지를 살피고자 한다. 라카냐다 거주의 주요 유인이 교육환경이고 대다수의 한인이 학부모라는 경험을 가지고 있는 만큼 무엇보다 교육 담론을 통해 수렴되고 표현되는 라카냐다 내 한인 간의 다양성에 주목한다. 즉 라카냐다가 표출하는 장소성 속에서 드러나는 삶의 방식에서의 차이, 그리고 그러한 차이를 범주화하는 방식을 교육담론을 중심으로 살펴본다.

1) 한인 학부모회와 전체 학부모회

안전하고 좋은 교육환경을 찾아 라카냐다에 온 학부모로서 한인들의 여러 모습은 먼저 PTA의 갈래를 통해 볼 수 있다. 전장에서 설명한 것처럼 한인학부모회, 카파가 구성되어 있고, 카파는 양쪽 언어를 다 구사하는 소수의 1.5세 학부모 중 한 사람이 대표가 되어, 한국어가 가능한 1.5세 및 영어가 자유롭지 않거나 한국어가 더 편한 1세 부모들로 구성된다. 전체 PTA에서 나온 사항을 대표가 듣고 전달하는 등 학교와의 소통의 창 역할을 하고, 입시설명회를 열거나 교내에서 한국 음식 행사를 진행하는 활동을 함께 하기도 한다. 전체 PTA와 카파에 모두 참석하는 이들은 극소수인데, 연구자를 소개하기 위해 처음으로 라카냐다 고등학교의 2016년 1월 카파에 참석했던 2세 연구참여자 #1의 말처럼 양쪽의 학부모들이 관심 갖는 주제나 모임의 형태가 다르다. 한인 학부모들의 표현에 따르면 "기가 쎈" 이 동네 '미국'(백인) 학부모들이 학교와 교육의 발전을 위해 다양한 간섭과 요구를 한다면, 카파는 학교에 한인의 목소리를 내고 대변하며 언어가 익숙지 않은 한인 부모들을 돕는다는 취지로 생겼기에, 모임에 나온 학부모들은 어떻게 하면 존재가 두드러지면서도 소수자인 한인 학생들이 "기를 펴고 학교를 다닐 수 있을까, 한인 부모는 어떤 방식으로 기여할 수 있을까"를 의논하며 행사를 기획하기도 한다. 또한 라카냐다 학교들의 PTA가 법정의 언어와 형식을 도입해서 상당히 엘리트주의적인 분위기 속에서 진행되는 반면, 카파는 교감이나 교사의 공지 전달을 마친 후 대체로 편안한 분위기에서 진행되며, 고향의 언어를 사용한다는 친근함과 비공식성의 분위기 속에서 대입을 위한 정보 등 다양한 정보와 이야기가 오고 간다. 그런데 전장에서 살펴본 것처럼 카파에 참여하는 이들 중에는 영어가 더 편한 1.5세나 영어와 문화숙련도가 높은 1세도 대표성있는 한인 단체가 존재함을 알리기 위해 참여하고 있고, 영어가 편하지 않아도 카파에 참여하지 않는 1세도 있어서 카파에의 참여 여부만으로 동화의 정도나 현지 문화 숙련도를 단정하기 힘들다. 그럼에도 불구하고, 여러 인종과 민족 배경을 지닌 사람들이 모여 공용어인 영어로 소통하는 사회에서 본국의 언어로만 소통하는 집단을 형성하고 유지하는 한편 전체 학부모회나 커뮤니티 활동에 참석하지 않는 것은, 카파에 1세의 특성, 한국적 특성을 부여하며 한인 이민 세대 간 정체성의 차이를 각인시키게 하기도 한다.

여기는 세대를 나누기가 그런 게 1세라 해도 영어를 잘하고 듀

얼 랭귀지 되는 분이 많아가지고 … 2세라기보다 영어권, 영어
가 더 편한 사람들이라고 표현하는 게 맞을 거에요. 1세는 영어
가 안돼서가 아니라 한국어랑 한국문화가 더 편한 사람 정도.
양쪽 다 익숙한 분들도 많죠. 근데 영어가 편한 사람들은, 내가
여기서 자랐는데 굳이 한국 부모들만의 모임에 나갈 필요가 있
겠는가 하는 거죠. 그런 분들은 일반 피티에이에 나가고, 아마
한국 엄마들이 한국식으로 설치는 것도 싫을 거에요 … 그런 분
위기를 싫어하는 사람도 있다는 걸 말하는 거에요. 한국사람 티
가 딱 나요. 저도 그런 사람이에요. 저는 와서 코리안 피티에이
도 있고 참 좋다 그랬는데, 막상 그 안에 들어가 보니까, 저런
식으로 하면 내가 만약 2세면 싫을 거 같아요. 한국말만 하고
아줌마 같은 분위기. 미국 사람이라고 아줌마 같지 않은 건 아
니지만, 뭔가 문화차이가 나는 거 같아요. 안좋은 말이지만 파
브 티가 난다고 하는 거. 코리안 피티에이 엄마들이 팝FOB스럽
다고 생각하는 사람도 있을 거 같아요.(연구참여자 #75)

한인 간에 서로 돕고 한인 학부모 대표 단체로서의 역할을 하고자
한다는 점에서 카파는 그 존재의의를 갖지만, 전체 학부모회와 별개로
존재하여 "서로 다른 세상에 공존하고 있다"(연구참여자 #67*)는 점은
분명했다. 2000년대 초에는, "코리안 PTA를 만드는 게 아니라 코리안
을 PTA 안으로 끌어들이기 위해"(연구참여자#67*) 1.5세 및 2세 등 '영
어권' 한인을 중심으로 '한국어권' 한인 커뮤니티에 다가가기 위한 모
임인 '아웃리치Outreach'가 조직되었다. 그러나 아웃리치는 5-6년간의
활동을 끝으로 해체되었고5), 한인학부모회는 여전히 한국어와 한국

---

5) 아웃리치에서 주도적인 역할을 했던 인물에 대해 몇몇 한인 여성들이 정치적
목적에 한인이 이용되고 있다고 규탄하고 이슈를 만들면서, 2003년 결성된

문화가 보다 익숙한 이들에게 안전망을 제공하는 별개의 단체로 유지되고 있다. 그러다 보니 카파는 한인 1세의 특성을 강하게 지닌 집단으로 특징지워지며, 실제 카파에 참여하는 개개인의 특성과 관계없이 종종 '한국적'인 특성을 강하게 표출하는 대명사격으로 이야기되기도 한다.

2) '한국'에 채색된 부정적 특성 : 초국적으로 이식된 교육행태의 병폐에 대한 자기비판

학부모들 간에 이야기되는 한국적 특성이란 주로 교육 철학과 실천의 측면에서 비판의 대상이 되는 모습으로서, 연구참여자들의 면담 속에서 그 비판의 화살은 내가 아닌 특정의 그들에게 꽂히기도 하고 라카나다 한인 전체를 향하기도 했다. 가장 우선적으로 교육 실천을 비롯한 여러 면에서 다르다고 여겨지는 구분은 이민 세대 간의 구분으로, 현지의 관행이 편안한 1.5세와 2세 한인의 경우는 교육 철학과 실천의 차이를 영어가 익숙한가 한국어가 익숙한가보다 더 큰 차이를 만들어내는 이민 세대 간의 문화적 차이로 받아들였다:

> 마인셋이 달라요. cultural thinking이 다르니까, 저랑 1세랑 문화적 갭이 많아요. 생각하는 자체가 다르고 한국이랑 라이프 스타일이 다르니까… 거기는 달려야 되고 애들한테 포커스가 많이 되고, 여기는 아무래도 룸이 좀 있으니까… 한국분들은 많이 바쁘신 거 같아요, 여기 와서도 애들 케어 때문에. 이거 어떻

아웃리치는 2009년 해체되었다(연구참여자 #12, 67*, 102*)

게 해야 되나 뭘 어떻게 결정해야 하나, 어느 학원 해야 하나 … 저는 학원 안보내고 … 라카냐다 오기 전에는 아주 프로그레시브한 학교에 보냈어요. 내가 좀 더 그런 쪽이어서 그 학교에서 온리 코리언이었어요. 근데 그게 true 교육이었다고 생각해요 … 요즘 1세들은요, 미국에 오자마자 한두 달 만에 인포메이션을 다 업저브absorb해요, 교육이나 다. 인포메이션 소사이어티의 페이스pace가 아주 빨라요. 저보다 (여기 입시정보에 대해) 더 많이 알아요. 인터넷, 전화, 커피샵에서 만나서.(연구참여자 #29)

저는 코리안 아메리칸에 더 가까워요. 그래서 내 친구들은 거의 미국인이거나 코리안 아메리칸이에요. 내 부모님은 내게 교육에 대한 한국적 개념을 제시하신 거 같은데, 열심히 공부하고 등등 … 근데 나는 여기서(미국) 자라고 공부하면서 다른 메시지를 받아들이게 된 거 같아요 … 한인 학부모들과 얘기하다 보면 늘 학교, 애, 튜터에 대해 이야기하는 게 좀 힘들어요. 백인 가족과는 뮤지컬에 대해서 이야기하기도 하고 식당이나 쇼핑에 대해 이야기하기도 하는데, 한인 학부모와는 주로 학교에 대한 이야기로 시작해서 애들에 대한 이야기로 끝나죠. 한국 드라마는 내가 잘 보지 않기 때문에 할 얘기가 없고 … 교육에 대한 관심이 약간 불편해요, 거의 병적이라는 생각이 들어요.(연구참여자 #101*)

1세들 중에는 아래의 언급처럼 한인 1세, 그 중에서도 주재원 가족처럼 잠시 머물렀다 한국에 돌아갈 이들에게 화살을 돌리는 경우도 있었다. 한편 또 다른 많은 이들은 중고등학교 때 미국에 온 1.5세 학부모 중 자신들이 어려서 한국에서 보고 자란 경쟁적이고 배타적인 한국 일각의 관행들을 미국에서의 자녀 교육 과정에서 새로운 방식으

206

로 적용시키고 있는 것에 대해 비판적으로 언급하기도 했다. 어려서 이민 왔기에 영어 소통과 피상적인 현지의 행동방식은 익숙하나 "자기 애가 직접 혜택 받지 못한다고 생각하면 아예 관심을 두지 않거나" "왕도가 아닌 입시의 루트를 엄청난 정보인 양 끼리끼리만 알려고" 하며 "끼리끼리"의 모임을 주도한 1.5세에 대한 언급도 여러번 등장했다.

> 솔직하게 말씀드려요? 몇 번은 (카파) 도움을 받아요. 근데 가면 갈수록 한국이랑 똑같아져요. 그래서 싫어졌어요. 소수의 … 저 같이 전업주부이거나, 여기에서 뿌리를 내리고 살 마음이 있는 엄마들은 미국식으로 살고 싶어해요. 우리 2세들이 그렇게 살 거기 때문에 내가 변해서 조금 동화되어야 한다는 마음이고, 주로 문제는 어떤 사람이냐, 여기 한 3-4년 있다 갈 사람들 … 이 사람들은 피터지게 공부를 시키고 싶어하는 사람들, 미국에 동화되기는 싫고 한국 교육시스템이나 환경의 끈은 계속 잡고 있으면서 앞으로 내가 언젠가는 거기에 리턴을 해야 하기 때문에 그 시스템과 끈을 유지를 해야 하기 때문에 몸은 여기에 있지만, 인포메이션은 그거를 따라야 하는 사람들이 젤 무서워요.(연구참여자 #82)

또한 대체로 교육과 학업 특히 좋은 대학에 가는 것을 백인이나 일반 미국인보다 중시하는 것을 1세가 재현하는 한국적 특성이라고 이야기하지만, 다른 여러 측면에서 미국화가 진행된 1.5세나 2세의 경우에도 "대학간판"을 크게 신경 쓴다거나 그 외 한국 가정이 지닌 가부장적 보수성과 같은 측면에서는 동일하게 혹은 종종 더 강하게 '한국적'인 특성을 드러낸다고 토로한다:

남편은 1.5세인데, 저보다 더 한국적일 때가 있는 거 같아요. 1.5세들이 언제 왔느냐에 따라서 더 진보적이지 못한 면이 있어요. 남편은 어느 대학을 졸업했다는 게 평생을 따라다니고 기회를 좌우할 수 있으니까 strive하는 게 나쁘지 않다고 생각해요. (연구참여자 #84)

남편은 (70년대 이민 온) 1세 밑에서 자라서 … 그런 1세 밑에서 자란 1.5, 2세는 더 고지식하고 보수적이고 옛날 한국 스타일이에요. 남편 주변 1.5세 2세들이 다 부모한테 그런 교육을 받고 자라서 그런지 다 엄하고 명문대 지향하는 고지식한 사람들이에요 … 남편 쪽이 다 버클리 출신 법조계, 부모님 말 잘 들어서 비뚤어짐 없이 성공가도를 달려온 사람들이죠. 또 여성상에 대한 환상이라든가, 부모들이 한국 떠났을 때의 마인드가 그대로 있어요. 어울리는 사람이 주로 미국인인데도 뼈에 박혀서 뽑을 수가 없는 거 같아요. 설거지 한 번을 안했어요. 시간이 나면 딴 일을 하면 했지 부엌일을 자기가 하는 건 이상하다고 생각해요.(연구참여자 #96)

대체로 2세에 이르면 동화가 상당히 진전되어서 "미국인이 다 되고" 다시 한국적 방식으로 돌아가기는 힘들다고 보지만, 한인이 많고 프리웨이를 운전해야만 이동이 가능한 엘에이 교외의 경우, 교회나 쇼핑몰 등 부모의 차를 타고 부모가 가는 곳에 가는 수밖에 없어서 어린 시절 내내 차 안과 교회에서 어른들의 대화를 들으며 자란다. 많은 경우, 이는 부정할 수 없이 2세 사고방식의 뿌리가 되고 나이들수록 1세가 가졌던 아이디어를 다시 끄집어내어 그것을 친밀하게 생각하는 이들이 많다. 따라서 부모 대에서 정착지의 환경에 맞게 사고와 행동을 바꾸거나 적응하려는 노력이 선행되지 않는 경우 종종 그 관행은 대물림된다.

이와 같이 이민 세대를 넘나들며 한인들에게서 드러난다고 거론된 '한국식 교육방식'의 대표적인 양상은 자녀의 학업 성과에 과도하게 몰두하며 특히 대입 성과 등 결과만을 중시하고, 실패를 두려워하여 자녀의 필요를 파악하기 이전부터 학원 수업이나 '스펙' 쌓기 등의 보조를 하는 모습이다.

> 아주 한국식은 좀 불편해요. 한국식이라고 느꼈던 거는… 저도 애들을 푸쉬하는 편인데 한국 부모님들이 더 그런 거 같거든요. 우리 남편은 절대 반대지.(연구참여자 #58)

> KPTA도 아이가 12학년 되면 빠지기 시작해요, 대학 어디 됐는지 물어보니까. 그리고 이상한 게 한국 엄마들은 애들이 대학 잘못 가면 자기가 죄인같이 굴어요. 한국의 마인드셋을 그대로 가지고 오신 거 같아요. 제 친구들, 1.5세, 2세고 오렌지 카운티 사는데, 그 친구들만 해도 안그래요, 교육에 대한 압박감이 훨씬 덜해요.(연구참여자 #12)

> 여기서 보면 동양사람들이 아직 마이노리티다 보니까 눈치 보며 사는 거 같아, I hate that. 밖에 나가서 대장 노릇했으면 좋겠는데… 근데 그게 그냥 되는 게 아니고 섞여서 배우고 작은 조직에서라도 컨트리뷰트하고 해봤다는 게 깔려야 되는데… 애들 보이스카웃도 5-6학년이 되면 (부모가 아니라) 애들이 자기 그룹 리더를 하고 엄마보다 아빠들이 개입하는데 부모는 슈퍼바이저 역할 정도. 패밀리 캠핑을 가봤는데 이제는 부모가 아무

것도 할 게 없어요. 그리고 뭐가 좋냐면 그러고 나면 집에서도
할 일을 찾아서 하더라구요. 남편은 미리 알려주지 말라 하고
실수하게 내버려두라, 실수해서 알아서 배우게 하라고 해요. 거
기서 아빠 역할이 중요하죠. 근데 보면 보이스카웃 돕는 어른들
모임에 한국인들 거의 없어요.(연구참여자 #58)

미국에서 네트워킹을 잘 할 수 있는 환경을 만들어주는 것이 이
비싼 동네에서 성장시키는 장점이라면 장점일텐데 … 그거에 대
해 불만이 많아요. 그렇게 생각하고 오는데, 하는 행태를 보면 …
예를 들어 축구팀에서 애가 1,2,3등을 하지 않으면 이 엄마들은
축구 과외를 시킬 사람들이에요. 애들이 그 팀의 일원으로서 이
런 거는 머릿속에 없고, 일단 드러나야 하고 그러려면 과외를 시
켜야 하고 …
미국에서는 이렇게 자라면 될 거 같다 했는데 … 주위에서는 그
게 아니었기 때문에 … 엄마들 만나면 서로 불안하잖아요 … 세
미나 같은 게 순 학원에서 나와서 공짜로 밥줘가며 하는 게 엄
마들 불안하게 하는 게 그 사람들 잡job이에요. 한국어로 하는
세미나 굉장히 많거든요, 넘쳐나요. 한번 와볼까 하는 사람들은
와서 불안해하고, 불안했던 사람들도 오고 거기서 또 정보가 커
지고 … (연구참여자 #98)

사실 한국과 마찬가지로 미국도 대입 경쟁이 점차 심해지는 상황에
서[6] 자녀에게 사교육을 공급하고 프로그램을 관리하며 스포츠, 예술,

---

6) 역사적으로 교육, 입시, 계층이동이 대체재 없이 연관되어온 한국 사회만큼
대학의 서열이나 대학 졸업장에 대한 갈망이 크지 않을지언정, 미국에서도
'좋은 대학'에 입학하는 것은 큰 지향점이자 부담이다. 글로벌화globalization와
국경 이동이 일반화되고 활발해지는 것과 더불어 미국 대학으로의 입학 경쟁

봉사 등 '스펙' 만들기를 디자인하는 것은 백인 부모들도 마찬가지이다. 한인들은 미국 사회에서 흔히 아시아인 엄마에게 붙는 '타이거맘 tiger mom'이라는 고정관념성 프레임이 억울할 정도로 지역 내 '미국' 부모들 중에는 더 "극성스럽게" 개입하는 부모들이 많다고도 한다. 특별한 모임/조직을 만들어 자녀들이 수상 스펙을 갖출 수 있도록 서포트한 1세와 1.5세 연구참여자는 "우리가 자발적으로 모임하고 애들한테 상 주는 거 백인들도 다 하는 거다. 미국처럼 과시하는 나라에서는 해야 한다. 그게 문화인데 그걸 이상하게 생각하면 안된다"(연구참여자 #82, #25)고 하며 그 "적극성을 (1세) 한국 부모들은 몰라서 못해주는 게 많다"고도 했다. 그러나 정상적이지 않은 방법으로 자녀의 성적/성과를 위해 부모가 나서거나, 위와 같은 모임들을 구성하는 과정이 배타적이고 자녀의 희망이나 능력과 별개로 진행된다는 점에서 실제로는 교육적으로 옳지 않은 개입을 한인 부모들이 하고 있다고 우려하는 이들이 많았다.

> 청소년들 액티비티 발런티어링 활동하는 거 보면, 라카냐다 부
> 모들이 뭐가 문제냐 하면 한국에서 여유롭게 있다 오신 분들이
> 다 보니 너무 셀피쉬한 분들이 많아요, 당신 자녀밖에 몰라요.
> 어떤 액티비티를 나오잖아요? 활동이 요리라 하면 부모가 나와
> 서 요리를 하고 그 베네핏을 아이가 가져갑니다. 그거 미국 사

은 전 세계 학생 인구를 점차 더 많이 포함시키며 심화되고 있고, 예전에는 쉽게 들어갈 수 있다고 이야기되었던 대학들도 이제는 경쟁률이 만만치 않게 되었다. 라카냐다 고교에서도 학생들이 경쟁과 (학업) 성공에 내몰리며 잠을 못 자고 마약에 손대는 것에 대해 우려하며 본 연구의 현지조사 중에도 'Challenge Success' 프로그램을 도입하는 등 학교 차원에서 개선책을 마련하기도 했다.

회에서 볼 때 챙피한 거에요. 있을 수 있는 일입니까 그게.(연구
참여자 #66)

AP는 드랍하려면 한달 안에 해야 하는데 ○○는 AP Chem(화
학 선수과목) 시험까지 보고 성적 안좋으니까 드랍하겠다고 …
담당자가 안된다고 하니까 (엄마가) 교장까지 만나서 드랍시켰
대. 카운슬러가 No한 걸 부모가 쫓아가서 드랍시키고 그래서
걔 스탠포드 간 거라고 … 우리는 그렇게 한국식으로 생각하고,
애한테 옳지 않은 걸 시키면 안돼요. 여기 사는 애들은 조금 손
해를 보더라도 right하지 않은 방법으로 하는 걸 보여주는 게
좋지 않다고 생각해요. 지금 생각해보면 아, 걔가 조금 이렇게
뭐 했으면 더 잘 갈 수도 있었을텐데 생각할 수도 있지만, 결국
롱텀으로 보면 그게 결국 안좋은 거죠.(연구참여자 #54)

이러한 평가와 관련한 범주화, 즉 자녀의 학업에 관심을 얼마나 두
느냐, 그를 보조하기 위해 학원, 튜터링을 얼마나 하느냐, 과외활동에
부모가 얼마나 개입하느냐, 미리 실패를 막기 위해 나서느냐, 관찰하
느냐 등의 구분에 따른 지역 한인의 범주화는 각 가정의 교육 철학과
실천의 차이라기보다 한국적인가 미국적인가, 미국 사회에 얼마나 잘
통합되고 있는가로 표현되며 범주화되었다. 예컨대 백인의 '(적)극성'
은 아이의 필요에 맞추어 개인과외를 공급하거나 어려서부터 스포츠
와 봉사를 삶의 일부, 가족생활의 일부이자 네트워킹의 수단으로 삼는
데 비해, 한인 부모의 '극성'은 자녀의 필요에 앞서 성적을 챙기거나
입시를 겨냥하여 비교과 활동을 마련하는 방식의 예술 및 스포츠 활
동이 주가 된다는 구분과 자기비판이 공감대를 이루기도 했다.

백인들도 튜터링을 하긴 하는데, 그들은 뭐가 부족할 때 채워주기 위한 거구요, 한국, 중국 부모들은 앞서가기 위해 먼저 푸쉬하는 거라서 그게 차이가 있다고 봐요. 서머스쿨은 미국애들한테는 fail하면 듣는 거에요, 근데 동양애들은 학기를 스킵하기 위해서 들어요. 어떤 클래스가 너무 어렵다거나 스패니쉬처럼 중간에 클래스가 없어지거나 하면 듣는 거지 수학을 남보다 앞서가기 위해 써머에 미리 듣고 그런 건 없어요. 또 학원을 너무 많이 보내요. 그 시간을 딴 데 쓸 수 있는데 그런 걸 못하게 학원에서 시간을 다 보내죠. 그리고 애한테 맞춰서 하는 게 아니라 엄마들 사이에 좋다고 하는 걸 다 시키다보니 한국애들 하는 게 다 똑같아요. 테니스, 악기, 디베이트, 수영 ··· 애들 스펙이 다 똑같아요.(연구참여자 #12)

또한 종종 학업 성적에 중점을 둘수록 '한국적'이고 스포츠 등 단체 활동 및 인간관계에 중점을 둘수록 '미국화'되었다는 평가가 이루어졌다. 그것은 스포츠 등 단체 활동을 통해 얻는 배움의 과정 및 협업을 중시하는 교육 철학과, 성과나 "결과에 목메는" 교육철학의 차이로 구분되며, 상당수 한인 부모들의 관행으로 인해 '한국적' 교육에는 후자의 낙인이 씌워졌다.

우리 아들은 고등학교 때까지 농구를 했는데, 그 스포츠 팀 미국 부모들을 보면서 많이 배워요. 그 사람들은 애들이 삼 년 내내 벤치에 앉아있어도 늘 와요. 우리가 경기를 보려면 돈을, 입장료를 내요. 그걸 다 내고 와서 발런티어도 하고 ··· 근데 만약 한국 부모들이라면 아들이 그렇게 내내 벤치에 앉아있다면 가서 코치하고 싸워요. 따지는 거죠, 왜 내 아들이 하이스쿨 팀에 이렇게 오래 있는데 왜 못뛰게 하냐. 근데 제가 봤을 때는 실력

이 있으면 뛰게 하죠. 애를 미워하거나 인종차별 이런 거 아니
거든요. 그 (백인) 부모들을 보면 저게 바로 자식을 위해 희생하
는 거구나 싶어요. 어디 멀리에 가도 절대 다른 데 자식을 맡기
고 그런 거 없어요. 부모들이 월차 내고 직접 가요. 물론 한국
부모들이 일을 하고 바쁘지만 ⋯ 누구는 안바쁘겠어요.
일단 팀에 들어가면 바시티varsity에 들어가면 공부를 못해요.
할 시간이 없어요. 에브리데이 프랙티스에 게임이면 못해요. 한
국애들은 공부를 해야 하는데 ⋯ 그래서 결국 바시티에 들어가
는 거 보면 거의 백인 ⋯ 결국 백인들하고 겟어롱하려면 저는
팀스포츠를 하는 게 좋다고 봐요 ⋯ 대부분 동양애들이 바시티
에 일단 들어가면 어떻게해서든지 끝까지 하고 싶어하는데 부
모들이 그걸 못보는 거에요. 연습하고 게임하느라 성적이 떨어
지니까, 공부가 우선이지, 이게 밥 먹여주니? 생각하는 거죠.(연
구참여자 #100)

한편 조금씩 다른 교육 철학과 실천의 모습은 각 한인 가정 내
의 언어 구사, 부모의 직업, 다니는 교회 혹은 모임의 성격, 관
계의 연망과도 관계를 지니고 있어서, 교육과 관련된 담론은 각
한인 가정의 직업적, 언어적, 문화적 환경의 차별성을 에둘러
드러내는 통로이기도 했다. 예컨대, 한인의 직업 분포는 라카냐
다에서도 백인에 비해 자바jobber 등 규모 큰 자영업의 비율이
높고 자영업의 특성 상 월차를 내고 자녀를 위해 시간을 내는
것이 용이하지 않은 경우도 많다. 또한 전장에서 살펴보았듯이
'미국인' 학부모가 스포츠 등에 큰 비중을 두고 그를 통해 이웃
과 관계 형성을 하는 데 대해서도 라카냐다 한인 모두가 동일
한 관점을 공유하고 있는 것은 아니다. 그것이 미국 사회의 힘
이라는 평가 하에 그에 적극적으로 동화하지 못하는 한국적인

214

관행을 비판하는 이들도 있지만, 스포츠보다 학업 성적에 비중을 두는 것이 미국 대학 입시에서 스포츠 특기생의 이점이라든가 백인 엘리트 연망이 주는 이점을 쉽게 취할 수 없는 한인 혹은 아시아계 미국인이나 이민자의 어쩔 수 없는 선택이라는 인식도 존재한다. 미국에서 대학 입시의 다양한 선발방식과 요구 조건7)은 학생들의 다양한 배경과 다양한 능력을 고려한다는 취지하에 어느 정도의 정당성이 인정되어 왔지만, 그것을 모방하여 들여온 역사가 짧은 한국 사회에서 뿐 아니라 미국 내에서도 불평등 구조를 재생산하며 교육이 지닌 능력주의 meritocracy를 훼손한다는 지적이 없지 않다. 특히 아시아계 학생들에 대한 차별 사례가 보도되면서 라카냐다 한인들 중에도 백인의 방식 혹은 미국의 방식이 반드시 좋은 것이라는 사고에 균열이 드러나기도 한다.

한국애들이 공부는 잘해도… 가장 막막할 때가 이 사회에서 갖는 족보, 뿌리라는 거. 가족 간의 뿌리. 이민 역사가 100년이라 하는데, 한인은 이제 2세대를 겨우 거쳐 가는 거니까 (백인들 사이에서 보이는) 그런 뿌리(에 기반한 네트워킹)는 좀 찾기 힘든 거 같아요. 드러나는 기반 외에도 부모의 네트워크나 그런 게 좀 부족하죠. 그게 성공을 보장해주진 않더라도 어렵게 갈 걸 좀 수월하게 해줄 수 있는 거 같은데… 아직도 서바이벌 시기라는 거죠. 사람 자체만으로는 한국사람들이 부지런하고 똑똑하고… 내 친구 남편도 보면 한국 여자랑 결혼한 걸 되게 잘했다고 생

---

7) 예컨대 1세대(가족 중 처음으로 대학에 들어가는 학생) 우대, 특정 인종 우대, 레거시legacy 우대(부모가 학생이 지원하는 대학 졸업생인 경우) 등의 특수 선발 기준이 있고, 전공과 무관하게 스포츠와 예술, 봉사와 관련된 실적이 있을 경우 가산점으로 작용한다.

각해요, 백인이고 로펌의 대표인데, 자기 와이프를 보면서 모든 한국인은 똑똑하고 희생적이고 야무지다고 생각해요. (미국) 사회에서 말하는 좀 떨어지는 지위에 있다고 보지 않고 한인이 좀 덜 평가되어 있다, 남의 나라에 살다보니 제대로 평가받지 못한다고 생각하는 거죠. 근데, 학원 보내고 사교육하는 걸로 경쟁하고 그러는 거? 그건 너무 바보 같잖아요. 미국 와서 한국 사람끼리 경쟁하고 살 건 아니잖아요. 우리 아이가 아무리 옆집 아이보다 공부를 잘해도 세상에서 성공할 확률은 백인애가 더 높은데 … (연구참여자 #55)

  '한국적' 교육방식에 대한 비판은 라카냐다 백인 학부모의 교육 실천과의 비교 속에서 이루어졌고, '좋은 교육'에 대한 해석이 동일하지 않은 가운데, 한인 학부모들은 부정적 딱지가 붙은 '한국적'이라는 교육 실천의 차이점을 따라 범주화되었다. 사교육을 보조하더라도 자기 자녀의 필요에 따라 하는 것과 남들이 한다고 해서 아이의 필요와 관계없이 다량의 사교육이 투입되는 것이 대비되었고, 자녀가 스스로 문제를 발견하도록 하기보다 실패를 두려워하여 미리부터 실패할 가능성을 차단하는 방식으로 도움을 주는 방식에 대한 비판이 있었으며, 훈육 및 자기 단련에 중점을 두기보다 학업 성적에 중점을 두는 것에 대해 '한국적'이라는 딱지가 붙었다. 학업에만 비중을 두느라, 혹은 일부의 직업적 특성상 부모가 일터에서 많은 시간을 보내느라 한인 아이들 중 버릇이 없다거나, 스포츠나 동아리club 활동 시 부모가 시간을 내어 지원하지 않는 모습은 특히 한인을 "미국인보다 더 개인주의적이고 이기적"이라 비판하는 요인이었다. 라카냐다 혹은 라카냐다가 구현하는 중산층 '미국인' 학부모들이 팀 스포츠나 음악 동아리에서 아이가 후보 선수로 밀려나거나 잘하지 못하더라도 주말을 반납하며 시간을 내고 열렬히 응원하는 모습과 대비하여 아이가 잘할 때만 혹은 내 아이가 참여할 때만 학교 문제에 관심을 두는 다수 한국 학부모의 모습은 특정 개인의 문제가 아니라 종종 '한국식' 관행이라 지칭되며 문제시되었다.

> 미국인들이 개인주의라 하지만 그룹을 더 먼저 생각하는 거 같고, 어떨 때는 한국사람이 더 개인주의 같아요. 한국부모는 자기 아이가 잘하면 참여하지만 못하면 빠져요. 자기밖에 모르고 자기는 늦어도 된다는 생각들이 있는 거 같구… 한국 아빠들은 발런티어하지 않아서 남편이 그걸 싫어해요. 아주 미국화되신 몇 분만 하시고 잘 하지 않죠… 다 바빠도 하는 건데 한국 아빠들은 애만 보내요.(연구참여자 #53)

> 화이트 커뮤니티에서 … 코리안은 베리 스마트하다, 그러나 베리 디퍼런트하다고 해요. 친한 사람들끼리 앉아서 얘기하면, 자기자신만 안다고 하죠, 미국은 모든 게 팀웍이고 협력해서 해나가야 하는데 그걸 모르는 게 한국 사람이더라고. 오로지 자기자신만 컴피티션 해서 이겨야 하고 다른 사람의 말을 듣지 않는다고 말합니다.(연구참여자 #66)

라카냐다의 한인 학부모들은 한인 학생이 많지 않은 학군과 비교할 때 지역 내 20% 정도의 한인 학생 인구가 있는 것은 아이들이 한인 정체성을 알게 되어 좋다고도 하고 학교나 지역에서 한인이라는 점에 대해 자부심을 가질 수 있는 방도가 무엇일까 고민하기도 한다. 한국에 대해 근본적으로 부정적인 시각이 편재하고 있는 것은 아님에도 불구하고, 교육실천과 관련해서는 끊임없는 비판과 반성이 존재한다.

무엇보다 한인 학부모들 간에 교육과 관련하여 '한국적'이라는 수식어가 공히 부정적으로 작동하는 것은 입시를 위한 정보가 배타적으로 공유되며, 동일하게 경쟁적인 맥락에서 다른 한인 학생이나 학부모가 두드러지는 활동을 하는 데 대해 축하하고 힘을 합치기보다 시기하고 곡해한다는 점에서이다. 교육에 대한 정보가 무엇이든 "끼리끼리만" 알려고 하거나 잘 알려주려 하지 않는 모습은 한국 사교육 시장에서 회자되던 '강남엄마' 혹은 '돼지엄마[8]'와 그를 따르는 이들의 모습이 낳은 한국 교육의 병폐를 복사해놓은 듯한 모습이어서, '한국적'이라는 분류어에 부정적인 뉘앙스를 더한다. 인터뷰에 응한 많은 학부모들이 그런 게 싫어서 여기까지 왔는데 여기서도 그렇다고 한숨을 쉬었다. 더불어 커뮤니티를 위해 "나서서" 활동하는 이들에 대한 곡해와 시기어린 말들이 도는 것은 한인에게 필요하다고 지적받는 '공동체를 위해 나서서 하는 활동'을 더욱 위축시키는 요인으로 작동한다:

연구참여자 #54: 도네이션은 해도 펀드레이징 파티같은 데는 잘 가지 않아요. 그런 데 가면 또 저 여자 광고하려고 왔다는 소리 들어서 … 해주고 욕먹으니까.
연구참여자 #12: 그런 꼬인 사람들이 몇 명 있어요. 전에 한번 아무도 회장을 안해서 제가 PTA 회장을 나간 적이 있었는데, 나중에 누가 그러더라구요, 어떤 사람이 그러는데, ○○가 그걸 하는 이유는 애가 나중에 좋은 추천서를 받기 위해 그러는 거

---

8) 국립국어원이 2014년 신어로 선정한 단어로, 교육열이 매우 높고 사교육에 대한 정보에 정통하여 다른 엄마들을 이끄는 엄마를 이르는 말이다. 종종 돼지엄마와의 친분관계에 있는 엄마들의 집단에게만 어떤 분야에 어떤 학원, 강사가 좋으며 어떤 비교과 활동이 좋은 평가를 받을 수 있는지 등등의 정보가 배타적으로 공유된다.

라고 … 저는 전부터 학교 일 도우면서 교장이랑 원래 친해서, 초등 때부터 같이 일해온 사람이라서 추천서 받는 게 목적이면 굳이 그런 일은 안해도 되거든요. 그런데 그런 말이 돌았어요, 한국 커뮤니티에서 …

연구참여자 #55: 어버이날에 케이터링해서 파티를 한번 한 적이 있어요. 꽃도 오키드로 해서 나름 공들여서 했는데, 말이 많았잖아, 영업이라고. 진짜 순수하게 한 건데 … 그래서 다시 안 한다고 했잖아요.(포커스 그룹 면담 중 연구참여자 #54, 12, 55)

한인들을 전체 PTA로 포섭하고자 했던 '아웃리치'도 주도했던 이가 학부모를 대표하여 상을 받고 펀딩을 받자, 1,5세 한인 여성 몇몇이 그가 정치적 목적을 위해 한인을 이용했다고 이슈를 만들고 "드라마를 만들면서" 해체될 수밖에 없었다.

요컨대, 라카냐다는 주택 가격이 진입 장벽으로 작용하여, 웨이 리가 관찰한 중국인 에스노버브와 달리, 지역 한인들 간 직업의 성격과 소득의 차이는 있을지언정 엄밀한 의미에서의 계급적 다양성은 쉽게 드러나지 않는다. 라카냐다 한인들이 서로를 다르다고 말하는 민족 내적intra-ethnic 다양성은 우회적으로는 "미국" 문화 내재화의 정도, 다시 말해 소위 '한국적 마인드'에서 얼마나 자유로운가와 연관되었고, 구체적으로는 무엇보다, 지향점으로 삼았던 교육의 모습 혹은 미국 중산층 교육에 대한 로망과 피하고 싶은 한국식 교육방식의 대비 속에서 그 차이를 불러냈다. 미국의 이 특정 교외 지역으로 한인들을 끌어당긴 요인이 교육 문제인 것은 아이러니하게도 그렇게 모인 한인들을 교육과 관련된 사고방식 및 실천의 차이를 통해 서로를 다르다고 이야기하게 만드는 중심 이슈가 되었다.

솔직히 말씀드리면 … 일반화하기는 그렇지만 … 만났던 사람들이 불행하게도 다들 몇 그룹들이 있는데 … 애들 교육 … 그거를 목표 삼아가지고 이기주의가 팽배할 대로 팽배해있어요. 만나시는 분들이 섞이지 않고, 다운타운에서 일하시는 분들 따로 만나고, 한국에서 오시는 분들, 주재원 분들 따로 그룹이 있고, 그리고 소위 비즈니스 한다는 사람, 의사 그룹이 있고, 딱 그룹에서 벗어나지 않아요. 그리고 외부인이 오면 굉장히 배타적이에요. 누구 정보를 빼내러 온 것처럼 사람을 그렇게 취급해요. 제가 여기저기 다니다가 굉장히 … 표정부터가 벌써 그러니까 … (연구참여자 #96)

모든 인터뷰에서 교육과 관련된 대화는 라카나다를 거주지로 택한 스토리를 풀어가는 과정에서 피하기 힘든 주제였는데, 이상에서 살펴본 바와 같이 교육에 있어서 '한국'은 대체로 부정적인 측면과 연관되고 부정적인 뉘앙스로 언급되었다. 이민 2세인데도 '좋은 대학에 가야 한다는 강박'에서 벗어나지 못하는 것은 "한국 부모 아래 크다 보니 어쩔 수 없는", '한국인의 유산'인 것으로, 자녀의 학습에 과도하게 개입하거나 학원 교육, 개인 사교육tutoring을 "시키고", 과외활동 extracurricular activities을 "극성스럽게" 끌어오는 것은 한국 타이거맘의 교육방식으로 이야기되었다. 자녀 친구의 성적을 궁금해하는 엄마에 대해 "too Korean!"이라 불평하는 아이의 대답이나 성적에 집착하는 아시안 엄마를 희화한 유튜브 영상이 실제 한인 엄마들의 모습과 아주 다르다고만 할 수 없다고 씁쓸하게 말하는 것은 모두 한인 부모의 교육 실천에 대한 부정적인 시각과 맞닿아있다.

한인 시민활동에 참여했고 선거활동을 하는 1.5세 연구참여자 #31은 서로 나누지 못하고, "나만" 혹은 "내 자식만" 잘되어야 한다는 식의 모습은 누군가보다 잘되어야 살아남을 수 있다는 이민 초기사회의 '서바이버 멘탈리티survivor mentality'가 잔존하는 것이라 한탄한다. 한인의 교육 실천과 관련된 그러한 부정적인 단면이 한인의 특성인지, 이민사회의 특성인지, 초국적 교류가 활발한 현재 한국사회의 특정 부문이 함께 이주한 것인지는 논의의 여지가 있다. 어떻게 성격 규정을 하든 한국적이라는 수식이 부정적으로 쓰이는 것은 입시정보에 대한 배타성에서 드러나듯, 내 아이만을 위해 교육활동을 하느냐 혹은 커뮤니티 전체의 교육적 향상을 위해 노력하느냐와 연관되어 판단되었다. 이는 특히 라카냐다라는 로컬리티가 요구하는 특성과 관련하여, 언어 구사 능력이나 직업, 관계의 양상보다 교육이 큰 잣대가 되고 있음을 보여준다.

3) 한인 사회의 반성과 차세대 한인의 성장을 위한 노력

라카냐다에서 드러나는 한인의 교육관행은 라카냐다가 지닌 특수한 장소성 - 특정 부문의 미국인이 선先거주자로서 지역의 에토스와 모토를 형성해왔고, 특정 부문의 한인이 거주자가 되어 대응하는 과정에서 형성되는 라카냐다의 특성 - 과 연관되는 것이지만, 라카냐다 한인에 대한 반성은 종종 남가주(혹은 미국) 내 전체 한인 집단이 공통적으로 드러내는 모습에 대한 비판과 반성으로 이어진다. 라카냐다에서 드러나는 양상이 라카냐다의 특수성으로 인해 지역에서 두드러지기는 하나 그곳에만 한정되는 것이 아니기 때문이다. 그리고 그러한 비판은 처음 미국 이민이 왕성했던 7-80년대 한인 1세에 대한 비판과 크게 다르지 않다. 위에 언급된 '서바이벌 멘탈리티'가 교정될 만한 이민의 역사가 축적되지 않은 탓도 있겠지만, 남가주 각지에서 활동하는 한인들은 미국 사회에 오래 살고 있으면서도 변화하려 하지 않는, 혹은 변화할 여유가 없었던 대다수 1세와 그들의 양육방식에 원인이 있다고 보고 그에 대해 반성적이고 비판적인 의견을 토로했다:

> 분명한 거는 부모들의 이기심, 배타주의가 분명히 애들한테도 영향을 준다는 거에요. 이게 한국보다 더해요. 여기는 좋으나 싫으나 엄마 차를 타고 오가고 엄마가 커멘트하는 걸 다 듣고 있기 때문에 ⋯ (연구참여자 #96)

> 7-80년대 온 분들 아직도 그 때 기억을 갖고 있어요, 미국과 더 가까워지지 않았어요. 미국이 주는 혜택은 다 받고 싶어 하면서 정치적 인게이지먼트 안하지, 시빌 인게이지civil engaging 안하지, 학교에 대해서도 모르지 ⋯ 시스템을 배울 생각을 안해, 그러니 참여못하죠.(연구참여자 #5)

한인 전체 차세대의 향방을 염려하는 많은 연구참여자들은 교육에 대한 한인의 열정이 '성공'을 위한 성과나 학업에 경도되는 근시안에서 벗어나지 못해, 보다 큰 '우리'에 기여하고 그 발전을 위해 참여하는 인간 교육을 하는 데 걸림돌이 되어 왔다는 의견을 제시했다. 영어를 유창하게 하고 "공부를 잘해서" 좋은 대학을 나와 주류 사회에서 사는 것보다 일상에서의 교육을 통해 더 밀착된 현지 시민으로서의 제 역할을 해낼 차세대 교육으로 전환되어야 함을 주장했다:

> 나는 교육에 가치를 두는 것이 한국문화의 위대한 점 중 하나라고 생각해요. 미국은 전반적으로 애들이나 부모나 그 가치를

잘 알지 못해요. 해야 하는 걸로 알지만, 배움에 대한 사랑을 만드는 게 얼마나 중요한지를 구축하지 못했어요. 근데 지금 한국 사람들 교육의 문제는 배움에 대한 사랑이 아니라서 … 문제는 애들에게 그 가치를 부여해서 영혼과 지성에 연결하지 못한다는 거 … 그래서 애들에게 가치 있는 걸 주지 못하는 게 안타깝죠.(연구참여자 #70*)

2세들이 성장을 해야 하는데, 지금까지 부모들이 의사 변호사 엔지니어 되서 잘 먹고 잘 살라고만 가르쳤지, 사회적인 기여라든가 사회적인 책임에 대한 교육을 아이들에게 시키지 않는 거지요. 잘 먹고 잘 살게 하는 것만이 자녀 교육의 전부인 걸로 생각해서 … public service, 봉사에 대한 게 누가 하라고 해서가 아니라 사회 분위기 속에서 나와야 하는데 … 정치라는 것도, 내가 정치를 해야겠다 하는 것보다 지역사회에 인발브하면서 시작되는 거에요. 근데, 예를 들면 우린(한인은) 라이온스 클럽, 로타리 클럽을 해도 우리끼리 한다고. 자기가 소속된 지역사회에 들어가서 할 생각을 안하고 그런 클럽 활동을 우리끼리 하는 거야.
미국에서 정치를 하는 거는 … 정치인은 grassroot에서부터 시작해야 돼요. 소위 사커맘 같이 아이들 데리고 운동하는 데 가고 거기서 엄마, 아빠들이 아이들 코칭을 하고 그래서 사람들을 만나고 같이 어울리고 그러다 보면 지역 사회 클럽에 조인을 하고, 시에 봉사활동을 하고 그 중에서 시의원이 되고 교육의원이 되고 … 이게 기본적인 정치 훈련 과정이에요. 사실 정치력이라는 것은 시의원 교육의원에서부터 시작되는 거에요. 사커맘에서 클럽활동을 통해 올라가고 … 하원, 상원까지 되는 건데 … 그런 지역 사회 활동에 참여를 안해요. 전부 다 엘에이에

가서 데모크랫을 해도 코리안어메리칸 데모크랫에 가고 로컬
정당에 조인을 안해요.(연구참여자 #30)

이러한 어긋난 교육 방향에 대해 라카냐다에서 '한국적'이라는 수식
어 하에 비판할 때나 미국 내 한인 전체의 문제점으로 지적할 때, 그
문제의 근원은 종종 한국사회의 환경과 연관된 것, 즉 1세 한인이 한
국에서 했던 관행 때문에 다음 세대에도 대물림되고 있다는 견해가
등장했다:

제가 느낀 게, 한국 사람들은 한국 사회와 같다고 보시면 돼요.
내 애만 잘되면 돼. 주변 애가 잘되야 내 애도 잘된다고 생각을
안해요. 한국사람은 어딜 가나 비슷한 거 같아요. 내 애만… 같
이 잘되는 거에 대한 생각이 잘 안되는 거 같아요.(연구참여자
#100)

연구참여자 #98: 미국에서는 1년 쉬겠다, 대학 안가고 멕시코
어디 가겠다 그래도 나중에 사회에서 노력하면 먹고 살 수 있
다는 거, 그게 미국이라는 거지. 근데 한국은 어려워. 수능을 잘
못치면 기회 자체가 어려운 것도 있지만… 한국은 먹고 사는
거 갖고는 안돼요, 남보다 잘살아야 해.
연구참여자 #99: 아니, 한국은 올라가질 못해. 똑똑한 사람이 많
아서.
연구참여자 #98: 은탑 훈장 받고 그래도 학벌 때문에 어느 수준
이상으로는 못 올라가. 근데 일처리 능력 같은 거 안되는 사람
도 올라가더래. 근데 올라가보니 밑에 사람을 가방모찌를 시키
더라구.(포커스 그룹 면담 중 연구참여자 #98, 99*)

224

2세들 중에도 그런 이들이 많은 건 그런 엄마 밑에서 컸기 때문에, 그런 버블 속에서 성장했기 때문에 … 또 한국인 특유의 외모 중시하고 브랜드 좋아하고 … 그게 2세들 중에도 심한 애들은 또 심해요.(연구참여자 #98)

또 다른 한편 재미한인 사회를 오래 경험한 이들 중에는 재미한인의 현지 환경에 중점을 두어, 한국 사회가 변화하는 반면 미국의 한인 사회는 과거 한국사회의 병폐를 반복하고 있는 문제를 지적하는 이들도 많았다:

한인사회는 왜 그런지 모르겠는데, 옛날부터 도산 안창호 때부터 한인들끼리 서로 싸우고 … 서로 의견대립하고 그러면서 서로 뭉치지 못하고 … 한인회장을 한다는 사람들이 개인적인 욕심이나 자기가 사업하는 데 도움이 되고자 한인회장이 되려고 하지, 진짜 뜻이 있어서 그런 사람은 안 하려고 … 그러니까 뭐 사실 이게 무슨 선거도 그냥 뭐 등록해가지고 몇 사람만 이렇게 해가지고 선거하는 거기 때문에 사실 대표성도 없는 거죠. 일본 커뮤니티 이런 데는 이 단체 협의체 같은 걸 만들어요. 한인회는 뭐 선거 해봐도 무슨 뭐 표도 120표 이런 거 가지고 반 이상 된다고 하는데, 120표가 어떻게 한인사회를 대표해요. 근데 정부에서는 또 안 할 수 없는 게 한국 정부에서는 모든 사람들하고 다 얘기할 수 없잖아, 누군가 대표되는 사람하고 얘기를 해야 하니까 … 싸우는 걸 인정 안한다고 하면서도 그냥 하는 거야. 단체는 많은데 … 중간에 구심점이 될 수 있는 그런 게 없어요. 그러다 보니까 여기에 어른이 없어요. 존경할 만한 어른이 없어요. 그래서 우리가 자꾸 김용옥 같은 사람 자꾸 발굴해내고 저거 하자는 얘기가 되는데 … 뭐 여기서 타운에서 커뮤에서 존경할 사람 그런 게 없어요. 참 그런 것도 아쉽고. 1세들끼리 서로 싸우고 그러는 게 2세, 3세까지 물려지면 안 되는데 이게 2세들 사이에서도 좀 조짐이 있어요.(연구참여자 #14)

차세대가 어떻게 미국 사회에서 목소리를 내고 살 수 있을까? 사실 브릿지 역할이 많이 필요해요. 그런데 코리언 커뮤니티에 거의 없어요. 있어도 제대로 활용하지 못하는 게 서로 헐뜯어요. 성공한 사람을 잘 대하는 게 아니라 서로 헐뜯어서 멘토링할 기회를 주지 않는 것. 그래서 따로따로 노는 거죠.(연구참여자 #66)

예를 들어, 한국교회. 한국교회는 미국 정착에 많은 도움을 줬어요. 특히 초기에 미국사회 장벽을 교회 내에서 많이 완화시켜주고 정보도 주고 심지어 목사님들이 안내도 하고 직업도 잡아주고 했죠. 그런데 다른 한편으론 내 교회 중심으로 장벽을 쌓아서 자기 교회 테두리 안에 신도들을 가둬놔요. 그래서 교회활동 때문에 신도나 청소년들이 주류 사회 속으로 뚫고 들어가는 것을 막는 역할을 했어요. 게다가 흑인 커뮤니티나 라티노 커뮤니티는 종교 집단이 민권운동의 본산인데 한국교회는 보수라 사회 참여와 진취성을 막아버렸어요. 그래서 한국 교민들은 몇 년도에 이민왔느냐에 따라 그 시대에 머물러 있어요. 한국은 빠르게 혁신을 하고 변해가는데, 여기 있는 사람들, 70년대 온 사람들은 70년대 사고하면서 먹고 사는 생각만 하죠, 80년대 온 사람들은 80년대 정신 속에 빠져있어요. 그래서 여기 교포사회는 미 주류사회로부터도 장벽이 쌓여 갇혀있고, 한국의 사회발전으로부터도 뒤쳐져있어요.(연구참여자 #30)

연구참여자 #70; 한인들⋯ 존경하고 존중할 줄 아는 부분은 좋

226

지만 좋아하지 않는 문화가 좀 있어요. 가끔 극으로 갈 때가 있어요. 한인교회가 물질주의로 흐르는 경향 있고, 의사, 변호사, 굉장히 좁은 커리어 패스만 강조하고, … 나는 그런 식이 편하지 않아요, 물론 남편은 의사고 난 변호사였긴 하지만 … 그래서 그런 영향이 많은 가운데 성장했지만, 그게 부모님의 영향은 아니었어요.

연구참여자 #12; 한국교회는 한국사람이 먼저고 나머지는 그 다음이죠.

연구참여자 #71; 맞다 그것도 좋지 않다. 물질주의가 크고 장로, 집사 되는 게 중요하고 …

연구참여자 #70; 좀 슬픈 게 남편이 시부모와 안좋았던 게 항상 완벽한 아들, 완벽한 삶, 완벽한 크리스챤을 원하셨어요.(포커스 그룹 면담 중 연구참여자 #12*, 70*, 71*)

어디에 근원적인 원인이 있든 간에 모두가 '한국적'이라고 수사하는 현재 교육의 문제점으로 인해 한인 2세가 나약해지고 사회에서 우물 안 개구리 취급을 받게 되며 결국은 사회적 성공과 별개로, 사회 전체를 위해 참여하고 기여하는 미국의 주인 역할을 제대로 수행하지 못한다는, 즉 진정한 주류가 되고 있지 못하다는 공통된 우려를 피력했다:

2세에게서 걱정스러운 것은 부모들이 과보호해서 미국 아이들에 비해서 나약한 부분이 있다는 거에요. 부모들이 먹고살기 위해 투잡 세잡을 뛰는 경우가 많았고 긴 시간 일하다보니 지금은 좀 덜하지만, 아이들을 잘 돌보지 못했죠. 거기서 생기는 미안함을 돈으로 메꾸려는 경향이 있어서 그게 애들을 스포일하고 있어요. 이 문제를 극복하지 못하면 한인사회는 발전에 문제

가 있을 거에요.(연구참여자 #24)

남편은 지금 미국 공무원인데요, 직장에서 보는 한국 남자고 여
자고 여기서 대학 나왔는데도 답답하다고 해요. 크게 생각하지
못하고 너무 자잘해서 우물 안 개구리들 같다고 하라는 일만 잘
하고 넓게 보지 못하고 그래서 승진할 때도 학벌 낮아도 외국애
들이 올라간다 그러더라구요. 저는 학원도 보내고 공부를 잘해
야 할 거 같은데 남편은 그건 아무것도 아니라는 식으로 말해
요. 결국 저는 한국식인 거죠, 어떻든 공부를 잘해야 할 거 같으
니 … (연구참여자 #53)

컨설팅 펌에서도 보면 한국애들이 시키는 건 잘한대요, 그런데
자발적으로 뭘 생각해내고 그런 건 좀 떨어진다고 … 여기서 태
어난 애들도 한국식 교육을 받아서 … 엄마말을 잘 들어야 대학
을 잘 갈 수 있다고 여겨왔으니까 … 근데 회사 입장에서 보면
그런 애들은 스탭으로는 일할 수 있지만 올라갈 수는 없다는
거죠. 한국 애들이 생각보다 직장에서 버티는 게 힘들대요, 다
그런 건 아니지만.(연구참여자 #100)

　남가주를 기반으로 이야기되는 이와 같은 미국 한인사회의 문제점
은 다른 한편으로는 인종적 위계가 뚜렷한 미국 사회에서 이민 세대
가 깊어가며 구성되는 네트워크도 없이 전 세대보다 더 성공할 것이
기대되는 한인 이민 역사의 특수성에서 비롯되었다는 점도 언급되었
다. 그러한 성공에 대한 기대와 지향이 점차 커져가는 가운데, 글로벌
하고 초국적인 기술적 시대적 환경 하에 한국의 환경에서 잉태된 일
각의 관행이 더해지면서 라카냐다 등지에서 비판되는 교육 관행들을

228

낳고 있는 것이다.

> 연구참여자 #71: 우리 부모님이랑 조부모님을 생각해보면, 부모님 어렸을 때 농촌에서 살다가 서울로 올라와서 엄마는 이대를 갔고 부모 모두 치과 의사였어요. 그러다 70년대에 전문직 비자로 미국에 이민왔어요, 한국 인구가 증가하던 때 골든타임에 미국에 온 거죠. 나는 대학에 가고 대학원도 갔지만, 내 성공의 정도는 우리 조부모의 시각에서 부모님의 정도에 못미치는 거죠. 그리고 내 아들의 경우, 공립학교를 가서 어느 대학에 가서 뭘 할지 모르겠지만, 나는 아들이 의사나 변호사나 엔지니어가 되길 원하지는 않아요.
>
> 연구참여자 #72: 우리 세대는 일종의 fear factor가 있었고, 부모 세대는 서바이브했어야 했고 … 아이들 세대는 훨씬 여유로운 세대처럼 보이긴 해요. 걔들은 부모라는 세이프티 넷이 있고, 돌아갈 집도 있고 …
>
> 연구참여자 #70: 근데 우리 조카들을 보면 걔들은 우리가 경험하지 못했던 실패에 대한 두려움이 있어요. 우리가 성공한 세대라는 게 그게 그들에게는 부담이죠. 우리는 뭐든 가능했어요. 성공하지 않을 선택도 할 수도 있었죠. 근데 내가 변호사고 남편이 의사라고 하면 오, 애들은 뭐해야 하나 라는 식으로 주변에서 반응해요.
>
> 연구참여자 #71: 그래서 우울, 불안이 생기는 거 같아요. 애들은 자기가 뭘 원하는지 모르고 … 뭐든지 다 잘하려고 하다보니 뭘 선택할지 모르고, 전 세대랑 달리 우리는, 엄마 아빠는 뭐든 니가 원하는 걸 하라 하고 … 그게 그들의 부담이죠.(포커스그룹 면담 중 연구참여자 #70*, 71*, 72*)

이러한 현실 판단 하에서 많은 연구참여자들은 한인 부모세대가 편한 안전망과 좁은 테두리를 깨고 나와 백인 및 타인종, "다른" 이들과 어울리는 것의 불편함도 극복하는 것이 필요하고 그것이 차세대에게 무엇보다 좋은 교육이 될 거라는 의견을 피력했다:

> (커뮤니티를 위해 봉사하는 게) 내 자식이 베네핏을 갖는 것도 아니고, 페이를 받는 것도 아니지만 ⋯ you gotta have different mindset ⋯ 이번엔 한국분들이 많이 도와주긴 했어요.(연구참여자 #29)

> 펀드레이징 파티같은 모임, 미국인들 사이에서 어울리기 힘들다는 거, 네! 불편하죠. 그리고 학교 안에서도 힘들 거예요. 날고 기는 미국 엄마들이 와가지고 하는 건데 그 사이에 끼어들려면 힘들죠. 그런데 저같은 경우를 생각해보면, (영어가 돼서 그런 것도 있겠지만) 미국 엄마들 사이에서 일을 많이 했기 때문에 학교를 위해서 일을 많이 했기 때문에 인정을 해주는 게 있어요. 그래서 어느 모임에 가도 아는 척해주는 사람이 있고 프렌들리하게 해주는 사람이 있고 ⋯ 그러면서 어울리게 되는 거 같아요.(연구참여자 #12)

물론 라카냐다에서도 영어와 현지의 관행 및 사고방식이 익숙한 1.5세 및 2세를 중심으로 자녀의 성적에 대한 고민보다 학교 전체에 부족한 것이 무엇인가를 고민하고, 다른 인종/민족의 미국인들과 어울리며 지속적으로 커뮤니티를 위해 행하는 실천이 이루어지고 있다. 전장에서 언급한 '아웃리치'나 여성봉사 단체, 교육재단 외에도, 현지조사 기간 내내 라카냐다 고교에서 진행되고 있던 '챌린지 석세스 Challenge Success'라는 프로그램은 스탠포드 대학 동문인 한인 2세이자 라카냐다 고교에 두 아들을 보내는 한인 아버지가 주도적으로 섭외한 프로그램이다. 과도한 학업량으로 인해 생기는 문제점들을 해결할 방안들을 학부모와 학생들에게 전달하고 실험해보는 것으로서, 좋은 대학을 가는 것 외 진정한 성공이 무엇인지, 성공의 개념에 문제제기를 한다는 발상의 전환을 위한 프로그램이자 실험이었다. 2018년 1월 라카냐다 고교 강당에서 연구자가 참여 관찰한 챌린지 석세스 세미나장의 바깥에는 한인 부모를 비롯한 학부모들의 관심을 끌기 위해 대학설명회와 학원의 팝업 설명회도 등장했다.

그림 6.8 2018년 1월 라카냐다 고교 강당에서 열린 '챌린지 석세스' 세미나와 대학설명회*

또한 라카냐다 고교에 없었던 프로그램을 만들기 위해 자발적으로 학교와 협력하는 일에도 1.5세 한인이 나선 바 있다:

> 우리 학교에 모자라는 게 '커리어 데이'가 없어요. 커리어 중 어떤 다른 필드가 있는지에 대한 정보를 주는 건데, 지금(2017년) 진행 중이에요. 토요일에 학부모들이 와서 키노트 스피크를 하실 거예요. 특별한 부분에 열정이 있는 분들을 모셔서 하면 아이들에게 디렉션이 생기면서 공부에 의미가 있지 않을까 생각해서 진행하고 있어요. 라카냐다 스쿨 디스트릭트 보드 멤버 한 분이랑 교장이랑 제가 그냥 같이 하고 있어요. 필요하니까 그냥 하는 거에요.(연구참여자 #29)

지역 복지를 위한 일에 참여하는 연구참여자 #29와 같은 이들은 "내 아이만 바라보면 더 스트레스만 되고 남하고 차이만 보이는데, 큰일을 하고 커뮤니티를 도우면 그게 해피니스가 된다"고 하며 '마인드 셋'이 달라질 것을 촉구하고 그를 위한 가교가 될 것을 자처한다:

> 당장 내가 무슨 특별한 혜택을 받는 게 아닌 일에 나서는 거, 한인들 중 많지는 않죠. 어떻게 보면 경제적으로 안정된 상태라 할 수 있는 거기도 하지만 … 욕심 안부리고 … 뭔가를 내려놔야 해요, 내가 그 시간에 다른 걸 뭘 더 해서 돈을 더 벌 수도 있지만. 또 좋은 백 사는 대신 도네이션 하는 게 … 아이들이 커서 뭐든지 소사이어티에 컨트리뷰트하면서 사는 거 그게 제 미션이에요. 젊은 애들도 자꾸만 멘션을 해줘야해요. 그래서 1.5가 나설 수밖에 없어요. 1세는 아무리 한국에서 교육 많이 받아도 컬츄럴 갭이 있으니까. 1.5는 포텐셜이 많은데 한국분들 중에 샤이한 분 많아요. 근데 또 그런 분들 뭉쳐놓잖아요? 그럼

또 잘해요. 자꾸만 그걸 activism을 encourage하면 next level이 되고 one step이 올라가고 그런 거 같아요.(연구참여자 #29)

1세에게 문화적 갭이 있고 언어가 완벽히 자유롭지 않다는 장벽이 있지만, 전장의 면담 내용에서도 볼 수 있듯, 1세 가운데에도 차세대를 위해 언어와 관행, 사고방식의 장벽을 부수려는 노력이 없지 않다. 남보다 더 부유하지 않아도 기부에 동참하고 영어가 서투르고 미국식의 네트워킹이 어색해서 겉으론 투덜이면서도 학교 행사나 봉사 모임에 손을 더하는 1세들도 여럿 있었다.

우리도(한인 신문사) 모토로 내세운 게 미국 이민생활의 길라잡이 그거를 신문이 하자 했었어요. 깨스 오픈하는 법부터 전기 어떻게 하고 … 그런 걸 주기적으로 싣고, 드라이브 라이센스 어떻게 따느냐 예상 문제지 이런 것도. 조기 유학 많았던 게 이천 한 4, 5년까지니까 그 다음부터는 줄어들었는데 … 그 때부터는 기자들한테 이제 우리가 더 이상 생활의 길라잡이가 아니라 의식의 길잡이 역할을 해야된다, 미국 생활을 하는데 어떤 의식을 갖고 살아야 되는지 길잡이 역할을 해야된다 그랬죠.(연구참여자 #14)

큰 애가 미들스쿨 가니까 클래스도 따로 가고 하니 (다른 인종의 친구들과) 더 나뉘는 거 같고 특별히 다른 친구들을 만날 일이 없더라구요. 그래서 둘째 셋째는 바로 걸스카웃에 조인시켰어요. 나이 들면서도 계속 액티비티를 같이 하니까 끈끈한 뭔가가 생기는 거 같아요.
막내 학년에서는 걔만 걸스카웃에 한국인이에요. 한국문화를 가진 부모들이 할 수 있을까란 생각 때문에 피하는 거 같아요.

문자며 이메일이 수시로 오고, 특별한 일이 없어도 걸스카웃 엄마들끼리 뭉쳐야 산다는 식으로 인사하고 서로 치어업 해주고 너가 최고다 이러는 식이거든요. 저도 노력을 하지만 언어나 정서 때문에 완벽하게 낀다는 느낌이 안들고 뭔가 떨어져 있는 듯한 느낌을 받기는 해요. 직접 대면할 일도 꽤 많죠. 요즘은 쿠키 파는 시즌이라, 쿠키를 받아오는 것도 부모가 발런티어 해야 하는 거에요. 라카냐다 지부에서 파킹장을 빌려서 거기에 쿠키를 어마어마하게 쌓아놓거든요, 애들 인솔하는 게 부담스럽긴 하지만, 그렇게 몸을 쓰는 건 할 수 있으니까 바로 지원했어요. 애들한테 엄마가 인발브하고 있다는 걸 보여주고 싶었어요. 또 레지스터 카운터 빌려서 팔고 애들 활동 봐주고, 점심 맡아놓고, … 캠핑도 가고 도와주고, 애들이 주축이 되어 하게끔 하지만, 보호 역할을 하는 거죠. 그 외에도 걸스카웃 엄마들끼리 만나서 저녁 먹고 수다 떨고 하는 모임도 있어서 … (한국에 비해) 공부 아닌 다른 거에 시간을 내야 하는 부분이 굉장히 많다는 느낌이에요. 그렇게 활동하면서 애들한테 얘기도 했어요. 엄마는 여기서 태어나지 않아서 불편해도 하는 거라고 … 근데 애들이 이해하는 거 같아요. 막내는 친구들한테 우리 엄마가 영어가 쉽지는 않지만 다 알아듣는다, 엄마는 한국에서 태어났고 한국말을 더 잘하니 엄마 말은 내가 전해줄게 하면서 부끄러워하지 않고 친구들한테 얘기하더라구요.(연구참여자 #64)

라카냐다의 많은 한인들은 한인들 사이에서 보여지는 교육 행태의 부정적인 측면과 부족한 면을 비판했지만, 또한 이민 세대를 막론하고 많은 이들이 '한국적인 특성'에 부정적 채색을 하며 종족정체성에 원론적인 성격 규정을 하고 낙인을 찍기보다는 한인이 집단적으로 지닌 것의 가능성과 가치를 발견하고 수정해가는 것이 필요하다는 견해를 제시하기도 했다. 많은 이들이 자녀가 한인됨에 긍지를 가지기를 바라며 방학에 자녀를 한국에 보내 한국어와 한국문화에 친숙하게 하고, 가족의 족보와 발자취를 찾아 한국 여행을 다녀오는 등 한국에 대한 관심의 끈을 놓지 않았다. 최근 몇 년 사이의 변화로서, 미국 대중들뿐 아니라 한인 2세들에게 한국에 대한 관심도를 높여 한국에 대해 배우고 싶어하고 관심과 긍지를 갖게 해준 방탄소년단 등 한국의 아이돌 그룹에 감사해하기도 했다.

> 15년 전 얘기에요. 큰 녀석이 고등학교 때인가 시험을 봤는데, 애네들은 한자어를 못 배워서 freedom of speech를 한국말로 설명해라 하니까 뜻은 아는데 언론, 자유, 이런 게 다 한자이니 답한다는 게 '말하는 건 공짜다' 이렇게 썼더라구요. 야, 이거 참 문제구나 … 이게 한자어랑 병행해서 가르쳐야 하는데 … 또 또래들한테서 배워야 하는 게 있는데 … 다리가 저리다 하는 걸 다리가 어지럽다 하고 … 그러다 뭔 아이돌 보겠다고 한국에 놀러갔다 오더니 나도 모르는 줄임말까지 다 배워왔더라구요.(연구참여자 #14)

> 작년(2017년)에 큰 애가 통일부에서 하는 어린이 기자단에 온라인으로 1년간 참여하면서 여름에는 오프에 캠프가 있어서 한국에 갔다 왔어요. 한국에 관련된 정보는 늘 찾아봐요. 뉴스 매일 보고 드라마 보고 북한에 대한 관심도 있어요. 그래서 애들한테도 우리가 통일을 할 거고 그러면 너희가 할 일이 있을 거라는 말을 하는 편이에요. 근데 아이가 저만큼 관심을 갖지 않아서 쉽지 않았고, 미국에 있으면서 북한에 대해 아이들이 잘못된 인식을 갖고 있었는데 … 좋은 경험이었던 거 같아요.(연구참여자 #64)

전에는 한국 아이돌에 관심도 없었고, 여기 한국 남자애들이 스
포일되고 버릇없는 애들이 많아서 좀 싫어했는데 … 방탄 덕에
한국어 배우는 데 관심 가지고 한국 가고 싶다 하고 그래요. 너
무 고맙죠.(연구참여자 #12)

재미한인 사회 전반에 걸쳐 존재하는, 한인 이민세대(1세)와 스스로
를 코리안이기보다 코리안 아메리칸으로 인식하는 2세로 대표되는 이
들 간의 괴리는 주류 백인 중심의 문화적 요구가 일상에서 부딪히는
라카냐다에서 두드러지게 표현되었다. "겉으로는 노랗지만 안은 하얘
서" 스스로를 '바나나' 혹은 '트윙키'[9]라 부르는 이들에게 교육 실천
을 통해 드러나는 '한국적' 관행과 사고방식은 너무 다르다고 느껴지
며, 단순히 다른 것이 아니라 미국의 환경에서는 비판적 시선으로 비
춰질 수밖에 없는 것이었다. 그럼에도 불구하고, 아래 연구참여자
#101의 말에서 드러나듯, 미국화되어 학업에 너무 경도되는 식의 한국
에서 발원된 특정의 풍토는 불편하지만, 한인 및 한국문화에 대한 애
착과 향수도 병존한다.

한인들과 어울리고 싶긴 하지만, 아마도 영어로 말하는 사람들
과 어울리게 되는 거 같아요. 아마도 주로 2세 … 내 베스트 프
렌드는 한인이지만, 한국말은 못해요. 가장 편한 사람들이 한국
사람들이지만 한국말 못하는 한국 사람, 대체로 아메리카나이즈
된 한국인이에요. 너무 한국적이지 않은 한국 사람들.
언어와 문화 때문이겠죠. 말하자면 떡볶이인데 치즈가 올라가
있는 사람들. 나는 중국인이 90%인 아케이디아Arcadia에서 살

---

9) 가운데 하얀 크림이 든 노란색 케이크

다가 지금 백인 투성이인 이 지역에서 살고 있어요. 여기서 내
내 자랐으면 아시안으로, 한국인으로 크는 것이 어떤 건지를 알
았을 거 같은데, 그런 면에서 저랑 (여기서 자라는 한인들이랑) 삶
의 경험이 달라지는 거겠죠.

요즘 친구들처럼 케이팝을 들으면서 한인이라는 정체성을 가지
고 기숙사에서 한국음식도 해먹고 하면서 한인 정체성 찾아가
는 것도 좋다고 생각해요. 저 같은 경우는 자라면서 좀 더 여기
사회에 통합되어 좀 다르죠. 케이팝을 즐기는 세대도 아니었고.
그래도 저는 제가 백인이 아니라는 걸 완전히 알고 있고 그렇
지만 코리안 아메리칸도 아메리칸으로 인식하는 그런 스펙트럼
에 있는 코리안 아메리칸이에요. 사촌의 딸은 한국 드라마를 보
고 음악으로 한국 친구를 사귀니 나보다 한국말을 더 잘하고,
이젠 농악까지 좋아해요. 그런 것이 한국문화에 들어가게 하는
데 … 나는 80년대 말에 성장을 하다보니 그런 기회가 없었죠.
(연구참여자 #101*)

이와 같이 언어와 문화적으로는 미국인에 가깝지만 백인이 아닌 코
리안 아메리칸으로서 많은 2세들에게는 '경험하지 않은 것(한국문화)에
대한 노스탤지어nostalgia for the present'(Jameson 1992)가 드러난다. 그
런 이들에게 향수의 원천인 한국이라는 대상을 부정적으로 만드는 관
행은 더 비판적으로 보일 수밖에 없다. 다른 한편, 연구참여자 #102처
럼 미국에서 자라 아메리칸에 가깝고 한국어를 못하는 코리안 아메리
칸이지만 '한국적'이라 분류되는 정서와 분위기를 존중하고자 하는 코
리안 아메리칸도 있다. 그는 한국어를 거의 못하지만 카파에 나가고
"어울리지 않아도 되는데 한국 엄마들과 어울리면서" 아웃리치 건으
로 한인 엄마들이 욕먹을 때 "같이 봉변을 당했던 이"라고 주변에서

이야기했다.

> 문화적 차이나 불편함을 1세 한인들에게서 느낀다는 거 … 나
> 는 딱히 그렇지 않아요. 그런 말들이 뭐에 대해 말하는지 알겠
> 고, '그들'과 같이 묶이고 싶어하지 않는 이들이 있는 거 같은데
> … 더 아메리카나이즈된 게 더 쿨하다고 생각하는데 … 나는
> 자발적으로 언쿨하려고 해요. (아메리카나이즈된 것만이) 더 멋있
> 다고 생각하지 않아요.(연구참여자 #102*)

　　소수이고 소수자이지만, 한인이 소수 중 다수자로 존재하는 LA 교
외의 거주지 라카냐다에서 한인들은 이와 같이 단지 이민 세대나 동
화 정도로 분명히 구분되지 않는 다양성을 드러내며 살아가고 있다.
이 같은 다양성의 역학 속에서, 또한 한국과의 초국적 소통 및 글로벌
경쟁이 심화되는 시대적 조건 속에서, 라카냐다라는 작은 타운 내 한
인들의 역학은 어떤 차세대 한인사회의 모습을 형성해갈지 주목할 만
하다.

VII

나가며

 이 연구에서 고찰한 한인 에스노버브 라카냐다 플린트리지의 모습은 서두에 소개한 칼럼글(Enjeti 2016)에서 언급한 인종적 분리segregation보다는 교외에의 집중과 통합의 형태에 가깝다. 남가주의 중국인 밀집 교외 지역에서 대체로 백인 인구가 빠져나감으로써 중국인이 실질적인 다수가 되는 것과는 다른 에스노버브의 모습이다. 또한 지역의 특성상, 지리학자 웨이 리가 중국인 교외집거지에서 관찰하며 일반화한 양상, 즉 에스노버브 내에 고소득 이민자와 저소득 이민자가 공존하는 현상도 동일하게 관찰되지 않았다. 그런데 에스노버브에서 관찰되는 분리와 통합이라는 양단의 현상 모두에 적용되는 핵심적인 기제는 (특히 아시아 이민자에게) 성공, 경쟁, 혹은 생존의 조건으로 이야기되는 교육에 대한 이슈였다. 이 글에서는 특히 한인 에스노버브 형성 역학의 큰 축을 차지하는 교육이라는 지표가 라카냐다라는 특정 로컬리티의 한인들에게 어떻게 다시 민족 내적 구분짓기의 지표가 되며 한인 간 다양성을 창출하고 있는지에 주목하였다.

 이론적으로 이 연구는 종래 교외 거주자에 대해 선험적이고 일률적으로 동화가 진전되었으며 문화적으로 다소 동질적이라 간주한 시각에 대한 문제제기이다. 교외 거주와 동화의 진전을 등치하는 담론, 즉 이민자 소수민족 집단이 도심의 엔클레이브에 집중 거주하며 생업을 이루다가 도심 밖의 지역과 교외 지역으로 분산되는 양상을 단순히 주류집단의 삶을 선망하여 추종하고 그 규범에 동화하려는 이민자 정착의 진화로 설명하는 것의 오류는 미국 도시 현상의 전개와 이민 정책 진전의 맥락에서 바라볼 때 분명해진다. 이민자 소수집단이 교외 지역으로 거주지를 확장해갈 수 있었던 것은 인종 분리의 법적 철폐와 자동차 산업의 발달 및 주택시장의 변화에 따른 미국 전반의 교외화, 그리고 이전과 다른 사회경제적 특징을 지닌 아시아 이민자를 유입한 미국 이민 정책의 변화 및 글로벌 경제가 재편되는 과정에서였다.

특히, 20세기 중반에 가시적인 이민집단을 형성한 한인의 경우, 게토와 같은 성격을 띠며 분리되고 한인만이 거주하는 배타적인 에스닉 엔클레이브에 갇혀있던 역사가 없었다. LA도심의 엔클레이브, 코리아타운도 민족집거지라기보다 한인 상권이 집중된 인큐베이터로서의 성격을 띠었고, 그만큼 이민집단으로서는 상당히 이른 시기인 1970년대부터 도심의 엔클레이브가 성장하는 것과 동시에 거기서 벗어난 지역에 분산 거주하는 모습을 보였다. 한인의 거주 및 생업의 영역이 형성되고 확장된 것은 정착지 미국의 환경 뿐 아니라, 이출지 본국인 한국의 정치적, 경제적 상황과 이민자 정책에도 영향을 받으며 초국적 작동의 맥락 속에서 이루어졌다. 즉, 도심의 코리아타운이 전적으로 배타적인 에스닉 엔클레이브의 성격을 지니지는 않았지만, 이제 특정의 교외 지역 내 한인 상권이 형성되며 한인이 집중 거주하는 로컬리티의 형성은 도심 코리아타운과는 성격을 달리하는 민족 집중 거주의

240

양상이다. 라카냐다와 같은 이러한 교외지역의 민족 집중 거주지, 에스노버브에서 한인은 다수자는 아니지만 대표적 소수자로 존재하며 지역 공간의 성격에 변화를 주고 있다. 교외 지역으로 한인의 거주가 분산되고 집중되면서 한인 정계 진출자들이 등장하는 것은 가시적으로 지역 성격의 변화가 관찰되는 지점 중 하나이다. Ⅳ장에서 언급한 바, 아시아계 중에서도 상대적으로 이민의 역사가 짧음에도 불구하고 한인들이 중국계보다 먼저 엘에이 메트로 지역 각 도시에서 시의원, 시장직 등을 수행하고 있다. 이와 같이 백인이 다수자이고 오랫동안 백인의 성으로 여겨져 온 교외 지역에 한인을 비롯한 소수민족 출신이 집중 거주하는 양상은 지역 내 한인 유권자의 요구에 귀를 기울이게 하고 지역 대표자가 한인 중에서 등장하는 등 지역 내 파워의 향방에도 영향을 미친다.

과거 전통적 에스닉 엔클레이브의 존재는 인종차별적 분리의 소산으로 생성된 것이었지만, 현대의 인종 분리는 또다른 동력에 의해 종족별 계급별 분리로 확장되며 미국의 공간에 여전히 재생되고 있다. 특히 캘리포니아와 같이 이주자 유입이 많은 지역에서 공간의 분리는 보다 뚜렷이 나타나고 있고, 종족 집단의 분리와 집중은 지리적 스케일을 달리하며 동전의 양면처럼 동시에 진행되고 있다. 과거든 현재든 동족이 한 지역에 집중 거주하는 것은 종족정체성을 구성하고 재생산하는 데 중요한 역할을 하고 자신의 본래 환경을 낯선 곳에서 재영토화하는 방식으로 비춰지기도 한다. 이런 측면에서 이민 세대가 진전됨에도 종족 단위의 집거 구조가 나타나는 것은 미국 사회의 인종적, 종족적, 계급적 아비투스의 상충이 어떠한가를 공간을 통해 드러내는 것이기도 하다

본 연구의 현장연구지인 라카냐다 플린트리지의 경우, 한글 간판으

로 인해 거리의 풍경이 한인의 특색을 과시하고 있고 그 가운데 한국어를 사용하는 한인들끼리의 모임이 목격된다고 하여 이곳의 한인 거주자들이 다른 민족 거주자들과 대비되는 하나의 공동체를 구성한다고 보는 것은 현대 이주민과 재미 한인에 대한 오해이다. 이 특정 교외 도시의 한인들은 미국에 온 시기, 미국 내 이전 거주지의 특성, 영어 숙련도, 한국 왕래 빈도 및 한국에 대한 지식, 한국문화와 사고방식에 대한 익숙함/불편함의 정도, 또는 청소년 세대의 경우 K-pop을 알고 있는지 등 여러 가지 요인에 의해 서로 조금씩 다름을 인식한다. 그러나 무엇보다 라카냐다에 다양한 한인들을 모이게 한 가장 큰 유인이 교육환경인 것과 마찬가지로 이러한 차별화의 지표들은 모두 교육 철학과 실천, 교육의 장에서의 긴장과 협력이라는 형태로 수렴되었다. 교육 실천을 중심으로 범주화가 이루어진다는 것은 이주(미국 내 혹은 국경 너머) 목적의 큰 축이 교육이라는 것을 공간적으로 재현하고 있음을 의미하고, 그 과정에서 한인이 지배적이지 않으나 집거의 형태를 보이는 인구 구성 속에서 한국식 관행이 반복되는 것에 대한 긴장과 저항이 존재함을 지시한다.

일정 비율 이상의 한인 인구가 유지되는 환경은 한인학부모회 카파의 구성과 같이 한인들 간의 협력을 이끌어내기도 하고, 한인 학부모들간 교육방식에 따라 혹은 한인 학생들 간 K-pop 등 한국 대중문화 인지도에 따라 일종의 파벌이 생기는 것도 가능하게 하는 환경이다. 한국과 미국을 오가는 빈도가 높은 사람들이 증가하며 초국가성이 확장되는 환경 속에서 현대 한국사회 일부의 삶의 방식 및 교육방식도 함께 이동하는 현상은 이 교외 도시 내 한인의 다양성을 더 확장시키고 있다. 또 한편, 여전히 존재하는 인종주의 역학 속에서 소위 주류 문화로의 무조건적 동화는 모두에게 미국살이의 해답으로 받아들여지기 어렵다. 한인이 소수자 중 다수자로 존재하는 에스노버브의 환경은 민족집단에의 소속과 가치가 지속되고 재생되거나 혹은 그를 저항하며 비판하는 담론이 생성될 수밖에 없는 환경을 형성하고 있으며 이 또한 한인들 간 다양성을 형성하는 데 일조한다. 라카냐다가 드러내는 한인 에스노버브 내 역학은 중국인 등 여타 종족의 에스노버브와는 다른 성격으로 구분되는 모습을 보여주며, 이 같은 교외 집거 공간이 글로벌 연결성 속에 더욱 다원화되어가는 재미한인의 모습을 파악하는데 적절한 창이 될 수 있음을 보여주었다.

부록
연구참여자 명단

　*는 면담시 영어로 대답, (*)는 한국어와 영어를 상황에 따라 번갈아 사용했음을 지시한다.

번호	성별	연령대	이민구분	거주지	비고
1	여	50대	2세	라카냐다	라카냐다 거주 3년 이내*
2	여	40대	1.5세	라카냐다	2016년 라카냐다 고교 카파 회장
3	여	50대	1세	라카냐다	라카냐다 거주 18년
4	여	50대	1세	라카냐다	이전 라크라센타 거주
5	남	50대	1.5세	LA 교외	코리아타운 내 NGO 디렉터(*)
6	여	50대	1세	부에나파크	유학생으로 도미, 딩크
7	여	50대	1세	호돈	이전 뉴욕 거주
8	남	60대	1.5세	리버사이드	재미한인 연구자, 교수
9	여	50대	1세	라카냐다	2016년 카파 참석
10	여	40대	1세	라카냐다	2016년 카파 참석
11	남	20대	1.5세	코리아타운	NGO 활동가, 정치인(*)
12	여	50대	1.5세	라카냐다	변호사, 아웃리치, PTA, 카파, 교육재단 등 활동(*)
13	여	50대	1세	글렌도라	유학원 사업
14	남	60대	1세	LA 교외	전 미주 중앙일보 편집국장
15	여	50대	1세	패서디나	사립 폴리학교 학부모
16	여	50대	1세	라카냐다	라카냐다 25년 거주, 자바
17	여	50대	1세	라카냐다	사립 폴리학교 학부모, 자바

번호	성별	연령대	이민구분	거주지	비고
18	여	50대	1세	라카냐다	사립 폴리학교 학부모, 자바
19	여	50대	1세	라카냐다	사립 폴리학교 학부모, 자바
20	여	50대	1세	라카냐다	사립 폴리학교 학부모, 자바
21	여	50대	1세	라카냐다	92년 도미, 라카냐다 거주 10년, 자바
22	남	50대	1세	LA 교외	대학 2학년에 도미, 회계사
23	남	50대	1세	라카냐다	유학생으로 도미, 교수
24	남	60대	1세	LA 교외	밸리지역 한인업소록 기록, 지역신문 발행
25	여	50대	1.5세	라카냐다	배우자 1.5세, 91년 도미, 99년 라카냐다로
26	여	50대	1세	라카냐다	loan office 근무, 배우자 1세
27	여	50대	1.5세	라카냐다	고교 재학 중 이민
28	남	70대	1세	LA 교외	74년 도미, 미주 한국일보 25년 근무 경력
29	여	40대	1.5세	라카냐다	라카냐다 고교 출신, 교육재단 등 활동(*)
30	남	70대	1세	세리토스	전 세리토스 시장
31	남	50대	1.5세	LA 교외	정치인, 시민운동가
32	여	50대	1세	라카냐다	약사, 배우자 1.5세
33	남	50대	1.5세	라카냐다	라카냐다 커미셔너*
34	남	50대	백인	라카냐다	시장 후보(조사 당시)*
35	여	40대	1세	라카냐다	라카냐다 거주 1년, 약사
36	여	50대	1세	라카냐다	2018년 카파 참석
37	여	50대	1.5세	라카냐다	2018년 카파 참석
38	여	40대	1세	라카냐다	2017년 시장 후보와의 대화 참석
39	여	60대	1세	라카냐다	2017년 시장 후보와의 대화 참석
40	여	50대	1세	라카냐다	2017년 시장 후보와의 대화 참석
41	여	50대	1세	라카냐다	2017년 시장 후보와의 대화 참석
42	여	40대	1세	라카냐다	2017년 시장 후보와의 대화 참석
43	여	50대	1세	라카냐다	2017년 시장 후보와의 대화 참석

번호	성별	연령대	이민구분	거주지	비고
44	여	50대	1세	라카냐다	2017년 시장 후보와의 대화 참석
45	남	50대	1.5세	라카냐다	2017년 시장 후보와의 대화 참석(*)
46	남	50대	1세	라카냐다	2018년 카파 참석
47	여	40대	1세	라카냐다	2018년 카파 참석
48	여	50대	1세	라카냐다	2018년 카파 참석
49	여	50대	1세	라카냐다	패서디나 소재 한인 교회 모임 참석
50	여	50대	1세	라카냐다	패서디나 소재 한인 교회 모임 참석
51	여	50대	1세	라카냐다	패서디나 소재 한인 교회 모임 참석
52	여	20대	1.5세	라카냐다	대학생*
53	여	50대	1세	라카냐다	남미 거쳐 미국으로, 배우자 1.5세
54	여	50대	1세	라카냐다	realtor(부동산업)
55	여	50대	1세	라카냐다	40대 후반에 도미, 한국에서 무역업
56	여	20대	2세	라카냐다	대학원생*
57	여	40대	백인	라카냐다	라카냐다 통합교육구 근무*
58	여	50대	1.5세	라카냐다	브라질 거쳐 미국으로, 배우자 2세(*)
59	여	40대	1.5세	라카냐다	2세에 이민, 동부에서 성장, 라카냐다 10년 거주*
60	남	70대	1세	라카냐다	서재필 박사 후손, 변호사, 백주년기념사업, 이민사박물관 건립 추진 등 활동
61	여	60대	1세	LA 교외	멕시코 한인 연구자
62	남	60대	1세	LA 교외	전 미주 한국일보 편집국장
63	여	60대	1세	LA 교외	대학 소재 한국학도서관 관장
64	여	40대	1세	라카냐다	2009년 한국에서 라카냐다로
65	여	40대	1.5세	라카냐다	8세에 이민, 남편 일본계, 2002년부터 거주*
66	여	60대	1세	라카냐다	미주 한글학교 연합회 회장
67	남	50대	혼혈	라카냐다	아웃리치 대표*
68	여	50대	1세	라카냐다	2016년 카파 참석

번호	성별	연령대	이민구분	거주지	비고
69	여	50대	1.5세	라카냐다	약사, 2005년부터 거주
70	여	50대	1.5세	LA 교외	3세에 이민, 변호사, 오렌지 카운티 거주*
71	여	50대	1.5세	LA 교외	11세에 이민, 어바인 거주*
72	여	50대	1.5세	LA 교외	16세에 이민, 남편 중국계, 오렌지 카운티*
73	여	40대	1세	라카냐다	LA에서 레스토랑 운영, 2003년부터 거주
74	여	10대	1세	라카냐다	커뮤니티 칼리지 유학
75	여	40대	1세	라카냐다	20년전 도미, 레스토랑 체인 등 운영
76	여	50대	1세	라카냐다	2011년부터 거주
77	여	60대	1세	라카냐다	90년에 도미
78	남	80대	1세	LA 교외	66년 도미, 목사, 미국 교회 목회활동(*)
79	여	70대	1세	LA 교외	목사 사모
80	여	70대	1세	비버리힐즈	배우자 중국계(*)
81	남	50대	1세	라카냐다	엘에이 북부한인회
82	여	50대	1세	라캬냐다	어바인에서 2007년 라카냐다로
83	여	60대	1세	라크라센타	78년 도미, 라카냐다에서 부동산업
84	여	40대	1세	라카냐다	대졸 후 도미, 배우자 1.5세, 2년 거주
85	여	50대	1.5세	라카냐다	고교 재학 중 이민
86	여	60대	1세	라카냐다	3대가 함께 라캬냐다 거주
87	남	60대	1세	라카냐다	회계사, 3대가 함께 라카냐다 거주
88	남	60대	1세	패서디나	교회모임에서 라카냐다 거주자와 소통
89	남	40대	1세	S.패서디나	무역중개업, 교회모임
90	여	40대	1세	S.패서디나	무역중개업, 교회모임
91	남	50대	1세	LA 교외	패서디나 소재 한인 교회 모임 참석
92	여	50대	1세	LA 교외	패서디나 소재 한인 교회 모임 참석
93	여	40대	1세	LA 교외	패서디나 소재 한인 교회 모임 참석
94	남	60대	1세	LA 교외	한인교회 목사

번호	성별	연령대	이민구분	거주지	비고
95	여	40대	1.5세	라카냐다	라카냐다 조기유학, 한국에 갔다가 결혼 후 2007년 라카냐다로
96	여	50대	1.5세	라카냐다	20세에 도미, 배우자 1.5세
97	여	20대	2세	라카냐다	사립여고 출신 현재 직장인*
98	여	50대	1세	라카냐다	약사, 배우자 1.5세
99	남	50대	1.5세	라카냐다	미디어 종사자, 하와이 출신(*)
100	여	40대	1세	라카냐다	배우자 1.5세, 17년 라카냐다 거주
101	여	40대	1.5세	라카냐다	변호사, 배우자 헝가리계, 9년전부터 거주*
102	여	50대	2세	라카냐다	아웃리치, 교육재단 등 활동, 배우자 1.5세*
103	여	50대	1.5세	라카냐다	자녀 사립학교
104	여	50대	1세	라카냐다	자녀 사립학교
105	여	50대	1세	라카냐다	자녀 사립학교, 배우자 1.5세, 자바
106	여	50대	1.5세	라카냐다	자녀 사립학교, 배우자 1.5세
107	남	40대	1.5세	LA 교외	코리아타운 NGO 디렉터*
108	여	40대	1세	라카냐다	배우자 1.5세, 2008년부터 라카냐다 거주

참고문헌

구동회, 2010, 「로컬리티 연구에 관한 방법론적 논쟁」, 『국토지리학회지』 44(4): 509-523

김백영, 2018, 「소수민족 혼성 거주지에서 초국적 개발주의의 거점지로: 로스앤젤레스 한인타운 변천사에 대한 공간사회학적 연구」, 『사회와 역사』 제120: 235-276.

김선정, 2009, 「한인의 미국 이주 시기 구분과 특징」, 『남북문화예술연구』 통권4호: 145-180.

김용철·안영진, 2014, 「로컬리티 재구성 과정에 대한 이론적 분석틀」, 『한국경제지리학회지』 17(2): 420-436.

김정규, 2017, 「오렌지카운티의 새로운 소수자들: 삶의 공간과 재영토화」, 『미국학』 40(1): 91-138.

김진영, 2010, 「로스앤젤레스 코리아타운의 발전과 한국문화」, 임영상 외, 『코리아타운과 한국문화』, 서울: 북코리아

민병갑·주동완, 2010, 「뉴욕 플러싱-베이사이드 지역의 한인 타운」, 『글로벌문화콘텐츠』 5: 7-39.

박경환, 2011, 「글로벌, 로컬, 스케일: 공간과 장소를 둘러싼 정치」, 『로컬리티인문학』 5: 47-85.

박원석, 2015, 「미국 LA 지역 한인 이주민의 정착 경로 및 주거입지 특성」, 『한국경제지리학회지』 18(1): 17-44.

박원석, 2015, 「미국 LA 지역 한인 인주민의 정착 경로 및 주거입지 특성」, 『한국경제지리학회지』 18(1): 17-44.

신지연, 2014, 「트랜스이주 시대의 뉴욕 한인 타운의 재구성과 민족간 관계 연구」, 이화여자대학교 석사논문.

유의영, 2002, 「남가주 한인사회: 1903-1964」, 『미주 한인이민 100년사』, 한미동포재단·미주 한인이민 100주년 남가주기념사업회.

유의영, 2003, 「재미한인의 인구통계학적 특성과 주요 현안」, 전남대학교 세계
　　　한상문화연구단 국제학술회의 36.

이승철·이의한, 2011, 「미국 조지아 주 메트로 애틀랜타 한인사회의 성장과
　　　공간적 분포」, 『한국경제지리학회지』 14(2): 225-239.

이영민, 2013, 「글로벌 시대의 트랜스이주와 장소의 재구성: 문화지리적 연구
　　　관점과 방법의 재정립」, 『문화역사지리』 25(1): 47-62.

이찬행, 2013, 「1992년 로스앤젤레스 폭동에 대한 미주 한인들의 멜로드라마적
　　　상상 만들기」, 『미국사연구』 37: 135-168.

정은주, 2017, 「이주 공간 연구와 이주민 행위주체성(agency) 담론에 대한 비판
　　　적 검토」, 『비교문화연구』 23(2): 145-185.

정은주, 2019a, 「장소성에 기반한 초국가 시대 이주 연구: 교외 거주 재미한인
　　　연구 모델의 모색」, 『지역과 세계』 43(1): 39-63

정은주, 2019b, 「"라코리아(La Korea)": 미 서부 교외의 한인 집중거주지 형성과
　　　교육담론에 투영된 재미한인사회의 다양성」, 『비교문화연구』 25(2):
　　　263-298.

정은주, 2022, 「미국 이민자 공간의 분산과 교외화의 동력: 로스앤젤레스 메트로
　　　폴리탄 지역 한인 거주지 변화를 중심으로」, 『중앙사론』 57집:
　　　265-306.

정은주, 유철인, 한경구, 이재협, 박정선, 김현희, 박계영, 이정덕, 2020, 『태평양
　　　을 넘어서:글로벌 시대 재미한인의 삶과 활동』, 학고방.

정은주, 한경구, 박계영, 이정덕, 김현희, 박정선, 이재협, 유철인, 2021, 『글로벌
　　　시대 재미한인 연구: 이론적 리뷰와 새로운 방향의 모색』, 학고방.

한경구, 2020, 「LA 지역 재미한인의 초국가주의 정치」, 정은주 외, 『태평양을
　　　넘어서:글로벌 시대 재미한인의 삶과 활동』, 학고방.

주동완, 2011, 「뉴욕 플러싱 코리아타운 디지털화를 위한 기본연구」, 『재외한인
　　　연구』 23: 223-280.

Abelmann, Nancy and John Lie. 1995, "Mapping the Korean Diaspora in Los
　　　Angeles," In Blue Dreams: Korean Americans and the Los Angeles
　　　Riots, Cambridge: Harvard University Press.

Alba Richard D. and John R. Logan, 1991, "Variations on Two Themes: Racial and Ethnic Patterns in the Attainment of Suburban Residence," *Demography* 28: 431-453.

Allen, James P and Eugene Turner, 1996, "Ethnic Diversity and Segregation in the New Los Angeles," In *Ethnic City: Geographic Perspectives on Ethnic Change in Modern Cities*, C. Roseman et al. (eds.), Lanham: Rowman & Littlefield Publishers, Inc.

Ancheta, A. N., 1998, *Race, Rights, and the Asian American Experience*, Rutgers University Press.

Anderson, Benedict, 1991, *Imagined Communities: Reflections on the Origin and Spread of Nationalism*, London: Verso.

Auge, M., 1996, *Non-places: Introduction to an Anthropology of Supermodernity*. London: Verso.

Basch, Linda, Nina Glick Schiller and Christina Szanton Blanc, 1994, *Nations Unbound: Transnational Projects, Postcolonial Predicaments and Deterritorialized Nation-States*, Langhorne: Gordon and Breach Science Publishers.

Beck, Ulrich, 2000, "The Cosmopolitan Perspective: Sociology of the Second Age of Modernity," British Journal of Sociology 51(1): 79-105.

Bourdieu, Pierre, 1984, *Distinction: A Social Critique of the Judgement of Taste*, Harvard University Press.

Brettell, Caroline B. and Faith G. Nibbs, 2010, "Immigrant Suburban Settlement and the "Threat" to Middle Class Statues and Identity: The Case of Farmers Branch, Texas," International Migration 49(1): 1-30.

Bump, M. 2005, "From Temporary Picking to Permanent Plucking: Hispanic Newcomers, Integration, and Change in the Shenandoah Valley", in E Gozdziak and S.F. Martin (eds.), *Beyond the Gateway: Immigrants in a Changing America*. Lexington Books, Lanham.

Campbell, l, David, 1996, "Political Prosaics, Transversal Politics, and the Anarchical World", in Michael J. Sapiro and Hayward R. Alker, eds., *Challenging Boundaries: Global Flows, Territorial Identities*, Minneapolis: University of Minnesota Press, pp.7-32.

Castells, Manuel, 1989, "Space and Society: Managing the New Historical Relationships," In *Cities in Transformation: Class, Capital, and the State*, Beverly Hill: Sage.

Castles, Stephen Castles, Hein de Haas and Mark J. Miller, 2013, *The Age of Migration*, 5th edition, London and New York: Palgrave Macmillan.

Chang, Yoonmee, 2012, *Writing the Ghetto: Class, Authorship, and the Asian American Ethnic Enclave*, New Brunswick: Rutgers University Press.

Clark, William A. V., 1991, "Residential Preferences and Neighborhood Racial Segregation: A Test of the Schelling Segregation Model," *Demography* 28(1): 1-19.

Clark, William, 2004, "Race, Class, and Segregation Patterns in U.S. Immigrant Gateway Cities," *Urban Affairs Review* 39(6): 667-688.

Cooke, P., 1990, "Locality, Structure, and Agency: A Theoretical Analysis," *Current Anthropology* 5(1): 3-15.

Combe, Rosemary J. and Paul Stoller, 1994 "X Marks the Spot: Ambiguities of African Trading in the Commerce of the Black Public Sphere", *Public Culture* 7: 249-274.

Cox, K., 1998, "Spaces of Dependence, Spaces of Engagement and the Politics of Scale, or: Looking for Local Politics," *Political Geography* 17(1): 1-23.

Cresswell, Tim, 2004, *Place: A Short Introduction*, Malden: Blackwell Publishes.

Davis, Mike, 1990, *City of Quartz: Excavating the Future in Los Angeles*, New York: Verso.

De Certeau, Michel, 1984, *The Practice of Everyday Life*. University of California Press.

Dreibelbis, Lindi, 2016, "Faces of LCUSD", Oct. 3 2016, LCUSD.

Drew, Rachel B., 2002, *New Americans, New Homeowners: The Role and Relevance of Foreign-born First-time Homebuyers in the U.S. Housing Market*, Boston, MA: Harvard University, Joint Center for Housing Studies.

Duncan, S. and Savage, M., 1989, "Space, Scale and Locality," *Antipode* 21(3): 179-206.

Enjeti, A., 2016, "Ghosts of White People Past: Witnessing White Flight from an Asian Ethnoburb," *Pacific Standard,* updated June 14, 2017, original: Aug. 25, 2016., accessed 2017.1.20., https://psmag.c9om/news/ghosts-of-white-people-past-witnessing-white-flight-from-an-asian-ethnoburb,

Espiritu. Yen Le, 1992, *Asian American Panethnicity: Bridging Institutions and Identities,* Philadelphia: Temple University Press.

Esterline, Cecilia and Jeanne Batalova, 2022, "Korean Immigrants in the United States", *Migration Information Source,* Migration Policy Institute, April 14, 2022, accessed 2022.10.1., https://www.migrationpolicy.org/article/korean-immigrants-united-states

Fishman, Robert, 1987, "The End of Suburbia: A New Kind of City Is Emerging-the 'Technoburb'," *Los Angeles Times,* August 02.

Foner, Nancy, 2000, *From Ellis Island to JFK: New York's Two Great Waves of Immigration,* New York: Russell Sage Foundation.

Fortuijin, Joos D., Sako Musterd and Wim Ostendorf. 1998. "International Migration and Ethnic Segregation: Impacts on Urban Areas." *Urban Studies* 35(3): 367-370.

Frey, William H., 2001, *Melting Pot Suburbs: A Census 2000 Study of Suburban Diversity,* The Brookings Institution Census 2000 Series.

Garreau, Joel, 1991, *Edge City: Life on the New Frontier,* Anchor Books.

Georges, Eugenia, 1990, *The Making of a Transnational Community: Migration, Development and Cultural Change in the Dominican Republic.* New York: Columbia University Press.

Gieliss, Ruben, 2009, "A Global Sense of Migrant Places: Towards A Place Perspective in the Study of Migrant Transnationalism", *Global Networks* 9(2): 271-287.

Glick Schiller, Nina, 1992, "Transnationalism: A New Analytic Framework for Understanding Migration," In *Towards a Transnational Perspective on Migration: Race, Class, Ethnicity, and Nationalism Reconsidered,* Nina Glick Schiller, Linda Basch, and Christina Blanc-Szanton (eds.),

New York: New York Academy of Sciences.

Glick Schiller, Nina, 2004, "Long Distance Nationalism," In *Encyclopaedia of Diasporas: Immigrant and Refugee Cultures around the World, Vol. I: Overviews and Topics; Vol. II: Diaspora Communities,* M. Ember, C. R. Ember & I. Skoggard (eds.), New York: Springer.

Glick Schiller, Nina, 2005, "Transnational Social Fields and Imperialism: Bringing a Theory of Power to Transnational Studies," *Anthropological Theory* 5(4): 439-461.

Glick Schiller, Nina and Ayse Çağlar, 2011, *Locating Migration: Rescaling Cities and Migrants,* Ithaca: Cornell University Press.

Glick Schiller, Nina, Linda Basch, Christina Blanc-Szanton, 1994, "From Immigrant to Transmigrant: Theorizing Transnational Migration," *Anthropological Quarterly* 68(1): 48-63.

Gordon, Milton M., 1964, *Assimilation in American Life: The Role of Race, Religion, and National Origins,* New York: Oxford University Press.

Gorrie, Peter, 1991, "Farewell to Chinatown", *Canadian Geographic* 111(4): 16-28.

Gottschalk, Earl C. Jr., 1985, "The American Dream Is Alive and Well in Koreatown", *Wall Street Journal*, May 20, 1985.

Gozdziak, E. and M. Bump. *New Immigrants, Changing Communities.* Lexington Books, Lanham. 2008

Greene, Richard P., 1997, "Chicago's New Immigrants, Indigenous Poor, and Edge Cities," *Annals of the American Academy of Political and Social Science* 551: 178-190.

Grimes, Kimberly M., 1998, *Crossing Borders: Changing Social Identities in Southern Mexico.* Tucson: University of Arizona Press. 1998.

Guarnizo, Luis Eduardo, 1998, "The Rise of Transnational Social Formations: Mexican and Dominican State Responses to Transnational Migration", *Political Power and Social Theory* 12: 45-94. 1998,

Guerra, Ferdinando, 2022, "Growing Together: Korea & Los Angeles County", *Los Angeles County Economic Development Corporation,* accessed 2022.

10. 1., https://laedc.org/reports/Growing%20Together%20Korea%20a
nd%20LA%20County_English.pdf

Gupta, Akhil and James Ferguson, 1997, *Culture, Power, Place: Explorations in Critical Anthropology*, Durham: Dike University Press.

Hannerz, Wolf., 1996 *Transnational Connections*. London and New York: Routledge.

Hardwick, Susan W., 2008, "Toward a Suburban Immigrant Nation," In *Twenty-First Century Gateways: Immigrant Incorporation in Suburban America*, A. Singer, S. W. Hardwick and C. B. Bretell (eds.), Washington, DC: The Brookings Institution.

Harvey, David, 1989, *The Condition of Postmodernity*, Oxford: Blackwell Publishers.

Harvey, David, 2006, *Spaces of Global Capitalism: Towards A Theory of Uneven Geographical Development*, London: Verso.

Herod, Andrew, 1994, "Further Reflections on Organized Labor and Deindustrialization in the United States," *Antipode* 26(1): 77-95.

Jackson, Kenneth T, 1987, *Crabgrass Frontier: The Suburbanization of the United States*, Oxford University Press.

Jameson, Frederic, 1992, *Postmodernism, or, The Cultural Logic of Late Capitalism*, Duke University Press.

Kim, David S., 1975, *Korean Small Businesses in the Olympic Area, Los Angeles*, School of Architecture and Urban Planning, University of California, Los Angeles.

Kim, Ilsoo, 1981, *New Urban Immigrants: The Korean Community in New York*, Princeton: Princeton University Press.

Kotkin, Joel, 2005 "Our Immigrants, their immigrants", *Wall Street Journal*, Nov. 8, 2005, accessed 2022.10.20., https://www.wsj.com/articles/SB11 3141535903390772

Lee, Kyung, 1969, "Settlement Patterns of Los Angeles Koreans," M.A. thesis, University of California, Los Angeles.

Lee, Shelley Sang-Hee, 2022, *Korea Town, Los Angeles: Immigration, Race, and* the *"American Dream"*, Stanford University Press.

Lefebvre, Henri, 1974[1991], *Everyday Life in the Modern World.* New York: Harper and Row.

Leitner, Helga, Eric Sheppard, and Kristin Sziarto, and Anant Maringanti, 2007, "Contesting Urban Futures, Decentering Neoliberalism", in Helga Leitner, Jamie Peck, and Eric Sheppard, eds., *Contesting Neoliberalism, Urban Frontiers.* New York: Guilford Press, pp.1-25.

Levitt, Peggy, 1998, "Local-level Global Religion: The Case of U.S.- Dominican Migration," *Journal for the Scientific Study of Religion* 37(1): 74-89.

Li, Wei, 1998, "Los Angeles's Chinese Ethnoburb: From Ethnic Service Center to Global Economy Outpost," *Urban Geography* 19(6): 502-517.

Li, Wei, 1998, "Anatomy of a New Ethnic Settlement: The Chinese Ethnoburb in Los Angeles", *Urban Studies* 353

Li, Wei, 1999, "Building Ethnoburbia: The Emergence and Manifestation of the Chinese Ethnoburb in Los Angeles' San Gabriel Valley," *Journal of Asian American Studies* 2(1): 1-28.

Li, Wei, 2000, "Ehnoburb versus Chinatown; Two Types of Urban Ethnic Communities in Los Angeles," Department of Geography, University of Connecticut.

Li, Wei, 2009, *Ethnoburb: The New Ethnic Community in Urban America*, Hawaii: University of Hawaii Press.

Li, Wei and Emily Skop, 2007, "Enclaves, Ethnoburbs, and New Patterns of Settlements among Asian Immigrants," In *Contemporary Asian America: A Multidisciplinary Reader*, M. Zhou and J. V. Gatewood (eds.), New York: New York University.

Lin, Jan, 1998, *Reconstructing Chinatown: Ethnic Enclave, Global Change*, Minneapolis: University of Minnesota Press.

Low, Setha M. and Denise Lawrence-Zúñiga, ed., 2011, *The Anthropology of Space and Place: Locating Culture*, Blackwell Publishing.

Massey, Doreen, 1984, *Spatial Divisions of Labour: Social Structures and the Geography of Production*, New York: Methuen.

Massey, Douglas, 1985, "Ethnic Residential Segregation: A Theoretical Synthesis and Empirical Review," *Sociology and Social Research* 69(3): 315-50

Massey, Doreen, 1994, *Space, Place and Gender,* Minneapolis: University of Minnesota Press.

Massey, Douglas S. and Nancy A. Denton, 1993, *American Apartheid: Segregation and the Making of the Underclass,* Cambridge: Harvard University Press.

McCann, E. and Ward, K. eds., 2011, *Mobile Urbanism: Cities and Policymaking in the Global Age.* Routledge, London.

McLaughlin, Katy, 2017.1.26., "Homeowners' Quest for the Best Schools", *The Wall Street Journal,* accessed 2018.1.10, https://www.wsj.com/articles/homeowners-quest-for-the-best-schools-1485443381

Millican, Anthony, 1992, "Presence of Koreans Reshaping the Region," *Los Angeles Times,* Feb. 2, pp. B3.

Millican, Anthony, 2001, "Residential Segregation and Neighborhood Conditions in U.S. Metropolitan Areas," In *America Becoming: Racial Trends and Their Consequences,* Volume I, Neil J. Smelser, William Julius Wilson, and Faith Mitchell (eds.), Washington, D.C.: National Academy Press.

Min, Pyong Gap, 1992, "The Structure and Social Functions of Korean Immigrant Churches in the United States", *International Migration Review* 26(4): 1370-1394.

Min, Pyong Gap, 1996, *Caught in the Middle: Korean Communities in New York and Los Angeles,* Berkeley: University of California Press.

Min, Pyong Gap, 2012a, "Growth and Settlement Patterns of Koreans Americans, 1990-2010," *Research Report for the Korean Community* Queens College of CUNY 4.

Min, Pyong Gap, 2012b, "Population Growth and Racial Composition in Korean Enclaves in the New York-New Jersey Area, 1980-2010," *Research Report for the Korean Community* Queens College of CUNY 5.

Mitchell, Katharyne, 1997, "Conflicting Geographies of Democracy and the Public Sphere in Vancouver BC," *Transactions of the Institute of*

British Geographers 22(2): 162-179.

Newbold, K. Bruce and John Spindler, 2001, "Immigrant Settlement Patterns in Metropolitan Chicago," *Urban Studies* 38(1): 1903-1919.

Newby, H., 1986. "Locality and Rurality: The Restructuring of Rural Social Relations," *Regional Studies* 20: 209-215.

O'Connor, Allison and Jeanne Batalova, 2019.4.10., "Korean Immigrants in the United States", *Migration Policy Institute,* accessed 2020.10.1., https:// www.migrationpolicy.org/article/korean-immigrants-united-states-20 17?gclid=EAIaIQobChMIx7zc0f6FgQMVT8ZMAh326AufEAAYASA AEgK2nvD_BwE

Oh, Sookhee, 2015, "Subarban Ethnic Enclaves and Spatial Assimilation: Koreans in the New York-New Jersey Metropolitan Area", *The Journal of Multicultural Society* 5(2).

Omi, Michael and Howard Winant, 1994, *Racial Formation in the United States: From the 1960s to the 1990s,* NY: Routledge.

Ortner, Sherry B., 1984, "Theory in Anthropology since the Sixties," *Comparative Studies in Society and History* 26(1): 126-166.

Ortner, Sherry B., 2006, "Updating Practice Theory," in *Anthropology and Social Theory: Culture, Power, and the Acting Subject,* Duke University Press, pp.1-18

Park, Edward J. W., 2012, "From an Ethnic Island to a Transnational Bubble: A Reflection on Korean Americans in Los Angeles," *Amerasia Journal* 37(1): 43-47.

Park, Robert E., Ernest W. Burgess, and Morri Janowitz, 1925, *The City: Suggestions for the Study of Human Nature in the Urban Environment,* University of Chicago Press.

Park, Kyeyoung and Jessica Kim, 2008, "The Contested Nexus of Los Angeles Koreatown: Capital Restructuring, Gentrification, and Displacement," *Amerasia Journal* 34(3): 127-150.

Phillips, D., 2006, "Parallel Lives? Challenging Discourses of British Muslim Self-segregation, Environment and Planning D," *Society and Space* 24(1): 25-40.

Portes, Alejandro, 1995, "Segmented Assimilation among New Immigrant Youths: A Conceptual Framework," In *California's Immigrant Children*, R. G. Rumbaut and W. A. Cornelius (eds.), La Jolla: Center for U.S.-Mexican Studies, University of California-San Diego.

Portes, Alejandro and Min Zhou, 1993, "The New Second Generation: Segmented Assimilation and Its Variants," *The Annals of the American Academy of Political and Social Science* 530(1): 74-96.

Portes, Alejandro and Rubén G. Rumbaut, 2001, *Legacies: The Story of the Immigrant Second Generation*, Berkeley and Los Angeles: University of California Press.

Rand, Christopher, 1967, *Los Angeles: The Ultimate City*, New York: Oxford University Press.

Ray, B. K., G. Halseth, and B. Johnson, 1997, "The Changing 'Face' of the Suburbs: Issues of Ethnicity and Residential Change in Suburban Vancouver," *International Journal of Urban and Regional Research* 21(1): 75-99.

Reft, Ryan, 2016, "Sammy Lee: A Life That Shaped the Currents of California and U.S. History", KCET, Public Media Group of Southern California, Dec. 6, 2016, accessed 2022.10.20., https://www.kcet.org/shows/lost-la/sammy-lee-a-life-that-shaped-the-currents-of-california-and-u-s-history

Rodriguez, Gregory, 2003, "Suburbia Gains and Accent", *Los Angeles Times*, De.28, 2003, accessed 2022.10.10., https://www.latimes.com/archives/la-xpm-2003-dec-28-op-rodriguez28-story.html

Rouse, Roger. 1991, "Mexican Migration and the Social Space of Post-modernism," *Diaspora* 1(1): 8-23.

Salih, Ruba and Bruno Riccio, 2011, "Transnational Migration and Rescaling Processes: The Incorporation of Migrant Labor," in Nina Glick-Schiller and Ayse Çağlar, eds., *Locating Migration: Rescaling Cities and Migrants*. Cornell University. Press, pp.123-142.

Sammers, Michael. 2013. *Migration*. London and New York: Routledge.

Sassen, Saskia, 1991, *The Global City: New York, London, Tokyo*, Princeton:

Princeton University Press.

Sheller, Mimi and John Urry, 2006, "The New Modalities Paradigm," *Environment and Planning* 38(2): 207-226.

Sherman, Diana, 1979, "Korean Town's Extent, Population Grows Daily," *Los Angeles Times,* Feb.25, pt.8, p.1.

Smith, Michael Peter, 2001, *Transnational Urbanism: Locating Globalization,* Malden, Mass.: Blackwell Publishers.

Smith, Neil, 1984, *Uneven Development.* Cambridge, MA: Blackwell.

Smith, Robert, 1996, "The Flower Sellers of Mahattan," *NACLA Report on the Americas* 20(3): 41-43.

Sowel, T., 1981, *Ethnic America: A History.* New York: Basic Books, Inc. Publishers.

Sutton, Constance, 1987, "The Carribeanization of New York City and the Emergence of a Transnational Sociocultural System", in Constance Sutton and Elsa Chaney, eds., *Carribean Life in New York City: Sociocultural Dimensions.* New York: Center for Migration Studies, pp.15-30.

Taylor, P.J., 1981, "Geographical Scales within the World-Economy Approach," *Review* (Fernand Braudel Center) 5(1): 3-11

Tomlinson, John 1999, *Globalization and Culture,* Chicago: University of Chicago Press.

Ungermann-Marshall, Yana, 2006, *Image of America: La Canada,* Arcadia Publishing.

Vertovec, Steven, 1999, "Conceiving and Researching Transnationalism," *Ethnic and Racial Studies* 22: 447-462.

Von Hoffmann, Alexander, 1999, *Housing Heats Up: Home Building Patterns in Metropolitan Areas,* Boston, MA: Joint Center for Housing Studies, Harvard University.

Wimmer, Andreas and Nina Glick-schiller, 2003, "Methodological Nationalism, the Social Sciences, and the Study of Migration: An Essay in Historical Epistemology," *International Migration Review* 37(3): 576-610.

Yu, Eui-Young, 1982, "Koreans in Los Angeles: Size, Distribution, and Composition," In *Koreans in Los Angeles: Prospects and Promises*, E. Y. Yu, Phillips, and Yang (eds.), *Los Angeles: Center for Korean--American and Korean Studies*, California State University, Los Angeles.

Yu, Eui-Young, 1985, "'Koreatown' in Los Angeles: Emergence of a New Inner-City Ethnic Community," *Bulletin of the Population and Development Studies Center* 14: 29-43.

Yu, Eui-Young, 1990, "Korean Community Profile: Life and Consumer Patterns," *Los Angeles Korea Times*.

Yu, Zhou and Dowell Myers, 2007, "Convergence or Divergence in Los Angeles: Three Distinctive Ethnic Patterns of Immigrant Residential Assimilation," *Social Science Research* 36(1): 254-285.

Zelinsky, Wilbut and Barret. A. Lee, 1998, "Heterolocalism: An Alternative Model of the Sociospatial Behavior of Immigrant Communities," *International Journal of Population Geography* 4(4): 281-298.

자료

"그라나다 힐스 차터 고교, 캘리포니아 최고의 공립 고등학교에 뽑혀 … ", 『가주교육신문』 2016.11.7., accessed 2017.3.1., https://caledunews.com /bbs/board.php?bo_table=news&wr_id=563

"샌마리노·라카냐다 교육구, LA선 학력 최고", 『미주중앙일보』 2008.5.22., https://news.koreadaily.com/2008/05/21/society/generalsociety/63104 5.html, accessed 2017.3.1.

"한인 LA서 외곽으로 … OC·SD 등 크게 늘었다", 『미주중앙일보』 2011.5.14. https://news.koreadaily.com/2011/05/12/society/generalsociety/11976 31.html, acccessed 2020.9.1.

"라카냐다 13%, 라크레센타 주택 20% 한인 소유", 『미주중앙일보』 2013.4.2., https://news.koreadaily.com/2013/04/02/economy/economygeneral/ 1628570.html, accessed 2019.1.10.

"[그곳에 살고 싶다] 라카냐다 플린트릿지 … 숲과 나무에 둘러싸인 최고급 베드타운", 『미주중앙일보』 2013. 8.21., https://news.koreadaily.com/

2013/08/20/economy/realestate/1916819.html, accessed 2017.3.1.

"학군좋고 생활환경 편리 한인들에 인기", 『미주한국일보』, 2001.4.19., http://
    dc.koreatimes.com/article/20010418/32531, accessed 2017.3.1.

"어바인, 라카냐다 '가장 안전한 도시'", 『미주한국일보』, 2014.11.12., http://
    m.koreatimes.com/article/884533, acccessed 2020.9.1.

"최고의 수준 높은 이웃들과 멋진 삶 … LA 라카냐다의 최근 리모델링된
    세련된 주택", 『미국부동산 파트너스』 2017.3.31.

Center for Demographic Research(CDR), "Census 2000: Orange County's Asian
    Population", *Orange County Profiles*, California State University, Fulleron
    (CSUF), volume 6. number 4, https://www.fullerton.edu/cdr/_resources
    /pdf/profiles/profilesv6n4.pdf, accessed 2022.10.10,

Garner, Scott, "Neighborhood Spotlight: Koreatown is a bustling city within
    a city," *Los Angeles Times*, 2016.7.16., https://www.latimes.com/business
    /realestate/hot-property/la-fi-hp-neighborhood-koreatown-20160716-
    snap-story.html, accessed 2020.1.10.,

Jones, Finn-Olaf, "36 Hours in Koreatown, Los Angeles," *The New York Times*,
    Feb. 11, 2015, accessed 2020.1.10., https://www.nytimes.com/2015/02/
    15/travel/what-to-do-in-koreatown-los-angeles.html

Korean Community of Southern California, *Year Book* 1964, 1977.

Korean Immigrant Worker's Advocates(KIWA), *Koreatown on the Edge: Immigrant
    Dreams and Realities in One of Los Angeles' Poorest Communities*,
    Southern California Library for Social Studies and Research, Los Angeles,
    California, 2005.

"Letter to the Editor", *Los Angeles Sentinel*, December 10, 1981.

"Los Angeles, La Cañada Flintridge, #1 in Best Suburbs to Raise a Family in
    California", Niche, https://www.niche.com/places-to-live/la-canada-
    flintridge-los-angeles-ca/,chttps://www.niche.com/places-to-live/c/los-
    angeles-county-ca/, https://www.niche.com/places-to-live/s/california/,
    accessed 2020.1.30.

Migration Policy Institute, 2016, MPI Report.

Orange County, 2010, *Census Demographic Profiles*, CDR, CSUF, http://www.

fullerton.edu/cdr/_resources/pdf/census/Census2010_OC_DP.pdf., accessed 2022.10.10.

Pew Research Center, 2017, "Demographic Characteristics of U.S. Korean Population, 2015.", accessed 2018.10.26., https://www.pewsocialtrends.org/chart/demographic-characteristics-of-u-s-korean-population/

U.S. Census Bureau, Census 2010, 2020.https://www.census.gov/quickfacts/lacanadaflintridgecitycalifornia, accessed 2022.9.10.

U.S. Census Bureau, 2012, "Los Angeles city, California QuickLinks", https://web.archive.org/web/20120415235828/http://quickfacts.census.gov/qfd/states/06/0644000lk.html, accessed 2020.10.1.

U.S. Census Bureau, 2016, "2015 American Community Survey," American FactFinder

U.S. Census Bureau, American Community Survey 2010 & 2017 https://factfinder.census.gov/faces/tableservices/jsf/pages/productview.xhtml?src=CF. accessed 2018.12.30.

https://data.census.gov/cedsci/map?q=La%20Canada%20Flintridge%20city,%20California&g=1600000US0639003&hidePreview=false&table=DP05&tid=ACSDP5Y2017.DP05&layer=place&syear=2020&vintage=2017&cid=DP05_0001E&lastDisplayedRow=18, accessed 2018.12.30

사진 출처

https://www.lacanadathursdayclub.org/

https://www.jpl.nasa.gov/news/nasas-jpl-seeking-applicants-for-first-space-accelerator

https://www.latimes.com/socal/la-canada-valley-sun/news/story/2020-01-30/descanso-gardens-considered-national-register-of-historic-places

https://www.verkada.com/customers/la-canada-unified-school-district/

http://www.lacanadaflintridgetowncenter.com/

https://ladreams.com/lush-mediterranean-estate-in-la-canada-flintridge/

https://www.homes.com/property/4828-gould-ave-la-canada-flintridge-ca/r8518fdell

| 지은이 소개 |

정은주

서울대학교 학부, 대학원 및 미국 하버드대학교 인류학과에서 사회인류학을 전공하고 한국화교 디아스포라 형성의 특수성에 관한 연구로 박사학위를 받았다. 현재 인천대학교 중국학술원 교수로 재직하며, 동아시아인의 이주, 이주자시민권, 교육과 공간성의 정치에 초점을 둔 연구를 진행하고 있다. 주요 논저로 『동아시아 연구 어떻게 할 것인가』(공저), 『한반도화교사전』(공저), 『베트남 화교와 한반도 화교 마주보기』(공저), 『태평양을 넘어서: 글로벌 시대 재미한인의 삶과 활동』(공저), 『글로벌 시대 재미한인 연구: 이론적 리뷰와 새로운 방향의 모색』(공저), 『중국의 안과 밖: 중국적 표준과 세계질서』(공저) 등이 있다.

'라코리아'의 한인들

미 서부 한인 에스노버브에서 소수자 중 다수자로 살기

초판 인쇄 2023년 10월 20일
초판 발행 2023년 10월 30일

지 은 이 | 정은주
펴 낸 이 | 하운근
펴 낸 곳 | 學古房

주   소 | 경기도 고양시 덕양구 통일로 140 삼송테크노밸리 A동 B224
전   화 | (02)353-9908 편집부(02)356-9903
팩   스 | (02)6959-8234
홈페이지 | http://hakgobang.co.kr/
전자우편 | hakgobang@naver.com, hakgobang@chol.com
등록번호 | 제311-1994-000001호

ISBN 979-11-6995-461-7 93300

값 : 22,000원

■ 파본은 교환해 드립니다.